OSHO

奇跡の探求 II

In Search of the Miraculous 2

七つのチャクラの神秘

市民出版社

Originally English title: IN SEARCH OF THE MIRACULOUS vol.2

まえがき

「本当に必要な言葉は、イエス、ノー、そしてワォだけ……」。こんな金言めいたものが浮かんだのは、何年も前のこと、畏敬の念に打たれながら友人とコロラドのロッキー山脈をハイキングしていた頃でした。そして先週、この本のまえがきを書こうとしていた時に、それを何度も思い出していました。

そう……ワォ！　もう大丈夫。どうにか短い文章にすることができます。二年ほど前、リサーチ・ライブラリーで、和尚がボディワークについて語った言葉を探していた時、私の手はまるで磁石に吸い寄せられるように「神秘の体験（*The Mystic Experience*）」と呼ばれる、ミステリアスな原稿に引かれていきました。そこで和尚は、ダイナミック瞑想を紹介し、体内のクンダリーニ・エネルギーの動きについて論じていたのですが、その語り口は、科学者が核爆発の際の電子の動きを解説するように、明確で詳細にわたるものでした。

和尚が、「内的爆発」の法則について洞察につぐ洞察を浴びせたため、その日の残りは、ずっと恍惚として座っていました。それから私は出版部門の人の所に駆け込み、なぜこんな貴重なものがコミューンのブックストアにないのか、と尋ねたのです。「あるよ、あるよ」とその人は言いました、始めの九章は「奇跡の探求（*In Serch of the Miraculous*）第一巻」としてすでに出版されており、残りも出版される予定だと……。

そして時は現在へと移り、もっとも「秘教的」な事柄を、和尚がまったく実際的に現実的な姿勢で語っているのを、私たちは見つけます。

「クンダリーニは眠れるエネルギーだ。その領域は、セックスセンターから頭頂のセンターにまで拡がっている」

「もっとも興味深いのは、この両極の間のどこにも休んだり、立ち止まったりできる所はないということだ」

「途中でとどまるのは適当ではないし、不自然だし、無意味だ。それはまるで梯子を登っているのに、途中で立ち止まるようなものだ。私たちはその人に言うだろう、『登るか、降りるか、どちらかにしなさい。梯子は家ではない。途中でとどまるのは無意味だ』。梯子の途中で立ち止まる者ほど役に立たぬ者はいない。なすべきことは、梯子のてっぺんか、梯子の下でできる」

「そう、背骨はいわば梯子だ。ひとつひとつの脊椎骨が、梯子の段に当たる。クンダリーニは、もっとも低いセンターから動き始め、頂上の極みに至る。もっとも高いセンターに至ると、爆発は避けられない。もっとも低いセンターにとどまれば、必ず性的な放出という形をとる。前者では爆発が必至であり、後者では性的放出が必至だ。このふたつは、よく理解されねばならない」

どのように梯子を登るのでしょうか？　この本は道案内でもあり、内なる錬金術のガイドブックでもあります。

師《マスター》からシャクティパットを受ける意味とは？　恩寵とは何か？　男性と女性では、クンダリーニ・エネルギーの動きはどう異なるのか？　クンダリーニが七つのチャクラを通り抜けると、どのように現れるか？　内なる男性と内なる女性が溶け合うと言う時、その真意は何か？　タントラの意味とは？　そして恋人たちは、もっとも低いセンターから、もっとも高いセンターへの移行を、どのように助け合えるのか？

こうした事柄すべてを通して、和尚は繰り返し繰り返し、私たちに思い起こさせます。奇跡の探求とは内なる探求であると、そして他の何かに夢中になることなく、それを愛する人や師《マスター》にするようにと。

「どこからでもいい、ヒントを得なさい。それは幾度も消え去るだろう。永久ではありえない。なぜなら、どこかほかの所からやって来るからだ……。だから、得るものは黙って受け取り、感謝を捧げ、進み続けなさい。もし何かがやって来たが、またもや失われてしまったと感じたら、決して失われることのない、内なる源泉を探求しなさい。そうすれば決して失われることはない。あなた自身の宝は無限だ。ほかからもらったものは、失われゆく定めにある。他者から求め続ける乞食になってはならない。他者から受け取るものは、自分自身の探求へとあなたを送り出すものであるべきだ」

イエス、和尚、イエス。

マ・デバ・ニルヴィーシャ

奇跡の探求Ⅱ

◈

目次

IN SEARCH OF THE MIRACULOUS II

	まえがき	1
第１章	**クンダリーニ・エネルギーの成長における外部からの助け**	11
第２章	**道行く瞑想者の成熟**	67
第３章	**クンダリーニの道―真正さと自由**	115
第４章	**七つの身体と七つのチャクラの神秘**	169
第５章	**宗教における神秘的技法**	229
第６章	**シャクティパット―生体電気の神秘**	289
第７章	**クンダリーニ―超越の法則**	329
第８章	**タントラの秘法的側面**	375
第９章	**クンダリーニと霊性の深遠なる神秘**	427
	付　録	478

奇跡の探求Ⅱ

OUTER HELP IN
THE GROWTH OF
KUNDALINI ENERGY

第一章

クンダリーニ・エネルギーの成長における外部からの助け

ナルゴールの瞑想キャンプにおいて、シャクティパット——聖なるエネルギーの伝達——の意味は、神聖なるエネルギーが瞑想者に降りたつことだとおっしゃいましたが、後にシャクティパットと恩寵には違いがあるともおっしゃいました。このふたつは矛盾しているように思いますが、どうかご説明ください。

その両者はわずかに違ってはいるものの、少し似たところもある。実際それぞれの領域は、お互いに入り込んでいる。シャクティパットとは聖なるエネルギーだ。事実、エネルギーには聖なるエネルギー以外のものなどない。しかしシャクティパットにおいては、人が媒体として働く。究極的には人もまた聖なるものの一部だが、最初の段階では、個人が媒体として機能する。

それは、空に走る稲妻の閃光と家庭の電灯のようなものだ。それらは同じだ。しかし家の中に灯っている光は、媒体を通してのものであり、人の手がその背後にあることは明らかだ。

雷雨の時の電光は同じ聖なるエネルギーだが、人によるものではない。仮に人が絶滅しようと稲妻は空を切り光るが、もはや電灯が点くことはない。シャクティパットが人を媒体とする電灯のようなものだとすれば、恩寵は天空の稲妻のようなものだ。それは媒体なしに訪れる。

このエネルギーのレベルに達し、聖なるものに通じている人は、媒体として働くことができる。そういう人は乗り物として、あなたがたよりもシャクティパットに向いているからだ。そういう人は、エネルギーとその働きに馴染んでいる。彼を通した方が、エネルギーはより速くあなたの中に入っていくだろう。あなたはまったく何も知らなければ、成長もしていない。この人は、よく成熟した乗り物だ。エネルギーは彼を通してあなたの中に入っていく。彼が媒体として適しているほど、エネルギーは簡単に入り込む。

第二にあなたは、その人という狭い通路を通してエネルギーを受け取るわけだが、それはあなたの許容量次第だ。統制された家庭の電灯なら、その下に腰を下ろし読書もできる。しかし空の雷光のもとでは不可能だ。それはどんな統制もきかないからだ。

だから突然、偶然にも誰かに恩寵を授かるような状態が起こったり、媒体なしにシャクティパットが起こり得る突然の状況がつくられたりすると、その人がおかしくなったり、発狂してしまうようなありとあらゆる可能性がある。降りたつエネルギーのあまりの広大さに比べ、その人の許容量はあまりに小さく、その人が完全に粉砕されることもあり得る。そうして、これまで味わったことのない未知なる喜びの体験が、苦痛に満ちた堪え難いものとなる。

それはまるで暗闇の中に何年もいた人が突然、白昼の陽光の中にさらされるようなものだ。闇はさらに深まり、その人は太陽の光を見ることなど、とうていできない。その目は暗闇を見るのに慣れてきたため、まばゆい光に耐えきれずに閉じてしまうだろう。

時として、無限の恩寵のエネルギーが、知らぬ間に降りたつといった状況が起こり得る。しかしその効果は、あなたに準備ができていない場合には、致命的で破壊的なものとなる。不意打ちをくらい、その出来事が災いともなり得る。そう、恩寵は有害で、破壊的なものになることもある。

シャクティパットの場合、事故の可能性は非常に少なく、ほとんどないに等しい。それは媒体として、乗り物として機能している人物がいるからだ。媒体を通り抜けると、エネルギーは穏やかで和らいだものになる。媒体はエネルギーの強度を調節でき、あなたに持ちこたえられるだけのエネルギーしか流さない。しかし覚えておくように——媒体はただの乗り物であり、エネルギーの源泉ではない。

だからもしある人が、自分はシャクティパットを行なっている、エネルギーの伝達をしていると言うとしたら、その人は間違っている。それはあたかも、電球が自分は光の提供者だと断言しているようなものだ。光が常に電球を通して放射されるため、電球は自分が光の創造者だと勘違いしたのだろう。これは間違いだ。それは光源ではなく、単にそれが現れ出るための媒体にすぎない。だからシャクティパットを行なえるという人がいたら、その人はその電球と同じ幻想の中にある。

伝達されるエネルギーは、どんな場合であれ、聖なるエネルギーだ。ただし誰かが媒体に入ると、シャクティパットと呼ばれる。エネルギーは、媒体もなく突然降りてきた場合に、有害なものになり得る。だがもし人が充分に時を待ち、限りなき忍耐を持って瞑想するならば、シャクティパットが恩寵の形をとって起こることもあり得る。そこには媒体も存在しなければ、災難が起こることもない。そのひたすらに待っていること、限りなき忍耐、揺るぎなき献身、不朽の決意が、神を受け容れるための能力を育む。そうなればどんな災いも起こらない。だから、事はどちらの方法でも起こり得る——媒体があろうとなかろうと。けれども媒体がいなければ、シャクティパットではなく、彼方からの恩寵と感じることだろう。

両者には、違いもあれば共通性もある。恩寵が起こり得るのなら、私はそちらの方を支持する。できるかぎり、媒体はいるべきではない。だがこれは、ある特定の場合に可能であり、ある場合には不可能だ。だから、終わりなき生を彷徨している後者の人々に代わり、誰かが媒体となれば、聖なるエネルギーをその人たちへもたらすことができる。とは言っても、媒体となれるのは、もはや個人的なエゴがないような人だけだ。そうなれば、そういう人は媒体となっても導師《グル》にはならないため、つまり導師になるような人格がどこにも残っていないため、危険はほとんどなくなる。この違いをよく理解しておきなさい。

導師になる人は、あなたとの関わりにおいて導師になり、媒体になる人は、普遍的存在との関わりにおいてそうなる。あなたとは何の関係もない。この違いがわかるかね？

あなたとの関わりにおいて生じたエゴは、どのような形であれ、存在できない。だから導師《グル》にならない者しか本物の導師ではない。サットグル、完全なるマスターの定義とは、導師にならない者のことだ。これは導師だと自称する人は、皆導師としての資質に欠けているということだ。導師だと主張すること以上の失格理由はない。つまりそれは、エゴがあることを示しているからだ。そしてそれは危険だ。

もし人が突然空《くう》の状態、エゴが完全に消えた状態に至ると、その人は媒体となれる。その時にはシャクティパットはその人の近くで、その人の臨在のもとに起こる可能性があり、しかもどんな危険もない。あなたにとっても、エネルギーが流れる通路となる媒体にも危険はない。それでも、基本的に私は恩寵を支持する。エゴが死に、人がもはや個人ではなくなり、この条件が満たされる時、シャクティパットはほとんど恩寵と同じになる。

もしその人が、この状態について自意識過剰になっていなければ、シャクティパットは非常に恩寵に近いものとなる。そうしてその人の側にいるだけで、事が起こることがあり得る。こういう人は、ひとりの人間のように思えても、実際は神聖なるものとひとつになっている人だ。――こう言ったほうがいいだろう、彼はあなたへと差し出された、聖なる手だ。彼はあなたの近くにいる。もはやそういう人は、まったくの道具にすぎない。だがその人が一人称で、そういう意識の状態で話したとしても、人々は彼を誤解しがちだ。そういう人が〈私〉と言えば、それは〈至高なる自己〉を意味している。だが、私たちが彼の言葉を理解するのは難しい。

だから、クリシュナがアルジュナにこう言えたのだ、「すべてを捨て、私に明け渡しなさい」と。私たちは何千年にも渡って、「私に明け渡せ」などと言うこの人は一体何者かと、深く考えさせられることだろう。その言葉はエゴの存在を裏付けるものであるかのようだ。だがこの男にはもはやエゴがないからこそ、こんなふうに言えたのだ。今や彼の〈我〉とは、差しのべられたる誰かの手であり、彼の背後で「我に明け渡せ――唯一者に」と言っている者こそ、その誰かだ。この言葉――唯一者――は極めて貴重だ。クリシュナは言う、「我に明け渡せ――唯一者に」。〈私〉とは決してひとりだけではない――それは多勢だ。クリシュナは〈我〉が唯一である境地から話している。そしてこれは、エゴの言葉ではない。

しかし私たちは、エゴの言葉しか理解しない。だから、クリシュナがアルジュナに自分に明け渡せと言ったことで、自己中心的な声明をしたように思う。だがこれは誤解だ。私たちは、常にふた通りの見方でものを見る。ひとつは私たち自身の視点――それによって、いつも決まって判断を惑わされている視点から。そしてもうひとつは聖なる視点、迷うということすらあり得ない視点を通してだ。だから出来事が起こるのは、個人的エゴが出しゃばることのない、クリシュナのような人物を通してだ。

両方の出来事、シャクティパットと恩寵は、表面上は実に対称的だが、中心においては互いにとても近いものだ。私はシャクティパットと恩寵の区別が困難な、そのあたりを支持する。有用で、価値あるものはそれ以外にはない。

ある中国の僧侶が、彼の導師の誕生日を大きな祝賀会を開いて祝っていた。彼は師を持ったこともなければ、師を持つ必要もないといつも言っていた。人々は彼に、誰の誕生日を祝っているのかと聞いた。このすべては、何のためなのですか？とも。彼は人々に尋ねないでくれと頼んだが、人々は言い張った。「今日は師の日です――あなたには師がいたのですか？」

僧は言った。「私を困らせないでくれ、沈黙を守った方が良いのだ」

しかし、彼が黙っていればいるほど人々は言い張った。「どういうことですか？　何を祝っておられるのですか？　何といっても、師の日の祝いなのですから。あなたには、師がいらっしゃるのですか？」

僧は言った。「そこまで言い寄るのなら、何か言わねばなるまい。今日私は、私の師となることを拒んだ人を思い出している。もし彼が、私を弟子として受け入れていたなら、私は道に迷ってしまったことだろう。彼が拒んだその日、私は大いに腹を立てたものだ。だが、今日大いなる感謝をもって彼に頭を垂れたい。彼は私の師となることを望んだことがあっただろうか？　なぜなら、彼に受け入れてくれるよう乞い願ったのは私のほうであり、それでも彼は応じなかったのだから」

そこで人々は尋ねた。「それなら、彼があなたを拒んだ時の何に対して、感謝しているのですか？」

僧は言った。「私の師とならなかったことで、この方はどんな師もなし得なかったことをした。それ以上に言うことはない。私の義務が倍増したのもそのためだ。もし彼が師となっていたら、そこには何かしらお互いに、持ちつ持たれつのやり取りがあっただろう。私は彼の足に触れ、崇拝し、敬意を払い、そして事は終わっていただろう。だがこの方は尊敬を求めず、私の師にならなかった。だからこそ、私の彼への恩義は二倍なのだ。これは絶対に一方的なものだ。彼は与えてくれたのに、私は感謝することさえできなかった。彼がそのための余地さえ、残しておかなかったからだ」

こういった状況になれば、シャクティパットと恩寵の間に、どんな違いもなくなるだろう。違いが大きければ大きいほど、近づかずにいるべきだ。違いは小さいにこしたことはない。私が恩寵を強調するのはそのためだ。シャクティパットが恩寵にとても近いものとなり、その区別がつかぬほどになった時には、正しい出来事が起こっているのだと知りなさい。あなたの家の電気が、まるで何にも阻まれない天空の自然現象である雷のような、無限なるエネルギーの一部となり、その瞬間シャクティパットが起これば、それが恩寵と同じだということがきっとわかるだろう。このことは覚えておくがいい。

ナルゴールの瞑想キャンプで、エネルギーは内側から湧き起こり聖なる高みに至るか、聖なるもののエネルギーが降りてきて、内側に溶け合うかのどちらかだとおっしゃいました。はじめの方がクンダリーニの上昇であり、ふたつめが聖なるものの恩寵だと。その後こうもおっしゃいました。内側で眠っているエネルギーが、広大なる無限のエネルギーに出会う時、ある爆発、サマーディが起こると。目覚めたクンダリーニと恩寵との合一は、サマーディには絶対に欠かせないものなのでしょうか？　それとも、クンダリーニがサハスラーラへと進んでいくことは、聖なる恩寵の出来事と同じようなものなのでしょうか？

ただひとつのエネルギーだけでは、決して爆発は起こらない。爆発とは、ふたつのエネルギーの合一だ。もし爆発がひとつのエネルギーで可能なら、とうの昔に起こっていただろう。それはちょうど、マッチ箱を持っていて、その近くにマッチ棒を置くようなものだ。それがずっとそう置かれたままならば、何の炎も現れないだろう。そのふたつの間の距離がいくら近かろうと——五ミリだろうが二・五ミリだろうが同じだ。何も起こりはしない。爆発には、ふたつのものの衝突が必要だ。そうして初めて、あなたに火がつく。双方の内側には炎が隠されている。しかしそれは、ふたつのうちの一方だけでは生み出せないものだ。

爆発は、ふたつのエネルギーの出会いによって起こる。個々人の内側に眠っているエネルギーは、サハスラーラに上昇しなければならない。そうして初めて合一が、爆発が可能になる。サハスラーラ以外の所では、どんな合一も不可能だ。それはちょうど、太陽が外で光り輝いているのに扉が閉まっているようなものだ。光は扉の外にある。あなたが扉まで近づいていこうとも、家の中であれば、太陽の光に出会うことはない。ドアが開いてこそ、初めて太陽の光と出会うことができる。

だからクンダリーニの究極の点は、サハスラーラだ。それこそ、恩寵が私たちを待っている扉だ。聖なるものは、常にこの扉の所で待っている。扉の所にいないのはあなたの方だ。あなたは、どこかずっと中の方にひっこんでしまっている。扉の所まで出て来なければならない。その場所でこそ合一は起こり、爆発の形をとる。それが爆発と呼ばれるのは、その時あなたが直ちにいなくなるからだ。もはやあなたはいないだろう。マッチ棒は、爆発で燃え尽きてしまうことだろう。マッチ箱はまだあったとしてもだ。マッチ棒であるあなたは、灰になり形なきものの中に溶け去る。

その出来事の中で、あなたはもはやいない。あなたは失われる。あなたは壊れ、ばらばらになる。あなたはもう存在しない。閉じられた扉の後ろにいたあなたはいなくなる。あなたのものであったすべては失われる。ただ扉の外で待っていた者だけが残り、あなたはただの一部になる。これはあなたひとりでは、自分自身の力では起こり得ない。この爆発のためには、あなたが無限なる宇宙エネルギーにまで昇りつめることが、是非とも必要だ。内側に眠っていたエネルギーを目覚めさせ、宇宙エネルギーがひたすら待ちつづけているサハスラーラまで、上昇させる必要がある。クンダリーニの旅はあなたの眠っているセンターから始まり、あなたが消え去る境界の地点で終わりを告げる。

そう、私たちが当たり前に思っていることだが、肉体的なものには境界がある。だがこれは、あまり注目すべき境界ではない。私の手が切り離されようと、私自身に大した違いはない。私の足が切り離されたとしても、肉体はさほど苦しまないだろう。私が依然として残っているからだ。別の言葉で言うなら、こうした境界の中で変化があろうとも、私は依然として残っている。たとえ目や耳がなくても、私はまだ残っている。だからあなたの本当の境界は、肉体における境界ではない。あなたの本当の境界はサハスラーラ・センターだ。それを越えては、あなたはもはや存在しない。この境界の外に足を踏み入れるや否や、あなたは消え去ってしまう。留まることはできない。

クンダリーニは眠れるエネルギーだ。その領域は、セックスセンターから頭頂のセンターにまで広がっている。私たちが、体のあらゆる部分との自己同一化を絶つことができても、顔や頭との同一化は絶てないと常に承知しているのはそのためだ。「私とは、この手ではないかもしれない」と認識するのはたやすい。だが顔を鏡で見て、「私とはこの顔のことではない」と想像するのは大変難しい。顔や頭は限界の部分にあたる。だから人は、自分の知識以外なら何でも手放す用意があるのだ。

ソクラテスは満足というものについて話していた。それは大いなる宝だと。誰かが彼に、不満足なソクラテスでいるのと、満たされた豚でいることのどちらがよいかと尋ねた。ソクラテスは「私は満たされた豚であるよりも、満足しないソクラテスである方がいい。満たされた豚は、自分の満足について何の知覚もないからだ。不満足なソクラテスは、少なくともその不満足について意識的でありえるからね」と答えた。この男ソクラテスは、人はすべてを失う覚悟はあっても、知性を失う覚悟はないと言っているのだ。たとえそれが、満たされることのない知性だとしても。

知性はまた、最後の七番目のチャクラであるサハスラーラ・センターに大変近い。正確に言うと、人にはふたつの境目がある。ひとつはセックス・センターだ。この中枢の下に自然界は始まる。セックスの中枢においては、木々や鳥、動物や私たちの間には何の違いもない。この中枢はそれらには究極の極みだが、人間にとっては始まりの点、スタートラインだ。セックス・センターを土台にすれば、私たちもまた動物にすぎない。私たちのもうひとつの極限は知性だ。それは、その向こうが聖なるものとなる第二の境界線に近い。この地点を越えると、私たちはもはや私たちではなく、聖なるものとなる。これらは、私たちのふたつの境界地帯だ。このふたつの間を私たちのエネルギーは動いている。

さて、私たちのすべてのエネルギーが眠り、横たわっている貯蔵庫はセックス・センターの近くにある。そのため、人の思考、夢、活動の九十九%はこの貯蔵庫のあたりのエネルギーを使っている。どんな文化が表現されようと、社会がどんな偽りの口実を持ち出そうと、人はそこで、そこだけでしか生きていない。人はセックス・センターの付近で生きている。お金を稼ぐのもセックスのため、家を建てるのもセックスのため、地位を築くのもセックスのためだ。すべての根源にセックスを見出す。

理解した人々は、ふたつのゴール——セックスと自由——について語っている。ほかのふたつのゴール——富と宗教——は手段にすぎない。富はセックスのための手立てだ。だから時代がより性的になればなるほど、富指向になるだろう。時代が自由の探求へと向かえば向かうほど、宗教への渇きはますます強まるだろう。富が手段であるのと同じように、宗教はただの手段だ。自由を熱望するならば宗教は手段となる。もし性的満足を願うなら、富が手段となる。そう、ふたつのゴールとふたつの手段がある——それは、人にはふたつの境界があるからにほかならない。

もっとも興味深いのは、この両極の間のどこにも、休んだり、立ち止まったりできる所はないということだ。自由への何の欲望もなく、何らかの理由でセックスにも敵対してしまうと、とんでもない窮地に立たされてしまうということは、多くの人々が気づいている。彼らはセックス・センターからは離れ始めるが、自由のセンターへも近付こうとはしない。そして疑いと不確実性の中に落ち入っていく。それはあまりにも困難で、痛みに満ち、まさに地獄そのものだ。彼らの生は内的混乱で一杯だ。

途中でとどまるのは適当ではないし、不自然だし、無意味だ。それはまるで梯子を登っているのに、途中で立ち止まるようなものだ。私たちはその人に言うだろう、「登るか、降りるか、どちらかにしなさい。梯子は家ではない。途中で留まるのは無意味だ」。梯子の途中で立ち止まる者ほど、役に立たぬ者はいない。なすべきことは梯子のてっぺんか、梯子の下でできる。

そう、背骨はいわば梯子だ。ひとつひとつの脊椎骨が、梯子の段に当たる。クンダリーニは、もっとも低いセンターから動き始め、頂上の極みに至る。もっとも高いセンターに至ると、爆発は避けられない。もっとも低いセンターにとどまれば性的放出、射精というかたちをとるのは確実だ。前者では爆発が必至であり、後者では性的放出が必至だ。このふたつは、よく理解されねばならない。

もしクンダリーニが最下層のセンターにあれば、性的エネルギーの放出は避けられない。最頂のセンターに至れば爆発は確実だ。どちらも爆発だし、どちらも他者との関わりを要する。性的放出における相手は必要だ、たとえ想像上の相手だとしてもだ。だがあなたのすべてのエネルギーが、ここで撒き散らされるわけではない。なぜなら、これはあなたという存在の単なる始まりの点にすぎないからだ。あなたは遥かにそれ以上のもの、その地点からずっと進化したものだ。動物はこの地点で充分満たされており、自由を求めることはない。

もし動物に教典が書ければ、努力に値するものとして、ただふたつのゴールだけが書き込まれることだろう。富とセックスだ。富は、動物の世界に適した形をとるだろう。より肉付きがよく、より強い動物が、より富めるものとなるだろう。彼はセックスの競争でほかの者を負かし、まわりに十四のメスを集めるだろう。これもまた富のひとつの形だ。体の余分な脂肪が彼の富だ。

人もまた、いつでも〈脂肪〉に置き変えられる富を持っている。王は千人もの妃を持てる。男の富が、所有する妻の数で計られた時代があった。貧しい男に、どうして四人の妻を持つ余裕などあろう。現代の教育や預金残高といった基準は、ずいぶん後になって発展したものだ。昔は、妻の数が富の唯一の基準だった。そのため、古代の英雄たちの豊かさを褒め称えるために、彼らの女性の数を誇張しなければならなかった。しかしながら、多くの場合は偽りだったのだが――。

たとえば、クリシュナの一万六千人もの王妃たち。クリシュナの時代には、それ以外に彼の偉大さを表現する方法がなかった。「もしクリシュナが偉大な男なら、彼は何人の妻をもっていたのだろうか？」。私たちは一万六千人という、並外れた数を想像せざるを得なかった。――それは当時、強い印象を与えられる数だった。今や人口爆発のため、そうではないだろうが――。当時そんなに多くの人はいなかった。アフリカでは、今でもたった三人からなる共同体が存在する。だから、もし彼らに四人の妻を持つ男について話したとしても、それは不可能な数字となるだろう。彼らは三の数を越えるものなど、何も知らないからだ。

セックスにおいては、他者の存在が必要となる。もしほかの人がいなければ、相手を想い浮かべることでも必要な効果を生む。このために、神が存在するならば、たとえそれが想像においてでも、爆発は起こり得ると考えられてきた。バクティ――献身の道――の長い伝統が発達したのはそのためだ。その道においては、想像力が爆発への手段として使われてきた。

もし射精が想像で可能なら、同じようにサハスラーラでも、エネルギーの爆発が起こらないことがあろうか？　このことが、想像力を通して頭の中で神に出会う可能性を喚起した。しかし、実際にはできなかった。射精が想像上でも可能なのは、実際の経験があるからだ。だからこそ想像できる。だが、私たちは神に出会ったことがない。だから神は想像できない。人は経験したものしか想像できない。ある種の喜びを経験すると、いつも椅子に深く腰を下ろしては経験を思い出し、その喜びを反芻できる。聾の人はどう頑張ろうとも、夢で音を聴くことはできない。音のイメージすらできない。同じように、盲人は光を思い描けない。しかし目を失った人であれば、いつでも光を夢見ることができる。というより今では、夢の中でしか光を見ることができない。何しろ、見るための目はもはやないからだ。そう、自分の経験したことなら思い描けても、経験のないものは想像できない。

爆発は人々の経験ではない。だから想像力の働きようがない。私たちは、実際に内側へと入って行く必要がある。そうすれば、真の出来事が起こり得る。サハスラーラ・チャクラはあなたの究極の領域であり、あなたが終わるところだ。

前にも言ったように、人は梯子だ。この文脈でのニーチェの言葉は、大変貴重だ。彼は言った。「人は、ふたつの永遠に架かる橋だ」と。ひとつの永遠——それは終わることのない自然のもの、そしてもうひとつは——神聖なるもの、それもまた果てしなく無限のものだ。人はこのふたつに架かる、揺れ動いている橋だ。人が落ち着いてはいられない境遇にあるのは、そのためだ。前進するか後退するしかない。この橋の上に家を建てる場所などない。その上に落ち着こうとする者は、みな後悔する。なぜなら、橋は家を持つための場所ではないからだ。それはただ、一方の端からもう一方へと渡るためだけのものだ。

ファテプール・シクリによると、アクバル帝はすべての宗教のための寺院を建てようとした。彼はひとつの宗教を夢見た、それは彼が「ディーン・エ・イッラー」、すべての宗教の精髄と呼んだものだ。そこで彼は、入り口のドアの上にイエス・キリストの言葉を刻んだ。それにはこう書いてある。「この世界はただの休憩のための場所、永遠なる家ではない。あなたは、ここで少しの間休むかもしれない。しかし、永遠に止まることはできない。これは、ただ旅の休憩所だ。野営地だ。夜に泊り、朝には再び旅立つような旅人のためのバンガローだ。夜に休み、日の出に再び旅立つためだけに、私たちはここに立ち止まる。それ以外に目的はない。ここにずっと留まりはしない」

人類とは、登らねばならない梯子だ。だから常に人には緊張がある。人が緊張していると言うのは正しくない、人そのものが緊張だと言った方がいい。橋は絶えず緊張している。張り詰めているからこそ橋になるのだ。それは、ふたつの究極の間に架かっている。人とは避け難い緊張だ。それゆえ、人は決して静寂の中に安らぐことがない。ただ動物のようになる時にだけ、ほんのかすかな平安を経験する。でなければ、聖なるものとなり、完全なる平和を手に入れるかだ。人が動物になると、緊張は緩む。その時、人は何千もの生において親しんできた所、地面へと立つために梯子を降りている。緊張からくるすべての悩みから抜け出している。だから人は、セックスやその他、アルコールやドラッグといったセックスに関わる経験、一時的な無意識へと導くものの中に、緊張からの自由を求める。しかしあなたは、ほんの束の間しかそこにはいられない。たとえどう願おうとも、動物の状態に永久には留まれない。質の悪い最低の人間でさえ、動物の状態にはほんの少ししか留まれない。

殺人犯は、動物になった時に殺人を犯す。もう少し待っていれば、恐らくそんな事はできなかっただろう。私たちが動物のようになるのは、人がジャンプして飛び上がるのにどこかしら似ている。ほんの一瞬空中にいるが、地上に降りてくる。だから最悪の人間でも、永遠に悪いわけではない。そのままではいられない。彼がそうなるのは、暫くの間だけだ。それ以外は、あらゆる人と同じように普通だ。彼は一時的な慰めを得る。何の緊張もないと知られる地上へと、舞い戻ったのだから。動物に緊張が見られないのはこのためだ。その目を見てごらん、何の緊張もない。動物は決して狂ったり、自殺したりしない。心臓病に苦しむこともない。しかし、飼われている動物——荷車を引いたりペットにされた動物には、こうしたすべてが起こる可能性が出てくる。これでは本末転倒だ。橋を越えるよう人間が動物を引っ張ろうとすると、混乱が始まる。

野良犬なら、今この部屋に入ったとしても、動きたいように動きまわるだろうが、ペットの犬なら命じられた場所へ座るだろう。さあこのペットの犬は人の世界に入り、動物界を後にしてしまった。その犬はトラブルに陥るに決まっている。その犬は、人の緊張の許に置かれてしまった動物だ。だから終わることのない困窮の中にあり、部屋から出て行けと命令されるのを、ただひたすら待っている。

人は一時的にしか、動物の状態に陥ることができない。だから、すべての喜びははかないと言う。喜びを永遠にすることもできる。だが人々は、束の間の喜びしかないところを探しまわる。人々は動物の状態の中に幸せを探そうとするが、その幸せはほんのわずかしか続かない。動物の状態に長くは留まれない。人類の前段階に戻るのは難しい。もし昨日に帰りたければ、目を閉じて想い浮かべられる。――でも、一体どのくらいというのか？　目を開ければ、自分がどこにいるかは一目瞭然だ。

あなたは戻れない。一瞬ぐらいなら、無理やり戻れたとしても、その後にあなたはいつも後悔する。だからすべての一時的な喜びは、その成り行きからしてみても、後悔をもたらす。自分の努力が無駄になったという感覚と共に、取り残される。だが数日後には再び忘れ、同じ間違いに再び落ち込む。束の間の喜びは、動物のレベルにおいて得られる。だが永遠の喜びは、神聖なるものに溶け込んだ時にしか得られない。この旅は、あなた自身の実存の内に完成されなければならない。橋のこちら側からあちら側へと、渡らなくてはならない。そうして初めて、第二の出来事が起こる。

だから私は、セックスとサマーディを同じと見なしている。これには理由がある。実際、等しく価値あるものはこのふたつだけだ。セックスで私たちは片方の袂《たもと》、つまり自然とひとつになる梯子のもっとも低い段におり、サマーディにおいては橋のもう片方の袂、つまり神聖なるものとひとつとなる梯子の最上段にいる。どちらも合一であり、どちらもそれ独自の方法による爆発だ。どちらの場合にも、ある意味であなたは自分自身を失う。セックスではほんの一瞬しか自分自身を失わないが、サマーディにおいては永遠だ。どちらの場合にも、あなたは存在しなくなる。前者はごく一時的には爆発しても、その後あなたはまたもや結晶化する。行ってしまった所が、後退できないほどの低い状態だったからだ。しかし一度神聖なるものに溶け込んでしまえば、あなたは再結晶化できない。

この逆行は、人が動物の状態に戻れないのと同じほどに不可能だ。それは絶対に不可能だ。それはちょうど、大人に産着を着させようとするようなものだ。絶対なるものとひとつになると、〈個人〉には逆行できない。今や個人としての自己はあまりに狭苦しく、取るに足りない場所となり、あなたはもうそこには入れない。もはやどうやってその中にいられるのか、想像すらできない。個人としての実在はここで終わる。

爆発には、両方が必要だ。あなたの内なる旅は、サハスラーラの地点まで達しなければならない、恩寵と出会うために——

なぜこのセンターが、「サハスラーラ」と呼ばれるかについては説明が要るだろう。こうした名前は偶然についたものではない——言葉はいつも偶然に、また絶え間なく使われるうちに発展するものだが。私たちは「ドア」という言葉を使っているが、他のどんな呼び名でも簡単に代用はきいただろう。世界には何千もの言語があり、ドアを意味する言葉は何千とあり、同じ意味合いにちがいない。だが事が偶然ではない場合には、すべての言語に類似性が起こる。「ドア」または「ドワール」とは、それを通って出たり入ったりするもの、という意味を伝える。すべての言語において、「ドア」として使われている言葉は、この意味を伝えている。これは経験の一部であり、偶然のはからいではないからだ。そこを通って出たり入ったりできる空間という概念は、「ドア」という言葉によって伝えられる。

「サハスラーラ」という言葉も経験から作られたもので、偶然のものではない。その経験を得るや否や、突然あなたの中で千の蕾が花開くように感じるだろう。千というのはかぎりないという意味だが、それを花になぞらえるのは、その経験が開花のようだからだ。内側の蕾のように閉じていた何かが開いた。花という言葉は花開く、開花という文脈で使われるものだ。しかしながら、花が開くとは言っても、ひとつふたつどころではない——数知れぬほど多くのことが花開くのだ。

そう、この経験を「千の花びらを持つ蓮の開花」と呼ぶのは自然だ。朝の光の中に咲いている蓮を見たことがあるかね？　注意深く見てみるがいい。蓮の池に行って、蓮の蕾がその花びらを開いていく様子を、静かに観察してみなさい。そうすれば、千の花びらの蓮がこのように頭の中で花開いたらどう感じるかが、思い浮かべられるだろう。そういう経験を、どうにか想像できるだろう。

もうひとつの素晴らしい経験がある、セックスだ。セックスの経験に深く入って行っても、またこの開花を経験するが、これはとてもはかない経験だ。内なる何かが花開くのだが、それはほとんどすぐにまた、閉じてしまうものだ。

しかしこのふたつの経験には違いがある。セックスの体験では、花は下へ向かってぶら下がっているように感じるだろう。ところがサマーディでは、花びらは上に向かって開花するように感じられる。この区別は、両方の経験を通り抜けて初めて識別可能となる。下へ向かって咲く花があなたを低い領域に繋げ、上に向かって咲く花が高い領域へと繋ぐのは当然だ。事実この開花は、あなたを別の領域に対して感じやすくさせる開口部だ。それは開けることのできるドア、爆発が起こるように、何かがそこを通ってあなたの中に入って行くためのドアだ。

この両方は必要とされている。あなたはサハスラーラへ旅して登っていくだろう。そこには誰かが、いつもあなたを待っている。あなたが達すれば、誰かがやって来るだろうと言うのは正しくない、その誰かはすでにそこで、あなたに事が起こるのを待っている。

クンダリーニはシャクティパットだけで起こり始め、サハスラーラへと向かうのですか？そうしてのみ爆発は起こるのですか？

もしそうだとしたら、サマーディは他の誰かを通してのみ得られるという意味なのでしょうか？

これは正しく理解されねばならない。存在や生においては、ひとつの見地からだけで理解されるような単純なできごとなど、ひとつもない。それは多角的に見るべきものだ。今私が、ドアをハンマーで叩いてドアが開いたとする。ハンマーで一撃したから、ドアが開いたとも言える。もしドアを打たなければ、開かなかっただろうというのも間違いではない。ところが同じハンマーで別のドアを打っても、ハンマーは壊れ、しかもドアは開かないかもしれない――とすると……もうひとつの要因を認識するようになる。つまり、始めのドアを打って開いたことは、まるっきりハンマーだけのおかげではなかったのだ、と。そのドアは充分に開く態勢ができていた。古かったのかもしれないし、もろくなっていたのかもしれない、だがどんな場合にしろ、ドアには開く態勢がすっかり整っていた。だからこの出来事に関しては、ドアもハンマーと同じ位の影響力を持っていたのだ。ある例ではハンマーで打ってドアが開き、ある例ではハンマーが壊れドアは開かなかった。

だから、シャクティパットで出来事が起こった場合にも、すべてシャクティパットのせいだというわけではない。そういう場合は、もう一方の瞑想者の側で内面的な準備が整い、用意ができていて——だから軽い一押しでも効果的に働いたのだ。この一押しがシャクティパットで与えられなくても、もう少し時間をかければ瞑想者はサハスラーラに達しただろう。クンダリーニは、シャクティパットだけの要因でサハスラーラに至るわけではない。それはただ、時間の要素を短縮しただけだ——それ以上のものではない。瞑想者はいずれにしても達しただろう。

私がドアを叩かなかったと考えてみなさい。けれどもこのドアは古く、ほとんど壊れそうなのだ。だから一陣の風ではずれ、落ちてしまうこともあり得ただろう。もし風がなかったとしても、そのうちに自然と壊れていっただろう。そうなると、なぜ、どうやってそれが倒れたかを説明するのは難しくなる。それは常に、落ちてもおかしくないような状態になっているからだ。うまくもったとしても、違いは時間の問題だ。

たとえば神聖なるものの一瞥は、ラーマクリシュナのそばでスワミ・ヴィヴェーカナンダに起こった。もしヴィヴェーカナンダに起こった出来事の原因が、ラーマクリシュナだけにあるとするなら、彼に会いに来たすべての人にもまた、起こり得ただろう。彼には何百人もの弟子がいたのだから。もしヴィヴェーカナンダだけが原因だったなら、とうの昔に起こっていたはずだ。ラーマクリシュナの所へ来る前に、彼はいろいろな所へ行っていたが、出来事は起こらなかった。だから、ヴィヴェーカナンダは彼自身の道において準備ができており、ラーマクリシュナは彼自身の道においてそれができる状態にあったのだ。

準備ができているところに、事を起こらしめる能力が特定の地点で出会うと、その出来事までの空白の時間が縮められる。ヴィヴェーカナンダがラーマクリシュナにその特定の時期に会わなかったとしても、事は一年後、二年後、または次の生で、もしかしたら十回生まれ変わった後に、起こっていただろう。時間は重要ではない。準備ができつつあるならば、出来事は遅かれ早かれ起こるだろう。

その空白時間を短くすることはできる。時間は架空の、夢のようなものであり、さほどの価値はないということを理解するのは、大事なことだ。さほどの価値はないということだ。事実時間は夢のような現象だ。それほどの価値はない。ちょっと昼寝をとってほんの一分も経っていないのに、その短い間にあなたの子供時代から老年までのすべての出来事、行事を夢で見ることができる。だが起きている状態では、そんな長い夢が一分足らずの間に終わったとは信じ難い。実際、夢見の状態での時間の次元はとても違っている。夢の時間ではごく短い間に多くのもの、多くの出来事が起こり得る。だからこそ、それは幻影なのだ。

そういえば、朝に生まれて夕方に死ぬ虫がいる。人は〈哀れな生き物〉と言う —— しかし、その時間を虫が精一杯に生き抜き、人が七十年間に経験するすべてを経験しているとは知りもしない。そこには何の違いもない。虫は家を造り、妻を見つけ、子供を作り、誰かと争い、サニヤスの状態にまで至るだろう――十二時間の内に何もかもだ。だが、その虫の時間の概念は違う。短い生しか与えられないことを私たちは哀れに思うが、虫は虫で、十二時間の間にできることを、七十年もかけて全部済ませる私たちを哀れがっているに違いない。虫にしてみれば、私たちは何とも退屈なものに違いない。

時間はマインドに依存している。それは心的《メンタル》な存在だ。時の長さはマインドの状態によって変わる。あなたが幸せであれば、時は短くなる。苦悩や痛みに満ちていれば、時はとても長くなる。親族の死の床のかたわらに座っていれば、夜は終わらないように思える。まるで太陽は二度と昇ってこないかのようだ。まるで終わることのない、この世の最後の夜で、日は決して昇らないかのようだ。

悲しみは時を長くする。悲しみの中では、時が早く過ぎてくれるようにと思う。時は早く過ぎて欲しいと望めば望むほど、ますますゆっくりと過ぎていくように思える。それは、相対的な経験だからだ。時間は実際のところ、普通のスピードで流れているにも関わらず、恋する者が恋人を待つ時、彼女の来るのがあまりにも時間がかかりすぎるように思える。実際彼女は普通のペースで歩いているのだが。彼は彼女に飛行機のスピードで来て欲しい。

だから時は、悲しみの中では遅くみえてしまう。あなたが幸せで、友だちや愛する者と夜を語り明かしたりした朝には、何て一晩が早く過ぎたのだろうと驚く。時間の認識は、幸せな時と悲しい時によって違う。

時間はマインドに依存している。外側からの作用でマインドが打たれることで、時間に変化をもたらすことはできる。もし私が棒であなたの頭を叩いたら、頭が傷つくのは当然だ。あなたの体を外部から打てるように、あなたのマインドも打つことができる。しかしあなたを外からの力によって打つことはできない。なぜならあなたは、体でもマインドでもないからだ。しかし今のところは、あなたが自分は肉体でありマインドであると思っているがために、体もマインドも影響を受ける。あなたの心身《ボディ・マインド》に影響を与えることで、時間の物差しは様々に変化する。何世紀をも一瞬に縮めることもできれば、その反対も可能だ。

覚醒が起これば、あなたは不思議さに打ちのめされることだろう。今イエスから二千年、クリシュナから五千年、そして実に悠遠なる時が、ツァラトゥストラやモーゼから過ぎ去った。けれどもあなたは目覚めた時、こう言って驚くことだろう、「ああ神よ、彼らもちょうど目覚めたばかりなのだ」と。その時、時代の違いは完全に消え去る。もはや、数千年という年月が夢の中の時間のようになる。

誰かが覚醒すれば、すべてが覚醒する。たった一瞬の違いすらない。これは理解するのが難しい。目覚めれば、あなたは仏陀やキリスト、マハヴィーラ、クリシュナと同時代の人間となる。まるで共に目覚めたばかりであるかのように、彼らもあなたの辺りにいるだろう。一瞬のずれすらない――ずれはあり得ない。

今、円を作り、中心から円周へ何本もの線を引くとすると、その中からどんな二本の線をとっても円周上での距離が最大になることに気づくだろう。それでも、その線に沿って中心に進むにつれ、二本の線の距離は何の距離もない中心に至るまで減っていく。その点ですべての線がひとつになる。人がその深遠な経験の中心に至る時、周辺において存在していた距離――二千年、五千年――は消える。しかしそういう人々にとって、その経験の説明は難しい、なぜならそれを聞く人々は表層に在り、彼らの言語もまた表面的だからだ。このために、大きな誤解を招く恐れがある。

ひとりの男が私の許へ来た。彼はイエスの帰依者であり、私にこう尋ねてきた。

「イエスについてどう思いますか」

私は「自分自身について意見を述べるというのもどうかと思うが」と答えた。

彼は驚いて私を見て言った。「もしかして、私の言うことが聞こえなかったのかもしれませんね。イエスについてあなたの意見を伺ったのですが」

私は「私も、あなたが聞いていなかったように思うが。私は『自分自身について意見を述べるというのもどうかと思うが』と言ったのだよ」と言った。彼は当惑したようだった。それで私は、「あなたがイエスを知らないかぎりは、イエスを理論化できようが、あなたが知ってしまった瞬間には、あなたと彼との間に違いはなくなっている。どうやって意見をこしらえるというのかね？」と言った。

ある時画家が、ラーマクリシュナの肖像を携えて彼のもとにやって来て、それを見せたことがあった。彼は、ラーマクリシュナに気に入ってもらえたかどうか聞いたのだが、ラーマクリシュナは頭を下げ、その絵の足元に額づいていた。そこにいた人たちは何かの間違い、または錯乱でも起こったのではないかと思った。おそらく彼は、それが自分の肖像だとわからなかったのだろう。そこで画家は彼に、彼が頭を下げているのは彼自身の肖像なのだと気づかせた。

「そんなことなど忘れていたよ」とラーマクリシュナが答えた。「この絵はこんなにも深くサマーディに入っているではないか――どうして、私のものなどになりえよう。サマーディにおいては〈私〉も〈あなた〉もない。だから私は、サマーディに頭を垂れたのだよ。私に教えてくれてよかったよ、でなかったら人々から笑われていただろう」。しかし、人々はすでに笑っていた。

表層の言語は、中心の言語とは異なる。だからクリシュナが「ラーマだったのは私だ」と言い、イエスが「私は以前にも来てあなたに語った」と言い、仏陀が「私は再び来る」と言う時、彼らは中心の言語を話している。そしてそれを人々が理解するのは難しい。仏教徒は、仏陀の地上再来を待っている。真実を言えば、仏陀は何度もやって来ているということだ。たとえ仏陀が来たとしても、そうと知られることはなかっただろう。同じ姿で再び来ることはあり得ないからだ。その顔は夢のような現象であり、それは永遠に失われたのだから。

中心においては時間のどんなズレもない。光明という出来事に暗示されている時間は、縮めることも引きのばすこともでき、ごく瞬時のものにもできる。それはシャクティパットによってなされ得る。

あなたは質問の最後の部分で、サマーディに関わる他人について聞いている。

あなたが自分のエゴという囲いに強くしがみついているから、他人が他人として映るのだ。そう、ヴィヴェーカナンダはラーマクリシュナがゆえに、その出来事が起こったのだと考えるだろう。だがもし、ラーマクリシュナがそんなふうに考えたとしたら、愚かしいだろう。ラーマクリシュナにとっての起こり方は違う。それはまるで右の手が傷つき、左の手で薬を塗るようなものだった。そう、右手は誰かが治療していると思って、感謝するか治療を拒むだろう。右手は「他人の手など借りない。私は自立しているのです」と言うかもしれない。それは、左手に巡っている同じエネルギーが、右手にも巡っていることを知らないのだ。それでも他人に助けられようとも、それは本当には他人ではない。それはまさに、あなた自身の別の部分から助けを呼び起こすだけの下地、あなた自身の下地ができていることによる。

エジプトの古書にはこう記してある。「決して師《マスター》を探しに行くな。あなたに準備ができた時、彼は戸口に現れるだろう」。それにはこうも記してある。「たとえあなたが彼を探しに出たとしても、どうやって探すのかね？　どうやってこの人だとわかるのかね？　もしあなたに、師を理解できるほどの充分な度量が兼ね備わっているなら、もはや何も見逃しているものなどないだろう」

弟子を見出すのは、常に師の方だ。弟子が師を見出すことなど決してない。その可能性はまったくない、ありえない。依然として、自分自身の内なる存在をも認められずにいるあなたが、どうやって師を見出せるのかね？　準備ができた日、あなたを助ける導き手として、実はあなた自身のものであるその手が差しのべられるだろう。その手はあなたが何も知らないうちは、他人の手だろう。だがあなたが知った日には、感謝することもないだろう。

日本の禅寺にはある習慣がある。瞑想者が寺に瞑想を学びに来る時には、敷物を持参して地面に広げ、その上に座る。彼は毎日敷物の上で瞑想し、それを敷いたままにしておく。そして瞑想が完結すれば、敷物を巻き上げて立ち去る。師はそれで彼の瞑想が完結したことを知る。師はどんな感謝をも期待していない。どこにその必要性があるのかね？　誰が誰に感謝するのかね？　瞑想者は一言も言わないが、師は瞑想者が敷物を巻き上げているのを見て理解する。敷物を巻き上げる時が来たのだ。すばらしいことだ。感謝の形を見る必要すらない。誰が感謝を受け取ると言うのか？　瞑想者がこの間違いを犯した時には、師はその弟子を棒で叩き、瞑想はまだ起こっていないのだから、敷物を巻き上げないようにと命じる。

他人という概念は、無知からくるものだ。そうでなければ、どこに他人が存在するのかね？　無数の形を取った自分自身しか存在していない。いくつもの旅における自分、無数の鏡に映し出された自分だ。人が見ているのは自分というよりも他人なのだが、鏡の中には明らかに自分自身しかいない。

スーフィのある物語だが、宮殿で迷ってしまった犬がいた。この宮殿の壁と天井は鏡でできていたので、犬は大変な苦難に見舞われていた。犬が見るいたる所に犬、犬、ただ犬しかいなかった。犬はとても混乱してしまった。そんなにもたくさんの犬がそこら中にいるとは！　その犬一匹を、たいそうな数の犬が囲んでいた。もはや逃げ道はなかった。なにしろドアでさえ鏡でできていて、そこにも犬が見えたからだ。そこで犬は吠え始めたが、鏡の中のすべての犬もまた、彼と共に吠え始めた。そして吠えた声が部屋中に満ちた時、自らの恐れが何の根拠もないものではなく、命が危険にさらされていることが確かになった。犬は吠え続けたが、まわりじゅうの犬は、さらに大きく吠えていた。犬はまわりの犬と戦うためにあちらこちらと走りまくったが、鏡の中の犬もそうしてきた。一晩中鏡の中の犬に向かって吠え、戦い、犬はくたくたになった。そこにはその一匹しかいなかったにも関わらずだ！　朝、犬が宮殿の中で死んでいるのを衛兵が見つけた。その犬は走り、吠え、反映と戦い死んでいった。一匹だったにも関わらずだ。犬が死んだ時、あらゆるざわめきはおさまり、鏡は沈黙を取り戻した。

たくさんの鏡がある。私たちは他人を見るが、それは様々な鏡に映った、私たち自身の反映だ。だから、他人とは虚偽なのだ。自分が他人を助けているという考えは幻想であり、他人から助けられているという考えもまた幻想だ。実際、他人そのものが幻なのだ。

一度これがわかれば、生は簡単なものになる。ある人を他人として見て、その人に何かをすることもなければ、ある人を他人として感じ、その人にあなたに対して何かをさせることもない。双方の側に広がっているのはあなた自身だ。だからあなたが、路上で誰かに助けの手を差しのべたとしても、自分自身を助けることになるし、誰かがあなたに助けの手を差しのべたとしても、その人もまた自分自身を助けることになる。しかし、究極の経験の後でしかこの理解は訪れない。それ以前では、他人はまぎれもなく他人だ。

いつかあなたは、シャクティパットはヴィヴェーカナンダにとって、害になったことが証明されたとおっしゃいましたが。

ヴィヴェーカナンダにとって害になったのはシャクティパットではなく、その後に付いてきたものだ。しかし、得るとか失うとかいう考えもまた、夢の状態のものであり、夢を越えるものではない。

ラーマクリシュナの助けにより、ヴィヴェーカナンダはサマーディの一瞥を得た。彼自身の力でも得られただろうが、そうなればずっと後になったことだろう。それはこういうことだ。ドアをハンマーで叩けば、打ち倒せる。しかし同じハンマーで釘を打ち、ドアを再び固定することもできる。ドアを打ち倒せるハンマーで、固定もまたできる——しかしどちらにせよ、作用しているのは同じハンマーだ。

ラーマクリシュナはヴィヴェーカナンダの力を借りねばならなかったため、困難を抱えていた。ラーマクリシュナはまるっきりの田舎者で、無学、無教養な人だった。彼の経験は深遠なものだったが、彼はそれを表現し、伝える手段をまったく携えていなかった。彼は自分の経験を世界に知らしめるために、別の人を乗り物、媒介者として使わざるを得なかった。もしそうしなければ、ラーマクリシュナについて耳にすることは、決してなかっただろう。彼の経験を別の人を通してあなたがたに伝えようとしたのは、彼の慈悲によるものだ。

私が自分の家で宝をひょっこり見つけたとする。あなたの家に宝を届けようとするが、足が不自由なために誰かの肩に乗ったとしたら、この人の肩を利用していることになるだろう。彼には少し不便で、困難な思いをさせるだろう。だが私の意図は、ただひたすら宝をあなたがたへと届けることにある。しかしその宝が、いつになっても誰からも求められぬままの状態だというのに、私の足が不自由であれば、出て行って知らせることもできない。

これがラーマクリシュナの問題だった。仏陀にとってはそうではなかった。仏陀の個性の中には、ラーマクリシュナとヴィヴェーカナンダの両者が共に存在していた。仏陀は自分が知っていることを表現できた。ラーマクリシュナにはそれができなかった。彼の表現のために、乗り物になれるもうひとりの人を必要としていた。だから彼は、ヴィヴェーカナンダにその内なる宝の一瞥を与えた。しかしすぐさま、ラーマクリシュナは彼に言った。その鍵は自分が預かり、おまえの死の三日前まで鍵は返さないと。

ヴィヴェーカナンダは泣き出し、与えてくれたものを取り上げないで下さいとラーマクリシュナに頼んだ。ラーマクリシュナは、「あなたにはなすべき別の仕事がある。もしあなたがサマーディに入ってしまったら、あなたは永遠に失われ、私の仕事は損なわれてしまう。サマーディを得る前にしか、その仕事はできない。私の仕事が終わるまで、あなたはサマーディを経験しない方がいい」と彼に話した。ラーマクリシュナは、サマーディを得た後にもまた、仕事をしてきた人々がいたことを知らなかった。彼にはそんなことなど、知るよしもなかった。何しろ、彼自身サマーディの後には何もできなかったのだから。

普通私たちは、自分自身の経験に左右される。サマーディの経験後、ラーマクリシュナは何ひとつできなかった。彼は長くは話せなかった。――話す事は彼にとって大変難しかった。ただ誰かが「ラム」という言葉を言っただけで、彼はトランス状態に入ったものだ。誰かが近づき、挨拶として、「ジャイ、ラムジ」と言ったとしても、その世界へと消え去った。「ラム」のようなどんな神の名を呼ぶことでさえ、意識を保つのは彼にとって難しかった。それはすぐさま別の世界を思い出させた。誰かが「アッラー!」と言えば、彼は行ってしまった。モスクを見れば、サマーディへと消え去り、そこから動く事もできなかった。道を歩いている時にも祈祷の歌を耳にするとトランス状態に入り、あちこちで倒れたものだった。

だから彼自身の経験から、同じことがヴィヴェーカナンダに起こり得ると考えたのももっともだ。そのため彼はヴィヴェーカナンダに、「あなたには、なすべき重大な任務がある。それを果たした後なら、サマーディに入ることができるよ」と言ったのだ。ヴィヴェーカナンダの全生涯は、サマーディを得ることのないままに過ぎていき、これは彼の大きな苦痛のもととなってしまった。

だが覚えておくように。〈痛み〉は夢の世界に属すものだ。それはちょうど、人が悪夢を見ているようなものだ。死の三日前に彼は鍵を与えられた、だがそれまでは、大いなる苦しみがあった。彼の死の五日から七日前に書かれた手紙は、痛みと苦悩に満ちている。ただ一瞥だけしか得られなかったものへの、止むことのない憧れと共に、苦悶はどんどん増していった。

あなたの憧れは、それがどんなものかもまったく知らないために、まだそこまで激しくはない。たった一瞬かいま見ることで、熱望が始まる。それはこういうふうに理解するといいだろう。あなたは小石を手に、暗闇の中に立っている——それが高価な宝石だと思いながら。あなたはとても幸せだ。その時、稲光が輝き、あなたの目の前にはダイヤモンドの宝庫があり、一方自分の手にしているのは小石だとわかる。やがて稲光は消える。が、それは小石を手に立っている他の人たちに、極めて貴重な宝が彼らを待っているのだと知らせなければ、というメッセージをあなたに残していく。そう、もはや稲妻があなたのために光ることはない。それでもあなたは、前方に眠る宝物について、人々に語る勤めを果たさなければならない。このようにしてヴィヴェーカナンダが、ラーマクリシュナに欠けていた部分を補うという、彼には絶対必要であった特定の勤めをなしとげることとなった。ラーマクリシュナに欠けていたものは、別の人を通して補われる必要があったからだ。

それは何度もこんなふうに起こる。もしひとりの人が特定の勤めを果たせなければ、三から四人の別の人が必要とされる。時々、ひとりの人のメッセージを広めるために、五から十人もの人が必要となる。ラーマクリシュナは慈悲からそうしたのだが、ヴィヴェーカナンダにとってはいくらかの困難をもたらした。

だから、シャクティパットはできるかぎり避けなさいと私は言うのだ。可能なかぎり、恩寵を得るように努力しなさい。ほとんど恩寵も同然のような、どんな付帯条件もなく、それに伴う何の条件もなく、完全に無条件で、誰からも「私が一定の期間、鍵を預かる」と言われないようなシャクティパットだけが役に立つ。

シャクティパットは、起こったことまで尋ねてくるような媒体などなしに起こるべきだ。たとえあなたが感謝したくても、その相手をどこに探せばいいか、ということさえわからぬほどであれば、あなたにとって事はたやすく運んでいくだろう。だが時として、ラーマクリシュナのような人が誰かの助けを必要とする場合には、こうするより外に助けを得る方法はない。そうでなければ、ラーマクリシュナの経験は表現されないままに失われていただろう。彼は表現のための媒体を必要とし、それはヴィヴェーカナンダによって満たされた。

だからヴィヴェーカナンダは常に、自分が話すことは、すべて自分のものではないと言っていた。彼がアメリカで名誉を与えられた時、その名誉はあなたがたが何も知らない方のものだから、とても心苦しいと語った。そして誰かが彼を偉大なる人と呼んだ時、「私は偉大なる我が師の足の塵にも値しません」と語っている。だが、もしラーマクリシュナがアメリカへ行っていたら、狂人施設に閉じ込められただろうというのは確かな事実だ。彼は精神科医の治療の下におかれただろう。誰も彼に耳を貸す者はいないばかりか、むしろ絶対に狂っていると宣言されただろう。

人々にはまだ、一般的な狂気と聖なる狂気を区別できないため、アメリカではこの両者共が施設に入れられただろう。ヴィヴェーカナンダがあらゆる名誉を手にしようとも、ラーマクリシュナは治療のもとにおかれたことだろう。ヴィヴェーカナンダの言うことは知的だからだ。彼自身は聖なる狂気の内にはなかった。彼はラーマクリシュナの手紙を運び、海外の人たちにそれを読んで聞かせる単なるメッセンジャー、郵便配達人にすぎなかった。しかし彼には、うまく読んで聞かせる才能があった。

ムラ・ナスルディンは、村でただひとり読み書きのできる人物だった。――まあこのことから、彼がどの程度読み書きできたかは想像できるだろうが――それで村人たちは、みな手紙を書いてもらうのを当てにしていた。ある男が、手紙を書いてもらおうと彼を尋ねて来た。ナスルディンは足が痛むので書かないと言った。その男は「手紙を書くのに、足がなんで関係しているのかね？　手で書くんじゃないのかね？」

ナスルディンは「あんたは知らないね。手紙を書く時は、自分で読める時だけさ。読むためには別の村まで行かなくてはいかん。わしが手紙を書いたとしても、誰に読めるというんだね？　わしの足はひどく痛んどる。歩けないうちは、どんな手紙の代筆もせんよ」

そう、ラーマクリシュナのような人が手紙を書いたとしても、それは彼らだけにしか読めない。あなたの言葉を忘れてしまっているし、彼らの話す言葉は、あなたにとって意味がないからだ。人々は、そういう人たちを狂人呼ばわりするだろう。だからそういう人たちは、私たちの言葉を書けるメッセンジャーを探し、選ばなければならない。そういう人は配達人でしかない。だからこそ、ヴィヴェーカナンダには気をつけなさい。彼自身には何の経験もない。彼が話していることは、別の人の経験だ。彼はその技において熟練しており、言葉に関しては名人だったが、自らの経験を語っている訳ではなかった。

これが、ヴィヴェーカナンダの話ぶりに、自信過剰を感じる理由だ。彼が自分の論点を必要以上に強調するため、何かぎこちないものをかもし出してしまうのだ。彼自身、自分の話しているることが自らの経験ではないことを承知していた。賢者というものは、しかしながら、常にためらうものだ。彼は恐れる。それは、自分が感じるほどはっきりと、自分の経験を言い表せないかもしれないからだ。話す前に千通りも熟考し、それでもなお、話していることがまったく自分の表現したいことではないのではないかと心配する。何も知らない者は前に出て、言わねばならないことを話す。彼には何のためらいもない、何を話さなければならないかを、すべてしっかり知っているからだ。

しかしこうしたことは、仏陀のように悟った者にとっては、大変難しいことだった。彼はいくつかの質問には答えを与えていない。「こうした質問に答えるのは難しい」と答えたものだった。だから人々は、「私たちの村には、質問にみな答えてくれるような、もっとすばらしい人がいるよ。仏陀よりも賢いんだ。神がいるかどうかと尋ねると、自信を持ってイエスかノーと返事をしてくれる。仏陀が答えないのは、知らないからだ」と言ったものだった。

仏陀にとってイエスかノーで答えるのは、とても難しいことだった。だから彼はためらい、こう言っていた、「別のことを尋ねなさい。このことではなく」と。知らないのなら、仏陀は自分の無知を認めるべきだと人々が言ったのも当然だった。だがこれに対してもまた、仏陀は自分が知っているがゆえに、何も言えなかった。実際、仏陀は私たちと異なる言語を話しており、これが困難なものを引き起こしていた。

ラーマクリシュナのような人の多くが、自分のメッセージを与えることなくこの世界を去るといったことは、何度となく起こってきた。彼らにはできなかった。知り得た者でありながら、伝達する才能も兼ね備えているというのは、大変稀な組み合わせだった。この稀な組み合わせが起こった時、そのような人をティルタンカーラ、アバターラ、予言者などと呼んだ。だから悟った人の数というものは、話した人の数だけに限られない。そのメッセージを伝えられなかった人は、他にもたくさんいる。

誰かが仏陀に「あなたには一万人の比丘《びく》がおり、四十年間も人々に教えを説いてこられましたが、何人の人が、あなたのような意識の状態に至っているのですか？」と尋ねた。

仏陀は言った。「多くの者が至っている」と。

その人は、「それならなぜ、私たちにあなたのことがわかるように、その人たちについてもわからないのでしょうか」と聞いた。

仏陀は言った、「私には話すことができるが、彼らには話せない。この違いのため、あなたがたにはわからないのだ。もし私もまた沈黙を守っていたなら、あなたには私のことがわからなかっただろう。あなたは言葉だけは理解できても、光明についてはわからない。私が知り、さらにそれについて話すことができるというのは、ただの偶発的な出来事にすぎない」

ヴィヴェーカナンダには、来るべき生で修正されねばならない難点がいくつかあった。そしてこの困難は、避けては通れないものだった。そのため、ラーマクリシュナは絶対的な必要性から、それを彼にもたらした。ヴィヴェーカナンダは喪失感を抱いたが、その喪失は夢の世界に属するものだ。だが、たとえそうだとしても、夢のような領域の中でまで、なぜ喪失感に堪え忍ばなければならないのか？　夢が必要だというなら、なぜよい夢であってはならないのだろうか？

イソップの寓話がある。

猫が木の下で寝そべり、夢を見ていた。犬がやって来て、犬もまた木の下で休んだ。その猫は素敵な夢を見ているようだったので、犬はどんな夢なのか知りたいものだと興味を持った。

猫が起きた時、犬はどんな夢を見たのか尋ねてみた。猫は「ああ、素敵な夢だったわ。空からネズミが降って来るの」

その犬は蔑むように見下ろして言った。「馬鹿め！　ネズミなど降るものか。僕らも夢を見るが、僕らが見る夢では、いつも骨が降って来るんだ。――それに僕らの経典にも、降って来るのは常に骨だと書いてある。ネズミは決して、雨のように降って来るものじゃない、この間抜けな猫め！　夢を見るなら骨の夢を見ろ」

骨は犬にとって意味あるものだ。どうして犬が、ネズミの夢を見なくてはいけない？　でも猫にとっては、骨は役にたたない。

私はあなたに言いたい。夢を見なくてはならないなら、なぜ悪夢を見るのかね？　そしてあなたが目覚めるつもりなら、あなた自身の能力、あなた自身の強さ、あなた自身の決意を最大限に用いることだ――そして、他の人からの助けなど待たないように。助けの手は差しのべられるだろう。だがそれは別のことだ。あなたは助けを待ち望んだり、期待したりすべきではない。期待すればするほど、あなたの決意は弱くなってしまうからだ。こうした考えは、まるっきりおしまいにしてしまいなさい。どんな助けも期待せず、全身全霊を尽くしなさい。自分がまったくのひとりだということを心に留めつつ。数多くの根源から、助けの手は差しのべられるだろう――だがそれは、全然違う話だ。

そのため、私はあなた自身の意志力に重きを置いている。それはその他一切の障害を、あなたにもたらさないためだ。何かを誰かから受け取る時は、常にそれはあなたが求めたり、期待したりしたものであってはならない。それは風のように訪れ、風のように去って行くものでなくてはならない。

このことから私は、ヴィヴェーカナンダは喪失に苦しんだと言ったのだ。そう、彼は生きている間、ずっとはっきりとそのことを自覚していた。聴衆はうっとりと座り、彼が話したことの一瞥さえ得ていた。だがヴィヴェーカナンダは、それが自分には起こっていないことを自分で承知していた。おいしい物についての知らせをもたらしていながら、当の本人がそれを味わった経験もないというのは、本人にとってはたまらないことだろう。自分はかつてそれを味わったかも知れない。だがそれは夢の中でであり、しかもそれは終わってしまった。後になって「さあ、もうその夢を見ることはないだろう。だが、行って他の人たちにそれを伝えなさい」

と言われたら……と想像してみなさい。それが、ヴィヴェーカナンダにあったことだ。彼には彼自身の苦難があった。彼は強い男だった。彼はこうした困難に耐えられた。これは慈悲のうちのひとつだが、これは何も、あなたもまたそのような困難に耐えるべきだという意味ではない。

ヴィヴェーカナンダは、ラーマクリシュナに触れられることでサマーディを経験しました。それは真正な経験だったのですか?

予備的な経験だったと言った方が良いだろう。真正かどうかはここでは重要ではない。その経験においては、ただの一瞥しか得られないというような、まったくの予備的な経験だった。この一瞥が深遠なるもの、または霊的なものになることはまずあり得ない。この出来事はマインドが消え、魂が始まる境界線で起こるものだ。この深みにおいては、単なる超常的な経験にすぎない。それゆえ、その一瞥は失われた。だがヴィヴェーカナンダの場合は、それほどの深みに至る助けにはならなかった。ラーマクリシュナが恐れていたからだ。彼は、それがずっと深くまで入って行くのを許さなかった。そうでなければ、この男は彼の役には立ってくれなかっただろう。ラーマクリシュナは、それまで一度も思いついたこともなかったような自分の洞察について、深く懸念していた。それはその経験についての概念が、世界にとって役立たぬままひとりの男に残されているというのは、百パーセント正しくないというものだ。

仏陀は悟った後、四十年間話した。その状況は、イエスやマハヴィーラとも似ている。彼らには何の困難もなかった。けれども、ラーマクリシュナにとっては違っていた。彼には、この困難があった。その困難は、いつも彼自身の心の中にあった。だから、ヴィヴェーカナンダにはかない一瞥しか与えなかったのだ。それは、行った以上は真正なものだ。だがそれは、初歩的なものだった。充分深い所までは行かなかった、そうでなければ、戻って来るのが難しかっただろう。

サマーディの部分的な経験というものはあるのでしょうか？

それは部分的なのではなく、予備的なものだ。このふたつには違いがある。サマーディの経験は部分的ではあり得ない、だが、サマーディの心的《メンタル》な一瞥というのはあり得る。経験は霊的なものであり、一瞥は心的なものだ。私が山の頂上に立ち、海を見たとしよう。私は確かに海を目にするだろう。が、遠くからだ。波打ち際に立ってもいなければ、その水に触れたり味わったりすることもなく、海に飛び込んだり海水浴をすることもないだろう。私は山の頂上から海を見たのだが、あなたはこれを部分的な経験だと言うかね？

違う。そして私が、一滴の海水にさえ触れなかったという事実にも関わらず、私の経験が真正なるものでなかったとは言えない。大海とひとつにならなかったにせよ、私はそれを山の上から見たのだ。同じようにして、あなたは自分の体の最高の高みから魂を見ることができる。

体にもまた、その高みがある——その頂上での経験が。もし、体のまさに深遠なる経験ができたなら、その中で魂の一瞥を得られるだろう。もしあなたが、まったくの健康で幸せな感覚を経験しているなら、もし体が健やかなるものに満ち溢れているのなら、魂の一瞥を得られる体の高みへと至れる。あなたは自分が体ではなく、何か他のものだということを経験するだろう。魂が何であるかを知ることはないだろうが、体の究極の高みへと至ることだろう。

マインドにもまた、その高みがある。たとえば、深い愛の内にある時だ——セックスにではない、セックスは体の可能性にすぎないからだ。それでもセックスの内にさえ、もし性的な経験の頂点に達したなら、魂の一瞥を得るだろう。だがそれは遠い一瞥だ。もっとも遠い端からの一瞥だ。しかしあなたが愛の深い経験を持つなら、愛する人のそばにしばらく座り、その沈黙を破る一切の言葉もなく、あなたがたふたりの間でただ愛だけが流れ、何の欲望もなく、何かをすることもなく、ただ愛の波動だけが、ひとりからもうひとりへと流れた時、その愛の絶頂の瞬間において、魂の一瞥を得るであろう高みへと至るだろう。だから、恋人たちもまた魂の一瞥を得ることがある。

絵を描く芸術家がいるが、あまりにも絵を描くことに熱中し、しばらくの間、神に、創造者になることがある。神が世界を創造した時に感じたにちがいない、同じ状態を経験するからだ。だがこの高みはマインドのものだ。その一瞥の瞬間、こういう人は自分をあたかも創造者のように感じる。そうした人は、この経験で充分だという間違った考えを何度も犯す。この経験は音楽や詩、自然の中の美や、他のそうしたものからも得られる。しかし、これらすべてのものは遠い頂点だ。サマーディにトータルに溶けていけば、悟《リアライゼイション》りが起こる。外側には、そこから魂の一瞥を得られるたくさんの頂点がある。

ヴィヴェーカナンダの経験は、マインドのレベルで起こったものだ。なぜなら私が話したように、他者はあなたのマインドの頂点まで入って、あなたをその頂点まで引き上げられるからだ。

それは、このように見てみるといいだろう。小さな子供が私の肩に乗り、辺りを見る。その後で子供は下に降ろされる。――私の肩を、彼のものにはしてあげられないからだ。子供の足はまだ小さく、私の高さまで成長するには長い時間がかかるだろう。だが私の肩に乗せられることで、彼は目のあたりにした。今や彼は、他の人の所へ行き、自分が何らかのものを見たと言うことができる。人々は彼を信じないかもしれない。彼の背丈では、それはできないと言うかもしれない。しかし、誰かの肩によじ登って景色を見ることはできる。このすべてはマインドの可能性だ。ゆえにそれは霊的《スピリチュアル》なものではない。

まったく同じことだが、それは真正なるものではなく、初歩的なものなのだ。初歩的な経験は、体とマインドにおいて起こり得る。それは部分的なものではない。完結しているが、マインドの領域に留まっている。それは魂のものではない。魂の経験においては、戻って来ることがないからだ。そのレベルにおいては、誰もあなたの鍵を握っておくことはできない。いつ鍵を返すと言うこともできない。そうして初めて起こることだ。そこでは、どんなことも誰も語らない。もし何か霊的な勤めを媒体に果たしてもらおうとするなら、彼は超越点の前で立ち止まらなければならない。でなければ、困難なことになるだろう。

そう、ヴィヴェーカナンダの経験は真の経験だったが、その真正さは超常的なものであり、霊的なものではなかった。これもまた、しかしながら、ささいな出来事ではない。それはすべての人に起こるものではない。それにはとても力強く、成熟したマインドが必要とされる。

ラーマクリシュナが、ヴィヴェーカナンダを食い物にしたということはできますか？

そう言ってしまうこともできるが、そのように言うべきではない。なぜならその言葉の背後には、非難があるからだ。彼は、自分自身の利己的なものを手に入れるために、食い物にしたのではない。彼は、ヴィヴェーカナンダを通せば他の人たちがその恩恵にあずかれるという考えを持っていた。彼を利用したという意味であれば、彼を搾取したことになる。搾取することと利用することとの間には、大きな違いがある。自分のエゴのために、何かを扱ったり何かを使ったりすれば搾取となる。けれども、私が何かを世界のため、宇宙のため、みんなのためにしている時、そこに搾取という問題はない。

おまけに、もしラーマクリシュナが彼に一瞥を見せていなければ、ヴィヴェーカナンダ自らがそれを今生で得ていただろうという確証がどこにあるのかね？　この点は、光明を得た人たちによってしか決められないことだ。私は、この場合もそれに当てはまると思うが、それについてはどんな証拠も示せない。ラーマクリシュナはヴィヴェーカナンダに、死の三日前に鍵を得るだろうと語った。その意味は、ヴィヴェーカナンダは彼自身の努力によって、死の三日前にサマーディに至るということだった。さて、鍵を返すことについて考えてみると、ラーマクリシュナはもうすでに死んでいたが、鍵は言われていた通りに間違いなく返された。

こうしたことは可能なのだ。それはあなたが、自己の内側深くに入っていった人ほどには、自分自身の人格について知らないからだ。そういう人には、彼自身の深みからあなたの可能性を知ることができる。彼には、あなたが自分自身のペースで歩んだ場合、いつたどり着くかということさえ言うことができる。

さあ、あなたの旅は始まった。その道には山がある。そう、私にはその道や、山の階段のこと、そしてそれを越えるのにどのくらいかかり、どんな困難にあなたが直面するかを知っている。私はあなたが山を登って行くのを見て、それを越えるのに、たとえば三カ月かかると言うことができる。あなたの歩く速さや旅の歩み方から、それだけの時間がかかると言えるのだ。あなたを道の途上で拾い、頂上の一瞥を与え、それからあなたがもといた所に戻し、三カ月以内にゴールを見出すだろうと請け合ったとしても、これは基本的に、私があなたを利用しているとは見なせないだろう。内なるもののすべては、それほどまでも微妙で複雑なものだ。だから、それを外側から知ることはできない。

たとえば、ニルマラが昨日家に帰った時、誰かから五十三歳で死ぬと言われた。そこで私は、五十三歳では死なないと保証した。その保証を遂行するのは私ではない。それは、それ自身でそれなりに完結するものだ。さあ、もし彼女が五十三歳で死ななかったら、彼女はそれを私のせいにするだろう。ヴィヴェーカナンダは、鍵は死の三日前に返されたと言うだろうが、その鍵を返す人などいたのかね？

霊的《スピリチュアル》な探求において、ヴィヴェーカナンダが失敗と苦悩の大変厳しい時を通り抜けねばならないことをラーマクリシュナが知り、それがゆえに慈悲から彼に一瞥を与え、その望みを保たせたということもあり得ますか？

決して、こうした言い回しで考えてはならない――「……であり得たかも」といった。そういうものには終わりがなく、無意味だからだ。このやり方では、あなたは見当違いに考え続けるだろう。何が確かに可能で、もはやそれ以外ではあり得ないのかという文脈で考えるだけで、充分だ。そうでなければ、それはあなたを迷いに導くかもしれない、無意味な道となってしまう。この考え方のパターンは、多大な損害を与えるだろう。なぜなら、そのもの自体を見失い続けるからだ。常に事実をありのままに見ることだ。そして、もし物事をありのままに知りたければ、あらゆる「そうであったかもしれない」ことを、切り捨てることだ。確かな事実を知らなければ、自分が知らないということを知っておくことだ。だが、あなたの無知を小賢しい「……であったかも」という憶測で隠そうとしないように。これこそ、私たちの多くの短所を隠すやり方だ。これは差し控えた方がいい。

RIPENING OF
THE MEDITATOR
ON THE PATH

第二章

道行く瞑想者の成熟

先の講話の中で、突然直接的に訪れる恩寵は、時として災難ともなり得るとおっしゃいました。傷を受けるか狂うかもしれないし、ややもすると死すらあり得ると。自然に疑問が湧いたのですが、恩寵はどんな時にも有益なのではありませんか？　恩寵は、それ自身でバランスを取ってはくれないのでしょうか？　受け手がそれに見合わないがために、不幸な出来事が起こることもあるのですか？　それなら、どうして恩寵が不適当な人のもとに降りるのでしょうか。

神は人ではなく、エネルギーだ。これはエネルギーが、個々人へはどんな配慮もしないことを意味する。個々人に起こることは何であれ、何の区別もなく起こる。

たとえば、川の土手に生えている木は、流れ行く水の流れから養分を受け取る。花を咲かせ、実を結び、大きく強く成長するだろう。だが、同じ流れでも、そこに木が落ちてしまえば、その速い流れに連れ去られてしまう。しかし、川がその両方の木に何かをしたわけではない。川は川辺の木の育成にも、水の中の木を滅ぼすことにも、関心がない。川はただ流れている。川は流れるエネルギーだ、それは人ではない。

人々は相も変わらず、神をひとつの人格として見るという間違いをおかしている。神についてのあらゆる観念が、あたかも人であるのは、そういうわけだ。神はとても優しく、とても恵み深く、常に私たちを祝福してくれると人々は言う。それは、神に負わせた期待と欲望だ。しかし人になら、期待を押し付けても、もしそれが果たせなければ、責任を負わせられるだろう。だが、エネルギーにそんなことはできない。だから、エネルギーを人格であるかのように扱うものなら、道からそれてしまうだろう。そうすると、夢に迷い込んでしまうからだ。もしエネルギーとして扱えば、結果はまったく異なるだろう。

たとえば引力だ。この力があるおかげであなたは地上を歩ける。が、この力は特に歩かせるためにあるのではない。歩かなければ、引力は存在しなかっただろう、などと間違って考えないように。あなたがたが地上に存在する以前からそれはあったし、いなくなった後もあるだろう。そして変な歩き方をすれば、転んで足を折ることもある。これも引力のためだが、非難の的となる人格がないから、誰も訴えられない。引力とは、流れているエネルギーだ。

もしそれと付き合っていきたければ、重力の作用の法則について注意深くある必要がある。でも重力の方がどうやってあなたと付き合ったらよいか、などと考えることはまったくない。

神のエネルギーは、誰かを配慮するために働くことはない。実際「神のエネルギー」と呼ぶこと自体が適切ではない。むしろ「神はエネルギーだ」と言うべきだ。神はあなたに、どんなふうにふるまおうかなどとは考えない。それにはそれ自身の永遠の法則があり、この永遠の法則こそが、宗教というものだ。宗教とは、神であるエネルギーの作用の法則だ。

もしあなたが、鋭い識別力、理解、協調からこのエネルギーに対すれば、あなたにとっての恩寵となるだろう。――エネルギー自体がそうなるのではなく、あなたゆえにだ。もし反対のことをし、エネルギーの法則に逆らえば、恩寵ならざるものを与えられるだろう。こういう場合の神は、恵み深きものではなくなる。それはあなた次第だ。

だから、神を人のように見なすのは間違いだということだ。神は人ではなく、エネルギーだ。そのため、祈りや礼拝には何の意味もない。神から何かを期待するのは無意味だ。この聖なるエネルギーが、祝福と恩寵になるようにと望むのなら、自分自身に対して何かをしなければならない。だからこそ、霊《スピリチュアル》的な修行に意味がある、祈りにではない。瞑想には意味がある、礼拝にではない。この違いを、はっきり理解しておきなさい。

祈りにおいては、神に関して何かをしている――あなたは乞い、強要し、期待し、要求している。だが瞑想においては、自己に働きかける。礼拝では神に対して何かを行ない、霊的な探求では、自分自身に何かをなしている。霊的成長のための努力は、存在や宗教と不調和にならないように、あなた自身を変容させるためのものだ。川が流れようが、あなたが流れに押し流されることはない。川の水が根を押し流すどころか、むしろ強くしてくれるような土手の上にいる。神をエネルギーとして捉えた瞬間に、宗教の全構造は変化する。

こういう理由から、もし恩寵が突然、直接的に降りたら、時に災いとなり得ると言ったのだ。

もうひとつ、あなたは聞いている。「不適切な人が、恩寵を受け取ることはあり得るでしょうか？」と。

いや、恩寵が不適切な人に降りることは、決してない。恩寵への準備ができている人のもとに、必ず降りる。しかし、時にふさわしくない人が突然必要条件を身につけ、しかも本人がこれに気づかないことがある。出来事とは常に、正しい条件のもとに起こる。ちょうど、光が目のある人だけに見えて、盲目の人には見えないように。仮に目が見えるようになる医学的治療後に盲人が病院から出て来て、太陽を直接見ようものなら、目がひどく傷つけられてしまうだろう。そういう人は一、二カ月間は、色の濃い眼鏡をかけて待たねばならない。

受容性のない人が突然受容的になると、事故が起こる。その盲人の場合にしても、太陽を責めることはできない。その人は、太陽の光に耐えられるくらいに目を強めなければならない。でなければ完全に失明する危険がある。元より患っていた盲目は治せても、二度目の盲目の治療は難しいだろう。

これをよく理解しておきなさい。経験とは、ふさわしい人にだけ訪れる。だが、時にふさわしからぬ人が、当人自身気づいていない事情から、突然必要な条件を身に付けてしまうこともある。そういう時には、決まって災いの恐れがある。突然降りてくるエネルギーに対して、耐えられる状態ではないからだ。

たとえば、ある人が突然大金を得たとしよう。ふつうは何の害もないが、それが突然に手に入ると、たぶん危険なものになるだろう。突然の幸福もまた、事故を生むことがある。それを受け止めるには、ある程度の受容能力が必要だからだ。もし徐々に訪れるなら、幸せを受け止められるようになるだろう。至福がだんだんと訪れる時にのみ、人は準備ができる。

この準備、受け止められる許容量は、ありとあらゆる要因によるものだ。脳の中の神経や、人の肉体的適性、精神的な能力——すべてにその限界がある。ところが、今話しているエネルギーには限界がない。それは、滴の中に大海が流れ込むようなものだ。何とかして滴に大海を受け入れる準備ができていなければ、ただ死ぬだけになる。何も得ることなく、破壊されることだろう。

正しく言うと、霊的成長のために必要な行為には、ふたつの方向がある。私たちは自分自身を道へと導き、それと同調しなければならない。だがその前に、道から吸収できる能力を伸ばす必要がある。このふたつの勤めこそ、探求者が達成せねばならないものだ。一方で私たちは扉を開き、見る能力を高めていかねばならない。そしてもう一方で、視界が良くなった後でも、光の眩しさに目が耐えられるようになるまで、待たなければならない。でなければ、余りに多量の光が、より深い闇をもたらすことさえあるだろう。これは一方的な処置だ。——光は何もしようがない。責任は完全に私たちにあり、誰も責めようがない。

人の生の旅は何生にも及んでおり、人はそれぞれの生で数多くのことをしてきた。恩寵を受け取れそうな、まさにその直前で死ぬ、ということも何度となくある。この死と共に、その生のすべての記憶もなくなる。何生にも渡って自分自身に働きかけてきたため、あなたは成長の「九十九度」にまで達しているかもしれない。しかし死んでしまえば、達成したものはすべて忘れられてしまう——だが、あなたの内なる成長の実存的な要素は、次の生へと持ち越される。

隣に座っている人が、過去生でたった「一度」しか成長を成し遂げていなかったとしよう。その人も、そんなことなどすべて忘れてしまっている。あなたがたは共に瞑想しているが、成長の段階はまったく異なっている。いま「一度」成長したとしても、もうひとりは成長の「二度」の段階に至るだけで、恩寵が訪れることはない。だが「一度」の成長が加えられることで、あなたは「百度」の地点へと至り、突然恩寵が訪れるだろう。これはあなたにとって突然の出来事となるだろう。自分が「九十九度」にあるとは、思いもよらないからだ。こうして天国がまったく突然に、あなたの中に舞い降りて来る。だからしかるべき準備をしておくべきだ。

私が「事故」と言う時は、準備されていない出来事にのみ、触れているのだ。事故は必ずしも、悪いとか痛みに満ちていることを意味してはいない。それは単に、まだ準備できていないことが起こってしまうことを意味する。さぁ、もし誰かが宝くじで百万ドルを当てたら、それは悪い出来事ではない。しかし、その人が死んでしまうこともある。百万ドルだ！――心臓が止まってしまうこともあり得る。つまり「事故」とは、私たちに準備されざる出来事のことだ。

逆もまた、起こるだろう。もし、死に望む準備ができている人に死が訪れたなら、その死は必ずしも悪い出来事ではない。もし、ソクラテスのような人が死に出会う準備をし、両手を広げて歓迎したならば、そういう人にとっての死は、サマーディとなるだろう。死をそれほどの愛と喜びを持って受け入れれば、決して死ぬことのない本質を見るだろう。

人々は、あまりの悲嘆と共に死に向かうため、死ぬ前に無意識になってしまう。人々は、死を意識的に体験することがない。このため、何度も死んできたにも関わらず、死の過程に気づいていない。ひとたび、死とは何かを知ってしまえば、まさに自分が死んでしまうという考えは、二度と浮かばない。そうすれば、死が起こる時に、あなたは側に立って見ているだろう。だがこれは、完全に意識的な状態で起こらなければならない。

そう、死もある人にとっては幸運となり、恩寵もまた、ある人にとっては不運となる。だから、霊的成長にはふたつの要素がある。私たちは呼び求め、祈願し、探し、向かっていかなくてはならない。同時に、光が私たちの扉に達しても盲目にならないよう、自分自身をその出来事に向けて準備させなければならない。もしあなたが私が最初に言ったことを覚えているなら、何も難しくはないだろう。神を人としてとると、非常に困難になる。が、神をエネルギーとしてとれば、何も難しいことはない。

神を人とみなす概念は、かなりの困難を招いている。マインドはすべての責任転嫁ができるように、神をひとりの人間にしたがる。そして神に責任を取らせようと、細かなことのひとつひとつまで、神に負わせ始める。仕事が見つかれば神に感謝し、失業すれば神に怒るようになる。もし、まめができたら神の仕業かと疑い、治れば神に感謝する。私たちが、どれほど神を利用しているかなど、微塵も考えない。神がまめまで気にするべきだと確信している態度が、どれほどエゴイスティックか、考えることさえない。

もし路上でなくした硬貨を偶然にも見つけたら、「神の恩寵により見つけられました」と言う。最後の一ルピーに至るまで、神に金勘定をさせたがる。この考えは、私たちのマインドを満足させてくれる。自分が世界の中心に立っていられるからだ。そして、私たちの神との付き合い方は、主人が召し使いに対するのに似通っている。戸口に立って見張り、自分の財産の最後の硬貨に至るまで、世話してくれることを期待する。神を人と見なすのは、簡単に責任を負わせられる利点があるからだ。

しかし、探求者とは自ら責任を負うものだ。実際、探求者であるとは、あらゆることに対する責任を、他の誰に嫁すことなく自分で負うことを意味する。もし、私の生に悲しみがあるのなら、私のせいだ。幸せでも、自分のせいだ。私が静かなら私のせいだし、安らいでいなければ、自分自身がそうしているのだ。どんな状態にあろうと、責任は誰でもない自分自身にある。転んで足を折ってもそれは自分の過失であって、引力を責めるわけにはいかない。こういうマインドの姿勢でいれば正しく理解していくだろう。そして、事故の意味合いも違ってくる。

この理由から、充分に準備した人には恩寵が恩恵となり、祝福になると言うのだ。事実、どんな物事にも時期というものがある。それぞれの出来事に、それなりの時期があり、この時期を逃すのはとてつもない悲劇だ。

お話のひとつに、シャクティパットの影響は段々と消えて行く、だから探求者は、媒体と定期的な接触を保たねばならないとおっしゃいました。これは導師《グル》という形での、誰かへの依存を意味しないのですか？

これは依存になり得る。もしある人がグルになりたがっており、そして誰かがグルを求めているとしたら、この依存状態は起こり得る。だから、弟子になったり、誰かをあなたのグルにする、というような間違いを犯さないように。だが、グルや弟子という問題がなければ、依存の恐れはない。あなたが助けてもらっている人は、ただ道を先に歩んでいる、あなたの自己の一部だ。そうすると、誰がグルで誰が弟子だというのかね？

私が何度となく語るものに、仏陀が彼の前世のひとつについて語った話がある。仏陀は言った。「私は前世では無知な人間だった。ある賢者が光明を得たので会いに行った。敬意を表して足に触れようとひざまづいた。だが私が身を起こすや否や、驚くべきことに、その老人が私の足に触れるために身をかがめた。

『何と言うことをなさるのですか！』――私は叫んだ。『私があなたの足に触れるのは正しく当然ですが、あなたが私の足に触れるというのは、理にかなっていません』

老人は語った。『もしあなたが私の足に触れ、私があなたの足に触れなければ、大きな間違いになるだろう。私は数歩先を行く、あなたの一部にすぎないからだ。あなたの足元にひざまづくと、あなたが深く私の足に触れたことを思い出す。だが、あなたと私がふたつのものだという、誤った考えには囚われないように。また、私が賢くあなたが無知だといった、誤った考えもしないように。それは時間の問題だ。もう少しすれば、あなたもまた光明を得るだろう。それはちょうど、私の右足が先に出れば、左足は次に来るために後ろにあるようなものだ。実際、左足が後ろに残ったのは、右足が前に行けるようにということなのだから』と」

グルと弟子の関係は有害だ。しかしながら、グルと弟子との、何の関係性もない関わりは大変有益だ。関係性がないとは、ふたつではないということだ。関係性とは、ふたつのものの間に存在する。弟子がグルを、自分からかけ離れた存在だと感じるのは理解できる。だがグルもまた同じように感じているとしたら、とんでもないことだ。もしそうであれば、盲人が盲人を導いているということになる——しかも、導いている盲人の方がずっと危険だ。ふたりめの盲人は、彼を完全に信頼しているからだ。

グルと弟子との関係には、どんな霊的な意味もない。実のところ、関係性というもののすべては、力の関係だ。すべてが政治的な力の関係だ。ある人は父親で、ある人は息子だ。だがもし愛の関係性だったら、違うものになっていただろう。そうなれば、父親は自分が父であることを意識せず、息子が息子であることも意識しないだろう。そうなってしまえば、息子は父の以前の姿であり、父は息子の後の姿となる。——これこそ真実の姿だ。

種をまけば木が育つ。そしてこの木が、何千もの種を生み出す。この種と始めの種との関係とはどういうものだろうか？　ひとつめの種が先で、その他のものが後に続いた。地面へと落ち、発芽して土に溶けいったその同じ種の旅だ。父親が同じ鎖の始めの輪で、息子がふたつめだ。だがそこには連鎖があり個人はいない。そうすると、息子が父の足に触れても、先行する輪に敬意を表しているということになる。彼は先に出て行ったものへ深い尊敬を払っている。何しろ父なしにはこの世に出て来られなかったし、彼を通して存在の中へと現れたからだ。

もし父が息子を育て、食事を与え、服を着させていたとしても、誰か他人のために苦労しているわけではない。彼が育んでいるのは、自分自身の延長だ。父親が息子の内に再び若返るといっても、間違いではない。そうすれば、関係性のひとつというような事柄ではなくなる。また違った事項だ。それは愛であり、関係性ではない。

普通私たちは、父親と息子との関係に、政治的な関係性を見る。父親は強く息子は弱い。父は息子を支配する。父は息子に、「おまえは何もないに等しい。私こそすべてだ」という感覚を与えようとする。だが、すぐに息子が強くなることを、わかっていない。そうなれば、彼は父を同じように支配するだろう。

師と弟子との、妻と夫との、こういった関係性はゆがんでいる……。でなければ、なぜ夫と妻との間に関係性があるべきなのかね？　ふたりはお互いに一体感を持ったからこそ一緒にいる。だが違う、これはそうではない。夫は自分なりのやり方で妻を支配し、妻は彼女のやり方で夫を支配している。どちらもが、自分自身の強さを政治権力のように、お互いに行使しあっている。

同じことが、グルと弟子との間にも当てはまる。グルは弟子を押さえ付け、後者は彼が死に、自分がグルになるのを待ち受けている。グルの死期が遅れようものなら、陰謀と策略さえ起こるだろう。弟子から反抗されたり、敵に廻られたりしないグルを探すのは難しい。一番弟子こそグルの敵になってしまうものだ。一番弟子を選ぶ時には、細心の注意を払わなければならない。それはほとんど避け難い。力の圧力は、常に反抗にあうからだ。だがそれは、霊性とは何の関係もない。

父親が息子を押さえ付けているのは理解できる。ふたりの無知な人たちの例なのだし、彼らは許されよう。良いわけではないが、大目に見ることができる。夫が妻を虐げるのも、その逆もごく普通のことだ。良いことではないが、非常に一般的なことだ。だが、グルが弟子を抑圧するとしたら困ったことになる。この領域では少なくとも、「私は知っているが、お前は何も知らない」などと言い張ることから、解放されているべきだ。

この、グルと弟子との関係とは何だろうか？　一方は主張者だ、彼は言う。「私は知っているがお前は知らない。お前は無知で、私は賢者だ。無知な者は、賢者に頭を下げなければならない」。だが、「お前は敬意を持って頭を下げねばならない」などと言ってのけるとは、何という賢者なのだろう？　彼こそ、無知の最たる者だ。彼はほんの少しは、受け継がれてきた秘密を知っており、いくつかは経典を学んでいるので、記憶からそれを繰り返せる。ただ、それだけだ。

たぶん、この話を聞いたことはないだろう。

すべてを知ってしまった猫がいた。その猫は、猫たちの間で有名になった――それも、ティルタンカーラと見なされるほど有名に。猫が全知となった理由は、図書館に忍び込む方法を見つけたからだった。その猫は、この図書館についてなら、何でも知っていた。何もかもとは、図書館に出たり入ったりする方法、どの本のセットが擦り寄るのにもっとも気持ちがいいか、どの本が冬に暖かく、どれが夏に涼しいか、などなどだ。

そしてどんな知識であれ、図書館について知りたければ、その全知の猫から答えを得られるという噂が、猫たちの間に流れた。自然なことだが、図書館について何でも知っているものが全知となることに何の疑いもなかったし、この猫には追従者さえいた。だが、その猫は何も知っていない、という事実は依然として変わらない。本について知っていることのすべてといえば、その後ろに気持ち良く座れるかとか、どの本が布装丁で暖かく、どれがそうでないかといったものだ。これ以上のことは何も知らない。本の中身がどんなものかという、最低限のことも知らない。それにどうして、猫に本の中身を知ることができよう？

人の中にもすべてを知っている猫たちがいる。自分たちを、いかに本で防御するのかを知っている。もし攻撃すると、彼らはすぐにラーマーヤナに逃げ込み、その詩句によって、あなたの首を締め付けようとする。もしくはこう言うだろう、「ギータにはこう書かれている」と。

さて、誰がギータと争うだろう？　もし私が、「これは私の言うことだ」と言ったら、あなたは私と論争できる。が、私がギータを持ち込めば、安全だ。私はギータの影に避難する。ギータは、寒い中に暖かさを与えてくれる。それは私に使命感を抱かせ、敵に対しても保護の盾となる。それは飾りとさえなり、戯れることもできる、だがこんなことをする人は、ギータを図書館の中の猫と同じほどに、知っているだけだ。彼は、猫が知る以上のことを知りはしない。

たとえ猫でも、長く付き合ってくると、本の中身がわかるようになるかもしれない。しかし、こうした知識を持つグルにはまったくわかっていないだろう。彼らが本を暗記すればするほど、彼らにとって知る必要はなくなっていく。彼らは、知るべきものはすべて知っているという幻影を抱いている。

知っていることの権威を、人が声高に言ってまわる時には常に、ただの無知な者が話し始めたのだと了解しておきなさい。なぜならその主張こそが、無知そのものを表しているからだ。しかし、自分が知っていることに触れることさえためらうようであれば、それは彼が一瞥を、一筋の知恵の光りを得始めたのだと解しなさい。だがそのような人は、グルとはならないだろう。そうなろうなどとは、夢にも思わないだろう、グルには、知識の権威となることも伴うからだ。グルとは、知り得たる者を意味する。彼が知っているのは確かだ。それをなおかつ、あなたが知る必要はない。彼は自分の知識をあなたに授けることができる。

そう、こういった主張や権威は、他の人々の内にある探査や探究へ向かう感覚を殺してしまう。権威者は、抑圧なしには存在できない。権威を握る者は、常にあなたが真理を見つけ出すことを恐れている。そうなったら、彼の力はどうなる？　だから彼は、あなたが見つけられないようにするだろう。彼は追随者や弟子をまわりに寄せ集める。弟子の中にも、主要な弟子と劣った弟子という階層があるだろう。これもまた政治的企みであり、霊的なものとは何の関係もない。

私は、シャクティパットのような出来事が——神聖なエネルギーが降り立つことだが——特定の人の臨在の許では簡単に起こると言うが、あなたがこの人物にしがみつき、そこに定着すべきだという意味で言っているのではない。また、彼に依存すべきだとも、彼をあなたのグルにすべきだとも言っていない。私はまた、自分の探求を止めるべきだとも言っていない。むしろ反対に、この出来事が媒体を通して起こるたびに、いつでもあなたはこう感じるだろう。この経験が間接的な源泉を通してすらこれほどの喜びをもたらすならば、聖なるエネルギーが直接下った暁には、どれほど至福に満ちるものだろうかと。つまるところ、何かが誰かを通してやって来ると、新鮮さがいくらか失われ、少しばかり気が抜けるものだ。

私が庭で花々の香りに満たされたところにあなたが会いに来ると、私を通して花の香りを感じるだろう。だが私の体臭も混じるため、花の香りは消えかけていることに気づくだろう。

だから私が、旅の始まりにおいてシャクティパットはとても有用だと言うのは、最初に庭園と花があるというニュースを受け取れば、勇気づけられることがあるからだ。だがもしグルを得れば、あなたは停滞するだろう。だから里程標で止まらないように。里程標は、グルと呼ぶような人よりもはるかに多くのことを教えてくれる。目的地まであと何マイル残っているかを、正確に知らせてくれる。どんなグルも、それほど正確な情報は与えられない。しかし私たちは里程標を崇拝したり、かたわらに座ったりはしない。それは、自分が石以下だと証明することになる。その石は、どれだけの道程が残されているかを知らせるために、あるにすぎない。あなたを止めるためにあるのではない。

もし里程標が話せるなら、呼びかけるだろう。「どこへ行くのか？　私はあなたに必要な情報を与えてあげた。あなたは十マイル旅して来たのだから。あと二十マイルだ。さぁ、もうわかっただろう。だからもうこれ以上、行く必要はない。私の弟子になりなさい。私について来るのだ」と。だが石には話せない、だからグルにはなれない。

人は話す、だからグルになる。彼は言う、「こんなに多くのことを見せてあげただろう。私に感謝しなさい。お前は、感謝の意を示さねばならない。私への恩義を」と。覚えておきなさい、感謝を要求するような人は、あなたに与えられるようなものなど何ひとつもっていない。彼はちょうど里程標のように、一片の情報を与えているだけにすぎない。里程標は旅のことなど何も知りはしない。通り過ぎるすべての人に与えられる、ただ一片の情報があるだけだ。

同じように、もし感謝が求められ、期待されるようなら、気をつけることだ。個人にはまりこまないように。個人的なものを越え、形なきもの、永遠なるもの、無限なるものへと向かって行きなさい。しかしながら、単なる乗り物としての個人を通じて一瞥は可能だ。それは究極的には、個人もまた神聖なるものに属しているからだ。ちょうど井戸を通して大洋を知るように、無限も個人を通して知ることができる。もし一瞥が起こり得るのなら、悟りもまた起こるだろう。だが誰かに依存したり、何かに隷属したりしないことだ。

すべての関係性は拘束だ。夫と妻であろうと、父と息子であろうと、グルと弟子であろうと。関係性のあるところには、隷属がある。だから霊的な探求者は、関係性を形作るべきではない。もし探求者が夫と妻の関係を続けたとしても、何の害もないだろう。それは障害ではない、なぜならこの関わりは問題にならないからだ。だが、新しいグルと弟子の関係を結ぶために、夫と妻や、父と息子との関係を捨て、そこから抜け出すというのは皮肉なことだ。これはとても危険だ。

霊的な関係性という概念には、何の意味もない。すべての関係性は現世に属している。そういう関係性自体が世俗だ。関係性こそが、この世界だと言っても過言ではないだろう。あなたはひとりであり、関係づけされていない存在だ。これはエゴイスティックな言葉ではない、なぜなら他の人もまたひとりであり、関係づけされていない存在だからだ。ある人は、あなたの二歩先を行っている。その足音を聞けば、そこまでの旅の行方はわかる。あなたの二歩後を行く人もいれば、あなたと共に進む旅人もいる。数えきれないほどの魂が、その道を旅している。この旅では、私たちはみな仲間だ。唯一の違いは、少しばかり先を行く人もいれば、少しばかり遅れている人もいるということだ。あなたの先を行く人からの恩恵は、最大限に利用しなさい。しかし、それを隷属的なものにおとしめてはならない。

依存や関係性、特に「霊的《スピリチュアル》」な関係性からは、常に距離をおくように。世俗的な関係性に危険はない。なぜなら、世間こそが関係性そのものだからだ。それは問題にならない。メッセージや示唆があれば、必ず受け取るように。でも私は、それに対して感謝すべきでないと言っているわけではない。

この点で混乱しないように。私が言わんとしているのは、感謝がせがまれているのなら、それは誤りだということだ。しかし、もしあなたが感謝していなければ、それもまた間違いだ。感謝の言葉が聞き入れられようといまいと、案内の道標には感謝すべきだ。

導師《グル》は感謝を請うたり期待すべきではないと言うと、それは聞く人を惑わし、エゴに餌を与える。彼は「まったくそのとおりだ。グルには感謝する必要すらない！」と思う。人々は、極端にも言葉を正反対に理解し誤解する。私はあなたに、感謝すらすべきではないと言うのではない。私が言わんとするのは、グルが感謝を要求すべきではないということだ。だから、感謝していないとすれば、あなたの側も同じように間違っている。あなたは感謝しなくてはならない。だが感謝の念に縛られることはない。請われぬものは、決して束縛もしないからだ。頼まれもしないのに感謝するなら、束縛にはならない。しかしあなたが感謝を要求するのなら、私が感謝するしないにせよ、あなたを束縛し問題を生み出す。

得られるものなら、どこからでも、ヒントや一瞥を得ることだ。それは幾度も消え去るだろう。永久ではあり得ない。なぜなら、どこかほかの所からやってくるからだ。永続するものだけが、あなたのものだ。

あなたはシャクティパットの出来事を、繰り返し体験しなければならないだろう。もし自由を失いたくなければ、自分自身の体験を求めることだ。束縛を恐れる必要はない。私があなたに囚われるなら、それは束縛だ。そして縛られるのを恐れて逃げるのもまた、あなたは繋がれているということであり、束縛されていることになる。

だから、得るものは黙って受け取り、感謝を捧げ、進み続けなさい。もし何かがやって来たが、またもや失われてしまったと感じたら、決して失われることのない、内なる源泉を探求しなさい。そうすれば決して失われることはない。あなた自身の宝は無限だ。他からもらったものは、失われゆく定めにある。

他者から求め続ける乞食になってはならない。他者から受け取るものは、自分自身の探求へと、あなたを送り出すものであるべきだ。しかしそれは、関係性に囚われていない時に初めて可能だ。受け取り、あなたの感謝を差し出し、進み続けなさい。

神とは分かつことのできない純粋なエネルギーであり、とりわけ人々の生に関心があるわけでもなく、責任を持つわけではないとおっしゃいました。カトゥ・ウパニシャッドの中には、「神は自分の好む者の許に会いにやって来る」といった意味の経文があります。神のより好みの基準と、その理由は何なのでしょうか?

正しくは、神はあなたに関心がないなどと私は言っていない。もし関心がないとしたら、あなたは存在していないだろう。神があなたに冷淡だとも言っていない。それはあり得ない。あなたは神と分かたれてはいないのだから。あなたは神の延長だ。私が言ったのは、神はあなたに特別な関心を持っていないということだ。これらの表現には違いがある。

神のエネルギーは、あなたにどんな特別な配慮も払わない。それはあなたのために、その法則を破りはしないという意味でだ。あなたが石で自分の頭を殴れば、血が流れるだろう。自然は特別あなたに目をかけることはない——だから頭を殴って血が流れた場合でも、神がその出来事に関与しているから血が出るのだ。あなたが川で溺れる時も、自然はあなたを溺れさせるという、自然としての役目を果たしている。自然の法則で溺れるようになっている時に、あなたを救うといったことに特別な関心は寄せることはない。屋根から落ちたら、骨折するにきまっている——そうならないようにといった、特別な配慮は自然にはない。

神は人であると信じている人は、神の寵愛についての様々な話をでっちあげた——たとえばプラドは炎にも焼かれず、山から投げ落とされても傷つきもしないといったように。これらの話は、私たちの願望に満ちた思考そのものだ——私たちはそうなればいいと望んでいる。神が私たちに特別な関心を寄せるよう、自分が神の注目の的になるようにと望んでいる。

エネルギーの働きは、いつも法則に従っている。人の関心は限定されがちであり、人は片寄りがちだ。しかしエネルギーは常に公平であり、公明正大さがその唯一の主眼だ。だからエネルギーは法の範囲内のことを行ない、外れることはない。神の側に奇跡というものはない。

さて、カトゥ・ウパニシャッドの経文だが、その意味するところはまったく違う。それにはこう書かれている。「神はその目にかなった者のみと会い、共にいると幸せになるような、神の好む者と会う」。この意味は、神はある人々に特別な関心があるということだ、とあなたが言うのももっともだ。でもそれは違う。実のところ、こうした物事を説明するのは非常に難しい。なぜなら、真実は様々な視点から説明される必要があるからだ。

神に至った者は、必ずこう言った。「私たちは何者で、私たちの努力にはどんな価値があるというのだろう？　私たちはまったく誰でもなく、価値は塵のかけらにも等しい。それでも私たちは、神に至った。また、しばらくは瞑想したものの、私たちの至ったこの貴重な宝に比べたら、その価値などどれほどでもない。私たちの努力など、得たものの比較の対象にもならない」。光明を得た者は、自分の努力の結果ではなかったと、声を大にして言う。「それは神の恩寵であり、私たちを祝福する神の御心だ。さもなければ、神を見出せただろうか？」と彼らはいつも問いかける。

これは、成就の荘厳さと偉大さを体現した、エゴなき人の言葉だ。しかし、もしまだ至ってもいない人がこう考えるようになったとしたら、とても危険だ。この言葉は、成就した者こそ、口にするにふさわしい。それは、感覚が純化された紛れもない証《あかし》だ。

そのような人々は言う。「神に至らねばならなかった私たちとは何者か？　私たちの力や能力とは、何だったのか？　私たちの権利とは何だったのか？　神に対して、いかなる要求をしたことだろう？　にも関わらず、神は慈悲ゆえに私たちを祝福し、出会わせてくれた」

この言葉を得る人はすばらしい。彼らが言わんとしているのは、この成就は、自分の努力の直接の結果だとは思えない、ということだ。それは、エゴによる達成ではない——それは贈り物、恩寵にほかならない。

彼らの言うことは正しい。しかし、カトゥ・ウパニシャッドを読むのは、あなたにとっては難しいだろう。どんな教典でも、読解するのは非常に困難だ。なぜなら教典は知り得たる者の言葉であり、読者は無知だからだ。人々は、自分の理解に従って解釈する。「そうか。もし神が、好みによって会いたい人にしか会わないのなら、どうして私に彼の邪魔をする必要がある？　どうして私に、何かをする必要性があるだろう？」。そうなってしまうと、エゴのない人の言葉は、無気力を擁護するものとなってしまう。

そのふたつには大きな――天と地ほどの――違いがある。光明を得た人の、謙虚でエゴのない言葉は、沈滞や怠け心を擁護してしまう。そして私たちは言う。「それなら、神は会いたい人にだけ会い、会いたくない人には会わないのだ」

聖アウグスティヌスの言葉にも、似たようなものがある。それはこんな言葉だ。「神は、御心のままに人々を善良にし、御心のままに人々を悪人にする」。これは、とても危険な言葉に思える。もしそうなら――神は気の向くままに、ある人には悪く、ある人にはよく遇するのだとすると――物事は狂っている！　彼は気ちがいじみた神に違いない！

これを読めば、あなたはとても否定的《ネガティブ》な意味を付け加えかねない。しかしアウグスティヌスの言わんとしたことは、まったく違う。彼は善人に言う。「自分が善人だとはうぬぼれないように。神は、自分が気に入った人々しか善良にしないものだ」。そして悪人には「心を痛めたり、心配したりしてはならない。神は自分が思う人しか悪人にしないものだ」と言った。

彼は、善人のエゴからプライドを引きずり下ろし、悪人からは良心の呵責という棘を抜いている。これは、知り得たる者ならではの言葉だ。しかし、悪しき者はそれを聞いて言う。「もしもそうなっているのなら、私の手のうちには何もない。神が思うままに人を悪人にするのなら」。善人の旅もまた、緩慢になる――彼らは言う、「何ができるというのだろう？　神は目にかなった人を善人にし、これはと思った人は善人にしないのだ」。彼の人生は、無意味で淀んだものになる。

これこそ、教典が全世界に対してなしたことだ。教典は光明を得た人の言葉だ。しかし、知り得たる者には教典を読む必要はないが、知らない者は必ず読む。そして理解の相違は両極を分けるほどのものだ。人々がとらえる意味は個人的なものであり、本当の意味ではない。

私は、二種類の教典が必要だと思うようになった――光明を得た者の言葉は分けられるべきであり、光明を得ていない者のためには、別の教典を特別に用意すべきだ。光明を得た者の言葉を含む教典は、無知な者から完全に隠されなければならない。彼は、自分勝手な意味を導き出す傾向がある。するとすべてはねじ曲げられ、操作されてしまう。こうして、私たちのあらゆる英知は操作されてきた。言っていることがわかったかね？

シャクティパット、すなわち生体エネルギーの伝達は、エゴのない人物という媒体《ミディアム》を通して起こり、「私はシャクティパットができる」と言う人は決まって偽者であり、彼を通してはシャクティパットは起こり得ないとおっしゃいました。しかし私は、シャクティパットの訓練を積んだ人々をたくさん知っており、教典に書いてあるように、クンダリーニ・エネルギーが動き始め、成長していっています。これらは偽りのプロセスなのでしょうか？　もしそうなら、なぜ、どのように偽りなのでしょうか？

これも理解すべき重要な点だ。事実、偽造されていない物など、世界のどこにもない。偽物のコインは、人生のあらゆる極面に存在する。そして偽造のコインは一見、本物よりも輝いて見えるのが常だ。偽物にはその必要がある。輝きがあれば、魅力的になるからだ——実際には不要なものなのだが。本物のコインは、輝いていなくとも通用する。偽のコインが派手に仕立てられているのは、取りつくろう必要があるからだ。だがその価値のなさゆえに、たやすく手には入るのだが。

あらゆる霊《スピリチュアル》的な達成には、よく似た偽物がある。霊的な体験には、まがいものである偽物が必ずと言っていいほどついてまわる。真のクンダリーニがあれば、偽りのクンダリーニもあり、本物のチャクラがあれば、偽りのチャクラもある。真のヨガの技法があれば、偽りの技法もある。そのふたつの違いは、本物の体験は霊的な次元で起こり、偽りのものはサイキック、つまり心理的《メンタル》な次元で起こるということだ。

たとえば深く瞑想に入り、実存へと近づいていけば、様々な体験をし始める。まったく未知の香りを体験したり、この世のものとは思えぬ音楽を聞いたり、地球上では見られない色を見たりする。しかしこうしたあらゆる体験は、催眠によりいとも簡単に、すぐにも引き起こせる。色やメロディー、味覚や香りは作り出せるものだ。深い瞑想や内なる変容を経験する必要など、一切ない。必要なのは、催眠によって無意識になることだ。すると外側からの暗示が、内側で起こり得る。これらの体験は偽のコインだ。

瞑想中に起こることは何であれ、催眠によっても起こり得る。しかしそれは霊的なものではない。それは誘発された状態であり、夢のようなものだ。目覚めた状態で女性を愛するなら、夢の中でも愛せるだろう——夢の中の女性は、もっと美しいだろう。目覚めることなく夢を見続ければ、その夢の中の少女が現《うつつ》か幻なのかも知ることはないだろう。どうしてわかるかね？夢は壊れて初めて、夢であったとわかるものだ。

あらゆる種類の夢想を、内側に生み出せる手法がある。クンダリーニの夢、チャクラの夢が、様々な体験を生み出すことができる。あなたは、こうした夢想の中にふけるのが好きになる。それはあまりに楽しく、消え去らないでほしいと願うだろう。その夢想は、あなたが目覚めていようと、活動していようと起こる、夢想とは呼び難いものだ。それは白昼夢だ。それは訓練できるものであり、その中で一生を送ることもできる。しかし最終的には、自分がどこにも到達していないことがわかるだろう。つまりあなたは、長い夢を見ていたのだ。夢想をつくり出す手段や手法はある。誰かにそれらを誘発されることもあり得る。だが真の体験を知らないために、あなたには真偽が見分けられない。

本物のコインを見たことがなく、いつも偽のコインを扱っていたら、どうしてそのコインが偽物だとわかるだろう？　偽物を知るには、本物を知る必要がある。ふたつの体験がいかにかけ離れているかがわかるのは、クンダリーニが解き放たれた瞬間以外にあり得ない。真のクンダリーニは、まったく異なる体験だ。

覚えておきなさい。教典にあるクンダリーニの解説の多くは偽物だ。それには理由がある。ここで教典の秘密を明らかにしておこう。この地上に生を受けたあらゆる聖人や見者は、それぞれの教典の中に、意図的にいくつかの間違いを残してきた。それは、弟子の進歩や信憑性を判断するためだ。そう、たとえば私が家の外から、その家には部屋が五つあると言ったとしよう。でも私は部屋が六つあると知っているのだが。ある日、あなたはやって来て言うかもしれない。「私は家を内側から見ましたが、あなたがおっしゃったとおり、部屋は五つしかありませんでした」。すると私には、あなたは私が話した家ではなく、どこか別の場所――架空の場所――を見ていたことがわかる。

こうして、一部屋はいつも残しておかれた。それによって、あなたが本当に体験したのかどうか、あなたの体験は本物かどうかが判断できる。あなたの体験が完全に教典と一致するなら、それは偽のコインだ。だから、教典の中からは、常に何かが除かれており、それは是非とも、そうする必要がある。

体験が書物と一致するなら、本による知識の投影なのだと知りなさい。ある部分は教典と一致し、ある部分はそうでない、といった風に体験が異なる様相で訪れる瞬間、正しい道にいるのだと知りなさい。物事は確実に起こっており、教典で読んだ説明をただ投影している訳ではない。

クンダリーニが本当に目覚めれば、教典のどこに、瞑想者の体験の信憑性を判断する工夫がされているかを知るだろう。しかしそれ以前に、あなたが知ることはない。どの教典も、必ずいくつかの事柄を落とさねばならない。さもなければ、体験の信憑性は判断しにくくなる。

私の先生で、大学の教授がいた。私が本の名を挙げると、どれも読んだことがあると言っていた。ある日私は、架空の本と著者の名前を言った。私は「これこれの本を読んだことがありますか？　すばらしい本ですよ」と言った。

彼は「ああ、読んだことがある」と言った。

「これであなたの著作も、前に読んだとおっしゃっていたすべての本も、帳消しになりましたね」と私は言った。「そんな本や著者は、存在しないんですよ！」。彼は驚いた。「どういうことだ？　そんな本などないって？」と彼は言った。

「ありませんとも！」私は言った。「他にあなたのおっしゃることの信憑性を判断する方法が、なかったものですから」


知る者は即座にわかる。体験が教典に載っていることとまったく同じなら、あなたは首根っこを押さえられるだろう。なぜなら教典には、いくらかの欠陥が残されているからだ。何らかの偽りが付け加えられ、いくらか真実が除かれている。こうした配慮は、絶対に不可欠だ。そうでなければ、何が誰に起こっているのかが、見分けられなくなる。

教典に説明されている体験は、つくりだせるものだ。どんなことであれ、つくりだせる。人間のマインドの可能性は、それほどまでに大きい。実存の内奥の核に至るまでは、マインドは何千もの方法で人を欺く。そしてあなた自身も、自分を騙したいと思っているのなら、それは非常にたやすいことだ。

だから教典の記述や、シャクティパットを授けていると吹聴している人、あるいは偽物の体験を生み出す技法などには意義がない。物事のもっとも大切な核は、どこか別の所にある。体験の信憑性を確かめる方法は、他にもまだたくさんある。

ある人が昼間、水を飲み、渇きを癒したとする。だがそれを夢の中で飲んでいたら、渇きは癒されなかっただろう。朝になれば喉が渇き、唇が乾燥しているだろう。夢の中で水を飲んでも、渇きは癒されないからだ。渇きを癒すのは本物の水しかない。水が本物かそうでないかは、あなたの渇きから——その渇きが癒されたか否かによってわかる。

だからあなたが話した、人々のクンダリーニを目覚めさせられると吹聴している人、もしくは、少なくとも自分のクンダリーニは目覚めたと言っている人は、まだ探しているのだ。彼らは様々なことを体験したと言っているが、探求はまだ続いている。水を発見したと主張するが、いまだに湖とはどんなものなのかも知らない！

つい一昨日のことだ。ひとりの友人がやって来て、無思考の状態に到達したと言い、瞑想法について尋ねに来た。さて、こういった人物に何と言ったものだろう！　ある人は、クンダリーニは目覚めたが、マインドは落ち着かないと言う。またある人は、クンダリーニは目覚めたが、まだセックスに苦悩していると言う！　あなたの体験の信憑性を確かめる、中立的な手段がある。

体験が本物なら、探求は終わる。すると、たとえ神がやって来て静寂や至福を差し出そうとも、その人は丁重に断り、御自分でお収めくださいと言うだろう。彼はもうそれを必要としない。体験の信憑性を確かめるには、何か他の変容の徴候があるかどうか、人格を深く覗き込むことだ。

ある人はサマーディに、超意識に入ると言って六日間地中に埋まり、生きて出て来る。しかしあなたが家にお金を置きっぱなしにしていれば、この男はそれを盗むだろう。チャンスさえあれば、飲酒にふけるだろう。サマーディに入るという声明を知らなければ、彼に何の価値も認められないだろう。彼の人格には芳香も、光輝も、恩寵もない。ごく普通の人間だ。

いや、彼はサマーディに入っていくのではない。偽のサマーディのトリックを学んだのだ。彼はプラーナヤマによる、六日間の地中生活の仕掛けをマスターした――横たわるために与えられた場所で、最少限の酸素で息をコントロールする方法を会得した。こうして、地中に六日間とどまることができたのだ。彼の状態はほとんど、六ヶ月間雪の下で冬眠する、シベリア熊と同じだ。彼はいかなるサマーディの中にもいない。雨季が終わると、八ヶ月間カエルは地中で過ごす。が、カエルはサマーディの状態にはない。この人はただ同じようなことを習得しただけだ。そんな程度のことだ。

さて、真にサマーディの状態を成就した人が地中に埋められたら、その人は死ぬだろう。サマーディと地中に埋められることとは、何の関わりもないからだ。もしマハヴィーラや仏陀が、このように地中に横たえられれば、生きて出てくる可能性はほとんどない。しかし、この男は生きて出てきた。なぜならこの達成は、サマーディとは何の関係もないからだ。サマーディとは、これとはまったく別の事柄だ。しかし、この男は大衆を魅了することだろう。もしマハヴィーラが失敗し、この男が成功すれば、彼は真のティルタンカーラのように見られ、マハヴィーラは偽者となるだろう。

これらの超常的な偽のコインには偽りの主張があり、納得させるための手法が考案されている。こうしてそのまわりには、真実《リアリティ》とはまったく関係のない別世界ができ上がった。偽のコインの扱いに熱中している人々は、真の変容が訪れる本物の道を失ってしまった。地中に六日間、またはたとえ六ヶ月間いようとも、自己実現とは何の関係もない。それにしても、そういう人の内側の質とは、どんなものだろう？　内側に、どれほどの平安や沈黙をたたえているというのか？　内側は至福に満ちているのだろうか？　もし一銭でもなくそうものなら、夜も眠れないだろう。しかし地中では六日間、快適に過ごせるのだ。こうしたすべてを考慮し、背後にある真の意味を見出さねばならない。

シャクティパットをするだけの力があると宣言しているのなら、それはできるだろう。しかしそれは、真のシャクティパットではない。本質的に一種の催眠だ。彼らはどうにかして、深層で磁力を操る技を学んだのだ。彼らがこれに関する科学の全容を知っているかどうかは、定かではない。この作用に関する科学も知らなければ、自分の宣言が偽りであることにも気づいていない。彼らは大きな混乱の中にいる。

インドで、道端で奇術を見せる手品師を見かけたことがあるだろう。彼は布を広げ、少年にその上に横たわりなさいと言う。そして少年の胸の上に小道具を置く。次に彼は、見物人のポケットの中にある紙幣の額はいくらかと、少年に尋ねる。少年はその額を言い当てる。「あそこに立っている人の腕時計の時間は何時かね?」。少年はその通りの時間を言い当てる。「この人の名前は?」。少年はその人の名前を口にする。見物人はみな、小道具のマジックだと思い込むだろう。

次に彼は、少年の胸から小道具を取り去り、質問を繰り返す。少年は黙って横たわっている――少年は答えられない。さあこの手品師は、小道具でひともうけだ。――一個一ルピーだ!あなたはそれを家に持ち帰り、暇な時間に自分の胸に置いてはみるが、何も起こらない。小道具が胸の上に置かれたら話をし、取り去られたら黙っていなさいと、手品師が少年に教えたわけでもなければ、小道具に何か特別な特徴があるわけでもない。からくりはもっと巧妙で、それを知れば驚くだろう。

この作用は、後催眠暗示と呼ばれるものだ。人は催眠によって無意識にさせられ、その忘我の境地の中で、小道具をよく見つめるようにと告げられる。また、小道具が胸の上に置かれると、すぐに無意識になるのだとも告げられる。するとこの無意識の状態の中で、彼は紙幣の額を読み取ったり、腕時計の時刻を言ったりするようになる。そこには何のごまかしもない。催眠状態で布の上に寝かされ、小道具が胸の上に置かれると、少年はたちまち催眠による忘我の境地へと入っていく。こうなると、手品師に聞かれれば、少年は紙幣の額を答えられる。少年も手品師も、本当は内側で何が起きているのかを知らない。

手品師はからくりを会得した。人を催眠による忘我の境地へと誘い、ある物を見せてこう告げる。「これがあなたの上に置かれたら、いつでもあなたはすぐ無意識になる。再び催眠による忘我の境地に入っていく」。この手法は完璧に作用する――手品師が知っているのはこれだけだ。両者とも内なる仕組みや、エネルギー現象の力学を知らない。もし知っていたら、道端で手品など行なわないだろう。それは単なる超常的《サイキック》な現象だが、この作用の力学を知ることは、深遠な課題だ。フロイトやユングでさえ、知ってはいない。今日の、世界の屈指の心理学者でさえ、生態エネルギーの力学の全容を知ってはいない。しかしこの手品師は、どういう訳か偶然からくりを発見し、生業に役立てている。

電気のスイッチを押すのに、電気とは何か、どのように作られるのか、電気技術とはどういうものか、などを知る必要はない。ただボタンを押しさえすれば、電気は流れ始める。ボタンは誰にでも押せる。

道端の手品師は、後催眠暗示の技を学び、小道具を売るために使っている。小道具を買い、家に持ち帰っても、使い物にならない。その小道具は、後催眠暗示の作用があってこそ、機能するものだ。あなたが胸の上に置こうと、何も起こらない。するとあなたは、小道具が作用していたのを見ていただけに、どこかがおかしいのではないかと思う。

おびただしいほどの偽りや、虚栄の体験が生み出されている。それらは存在しないために偽りで虚栄なのではなく、霊的ではないがゆえにそうなのだ。それは単に超常的な作用だ。すべての霊的な体験には、それによく似た超常的な体験がある。類似した超常的な体験は、超常的な能力をひけらかす霊的ではない人々によってつくられる。しかし真の霊的な体験に比べたら、何物でもない。

真に霊的な人は、何も主張しない。彼は「私はシャクティパットをしている。私はあれやこれをやっている。シャクティパットが起こったら、あなたは私に引き込まれ、私を慕うようになる」などとは言わない。彼は名もなき人、無になる。彼のそばにいるだけで、何かがあなたに起こり始める。しかし彼は、それをしているとはまったく思っていない。

古代ローマの偉大な聖人の話がある。彼の実存の芳香や英知の光はあまりにも広がり、天上の神にも届いたほどだった。神は、彼のところにやって来て言った。「願いを申してみよ。汝が望むなら、何でも取り揃えて与えよう」

聖人は答えた。「起こるべきことは起こりました。もうこれ以上欲しいものはありません。どうぞ、何か欲しいものはないかなどと尋ねて、困らせないでください。そのような申し出をして、当惑させないでください。もし私が請わなければ、作法に反するでしょう。でも事実、要求するものは何も残っていないのです。あらゆることが起こりました。思いもよらなかったことさえも」

神々は、彼の言葉でさらに心を動かされた。欲望を越えたことによって、彼の芳香はさらに強まったからだ。「何か要求しなければならない」と神々は言い張った。「汝が贈り物を手にせぬかぎりは、立ち去らぬ」

聖人は動じなかった。「何を要求するというのです？　何も思いつきません」と彼は言った。「あなたのお好きなものなら何でもいいです。それを頂きましょう」

「汝に力を授けよう。ただ、ひと触れすれば死者は生きかえり、病んだ者は健康になるだろう」と神々は言った。

「それはいい、すばらしい助けになります」と彼は言った。「でも私はどうなるんです？　私はたいそう困ってしまいます。なぜなら病を癒し、死者を生き返らせるのは自分だ、という考えを持ってしまうかもしれないからです。私のエゴが背後の扉から戻ってきたら、私は終りです。闇の中で迷ってしまいます。どうか私をお救いください。御慈悲を頂けますように。こうした奇跡がわからないよう、私に何かしてください」

そして神々は同意した。彼らは言った。「汝の影が落ちる所にはどこでも、その影が死者を生き返らせるだろう」

「それはありがたい」と聖人は言った。「では最後のお願いです。どうか私の首を動かなくして、自分の影の影響を、振り返って見られないようにしてください」

願いは聞きいれられ、聖人の首は動かなくなった。彼は町から町へとさすらった。彼の影が落ちると、しおれた花々は咲き始めるのだった。しかしその時には、彼は先へと足を進めていた。彼の首は振り返ることを許さず、彼が知ることは決してなかった。彼は死ぬ時に、神々の贈り物が実を結んだかどうかを神々に尋ねた。自分ではまったくわからなかったからだ。この話は途方もなく美しい。

シャクティパットが起こる時は、ちょうどこんなふうに起こる。シャクティパットは影と共に起こり、その首は動かない。神聖なエネルギーの流れ道となる媒体《ミディアム》は、完全なる空《くう》でなければならない。さもなければ、振り返ってしまうかもしれない。ほんのわずかでもエゴの形跡があれば、振り返って、事が生じたのかどうかを見たいという欲望が生じる。もしそれが生じたのなら、「私がそれを行なったのだ」という思いが芽生える。この思いを避けるのは難しい。

空っぽで静寂であれば、どこであろうと彼のまわりで、いとも簡単にシャクティパットは起こる。ちょうど、太陽が昇り花が咲き、または河が流れ、樹々が育まれるように。河は決して、自分が多くの樹々に水を与え、そのおかげで樹々が生い茂っているのだとは言わない。こうしたことをまったく知りもしない。花々が咲く頃には、その樹々を潤した河は、大洋へと辿り着いているだろう。河にそれを待ち、見届ける時間など、どこにあるだろう？　顧みる術はない。まさに、そのような状態の中で生じたことには、霊的な価値がある。しかしエゴが、行為者が存在し、「私がやっているのだ」と言う者が存在するなら、それは超常的な現象であり、催眠以外の何物でもない。

あなたの新しい手法であるダイナミック瞑想には、催眠や錯覚の可能性はないのですか？何事も起こっていない参加者が多いのですが、彼らは正しい道にいないのでしょうか？いろいろな作用の起こっている人々もいますが、彼らは正しい道にいるということですか？　ある人はただ、演技をしているだけということもあり得ますか？

正しく理解すべきことが二、三ある。催眠は科学であり、幻想を生み出すのに安易に使われる可能性がある。しかし催眠はまた、助けにもなる。科学は常に、両刃の剣だ。

原子エネルギーは、畑で小麦を生産することもできるが、一撃の元に全人類を一掃することもできる。両方の可能性がある。家庭で扇風機を回す電流が、あなたを殺すこともあり得る。しかし、あなたは電気の役割をそうは捉えていない。エゴイストが催眠を使えば、それは他人を抑圧し、破壊し、欺くためだ。しかし、その逆もまた可能だ。

催眠は中性のエネルギーだ。それは科学だ。あなたの中で続く夢想を破るためにも使える。深く根付いてしまった幻想も、根こそぎにできる。

私の手法の最初の段階で利用しているのは、催眠だ。しかしそれは、催眠にかかることからあなたを守る、重要な要素も伴っている——それは観照だ。これが、催眠と瞑想の唯一の違いだが、これは非常に大きな違いだ。催眠にかけられると人は無意識になる。それからでないと、催眠はかけられない。しかし私は、瞑想では催眠が役に立つと言おう。ただし、あなたが観照者になる場合のみだ。あなたは目覚め、注意深く在り、起こっていることを常に知っている。こうなると、あなたの意志に逆らっては何事もできない。あなたは常に在る。催眠は、人を無意識にするためにも暗示を使えるし、無意識を破るためにも暗示を使える。

私が瞑想と呼ぶものの最初の段階は、すべて催眠的であり、またそうあってしかるべきだ。自己へと向かう旅はどれも、マインドからしか始まらない。それはあなたが、マインドの中で生きているからにほかならない。あなたがいる場所はマインドだ。だから旅は、そこから始まる。しかし、二種類の旅があり得る。ひとつは、あなたをマインドの中の堂々めぐりへと、連れていく。あなたは、決して出て来れない水車小屋の牛のように、ぐるぐる回り続ける。だが、あなたがジャンプできるマインドの縁へと連れていき、あなたがジャンプする可能性もある。いずれの場合も、最初の段階はマインドから始まらねばならない。

催眠にしろ瞑想にしろ、最初の段階を形成しているものは、どちらも同じだ。しかし最後を形作るものの到達地点が異なっている。そして両方の過程においては、ひとつ基本的な違いがある。催眠では、即座に無意識や眠りを求められる。だからすべての暗示が、眠りやまどろみから始まり、次に休息が続く。瞑想では暗示が目覚めから始まり、その後に、強調点は観照へと移っていく。あなたの中の観照者が醒めているため、どんな外側からの作用も、影響を及ぼせない。内側で何が起こっていようとも、完全に意識していることを忘れてはならない。

さて、事が起こっている人たちと、起こっていない人たちとの違いは何だろう？　事が起こっていない人たちは、意思力が弱いのだ。恐れ、怯えている。それが起こるかもしれないとさえ、恐れている！　なんと奇妙な人たちだろう！　瞑想するために、瞑想が起こるようにとやって来たのに、今それが本当に起こるかもしれないと、恐れている。そして、他の人たちにそれが起こっているのを見ると、すべて演技ではないかと疑う。これは彼らの防御法だ。彼らは「私たちは影響を受けるほど弱くはない。あの人たちは弱い人たちだ」と言う。この作用は意志薄弱な人には起こり得ないことも知らずに、そうやって自分のエゴを満足させる。これは知性的な人たちだけに起こり、そうでない人には起こらないということも知らない。

白痴は催眠にかからないし、瞑想の中にいざなわれることもない。どちらも不可能だ。同じように、狂人にも働きかけることはできない。才能のある人ほど、より早く催眠にかかる。才輝が低いほど、催眠をかけるのに時間がかかる。

知性や意思や才能の欠如は、どうやって正当化できるだろうか？　そういう人たちは自分を守るために、「この人たちは、ただ演じているように見える。彼らは意志が弱いので、外からの影響を受けるのだ」と言うだろう。

最近アムリトサールで、ある人が私に会いに来た。年輩で教養のある、退職した医師だった。彼は瞑想実験の三日目にやって来て、「私のマインドに浮かんだ、罪深い思いを許していただくため、ここに参りました」と言った。

「何が起きたのかね」と私は聞いた。

彼は答えて言った。「瞑想に来た初日、あなたがあなたの仲間をよく見せかけるために組織し、この演技をさせ、意志の弱い者たちが、彼らを盲目的に真似ているのだと感じました。そこで『どれ、二度目を見てみよう』と思いました。二日目に二、三名の医者仲間が、しっかり瞑想の試みに参加していたのを見かけたので、彼らの家まで尋ねに行きました。『君たちが演技をしこまれていたはずはない。あれは本当に起こったのか、それともふりをしていただけなのか?』と尋ねたのです」

「彼らは、『でっちあげる必要がどこにある？　昨日までは、私たちも同じように思っていた。だけど今日、それが我々に起こったんだ』と答えて言いました」

そして、三日目にそれがその医者に起こった時、彼は謝りにきた。「今日、それが起こりました。今、私の幻想はすべてなくなりました。そうでなければ、信じなかったでしょう。私は医者の友人たちさえも、疑っていたのです。今どき、人が何をするかなんて、知れたもんじゃありません。あなたと演技契約があるやもしれません！　私は彼らを知っていますが、誰にわかるというのでしょう？　あなたの催眠に魅せられて来たのかもしれない、というふうに。けれども、今日それは私に起こりました。今日家に着いた時、医者である私の弟が、『見せ物はどうだった？　何か起こったかね？』と尋ねたのですが、私は『悪いが弟よ、私はそれを、見せ物とはもう呼べない。二日間というもの、私もすべての試みをないがしろにしていたが、今日それが私に起こったのだ。お前に腹は立てていない、昨日までは私自身も、お前のように批判的だったのだから』と言ったのです」

そしてこの男は再び、自分の否定的な考えを許してくれるよう求めた。

これが、私たちの防御法だ。何も起こっていないと認める者は、自分のエゴを守る方法と手段を見つける。だが、事が起こっている人と起こっていない人には、ほんのわずかな隔たりしかない。今一歩の決意がないだけだ。もし人が勇気を集め、強く決意し、あらゆる抑制を落としたなら、事は起こるだろう。

さて、今日ある女性が私の所に来て、友達から電話があり「この実験では裸になる人がいたり、変なことをしている人もいるのよ。由緒ある家系のレディーが、どうしてそんな人たちと一緒にやれるのかしら？」と話したと言った。

自分は「由緒正しい」家系に属していて、他の人たちは「不道徳な」家系に属している、という幻想を抱いている人たちがいる。これはすべて防御法だ。自分は「由緒正しい」家系に属していると思うその女性は、今この試みを逃し、家に引きこもっていることだろう。裸になった人によって煩わされるのなら、彼女はちゃんとした家庭の出ではない。いったい彼女は、彼と何の関わり合いがあるというのかね。

私たちのマインドは、奇妙な言い訳を見つける。「これはみな支離滅裂で、めちゃくちゃだ。私には起こりそうもない。私は弱い人間ではない――私には強い心《マインド》がある」。もしそうなら、もしあなたが強くて知性的な人なら、事は起こるだろう。

知性的な人の徴《しるし》とは、何かを試みる前に判断しないということだ。その人は、他人のしていることが間違っているとさえ、言わない。「彼を批評する私とは何者か？　人のことを中傷するのは良くない。他人を悪いと決めるお前は何様だ？　そんな間違った判断は、様々な困難を招くだろう」と言う。

人々は、イエスにどんなことが起ころうとも信じなかった。そうでなければ、彼を十字架に架けたりはしなかっただろう。彼らは、「この男は狂っていて危険だ。どんな不条理な事も、言ってのけるのだから！」と言っていた。もし人々が、マハヴィーラの裸は混乱のもとだと思わなければ、彼に石を投げつけはしなかっただろう。彼らは、マハヴィーラになど何も起きているものかと言った。

他人の内面に何か起こっているかなど、どんな権威をもって決められるというのかね？　自分自身で試してみるまでは意見を言わないのが、知的な人の証だ。もし何も起こらなければ、自分がその試みを、指示通りにしっかり行なっているかどうかを確かめるべきだ。もし充分に行なわずして、いったい何が起こるというのかね？

最近、ポーバンダー瞑想キャンプで、百パーセントの努力をしなければ、たとえその努力が九十九パーセントであろうとも、失敗するという話をした。

ある友人が来て言った。「それが起こるには、少し長い時間がかかるのだろうと、悠長に考えて事を進めていました。けれども今日、そんな考えでは事は決して起こらないと、実感したのです。だから、今日は全身全霊でやってみたのです。すると、それは起こりました」

もしだらだらした態度でのぞんでいるのなら、そもそもなぜ、この試みを行なっているのかね？　こんな風に私たちは、一度に二隻のボートに乗りたいと思っている。両方のボートに、それぞれの足を乗せている者は、大変やっかいなことになるだろう。一隻のボートならいい。たとえ地獄に行ったとしても、少なくともあなたは、一隻のボートに乗っている。だが、私たちはおかしな人間だ。片足を天国へ向かうボートに乗せ、もう一方を地獄へ向かうボートに乗せている！

実のところ、マインドはどこへ向かうべきか混乱している。マインドは恐れており、天国と地獄の、どちらが幸せなのか決めかねている。片足ずつ二隻のボートに乗せていたのでは、どこへも行き着きはしない。あなたは、川の中でじっとしたまま死ぬだけだろう。どんな時にも、マインドはそんな風にしか働かない。マインドは分裂症だ。私たちは進む努力をしたかと思うと、それから自分自身をひき止めもする。これこそがまさに害になる。

全面的な強烈さをもって、その試みに取り組みなさい。そして他人に対して、どんな意見も持たないこと。もし完全に試みに入って行くならば、事は確かに起こる。私は、とても科学的な事柄を話している。宗教的な迷信に関わるようなことではない。

これは科学的な事実だが、全面的に努力すれば、結果は確実に起こる。他に方法はない。神はエネルギーであり、このエネルギーは公平だ。ここでは、祈ろうが礼拝しようが、上流階級の出であろうと、インドの大地の上で生まれようと、何の関係もない。これは、純粋に科学的なことだ。もしある人が、この試みに誠意をもって挑むなら、たとえ神であろうとも、その成就を阻むことはできない。それに神がいなくとも、大したことではない。全エネルギーを、瞑想の試みに注いでいるかどうかを、見つめなさい。そして、決断は常に、出来事の外的な現象からではなく、自分の内的経験に従って下すことだ。さもなければ、あなたは間違った道筋を、進み続けることになるだろう。

THE PATH OF KUNDALINI:
AUTHENTICITY
AND FREEDOM

第三章

クンダリーニの道——真正さと自由

昨日のお話では、クンダリーニの偽りの経験は霊《スピリチュアル》的なものではなく、超常的《サイキック》なものとして現れ出てくると――おっしゃいました。でも最初のお話によると、クンダリーニはただ超常的なだけだともおっしゃいました。この意味は、クンダリーニには、超常的なものと霊的なもののふたつの状態があるということなのでしょうか。どうかご説明下さい。

これを理解するためには、いくつもの微細なる体の構造について詳細にじっくりと述べる必要がある。

人は七つの身体に分けることができる。最初の身体は、誰もが知っている肉《フィジカル》体だ。二番目は生気《エーテル》体で、三番目は――この二番目を越えたところにあるのだが――星気《アストラル》体だ。四番目は――それをまた越えたところにある――精神《メンタル》体またはサイキック体だ。そして五番目は――ふたたびその向こうなのだが――霊《スピリチュアル》体だ。六番目は五番目の彼方にあり、宇宙《コズミック》体と呼ばれる。そして七番目であり、最後のものがニルヴァーナ・シャリール、または涅槃《ニルヴァーナ》体、体なき体だ。この七つの身体についてもう少し情報が得られれば、クンダリーニをよく理解できるようになるだろう。

生涯の始めの七年間では、ストゥール・シャリール、肉体的な身体だけが形づくられる。他の身体は、種の形のままだ。成長の可能性はあるが、生の始まりにおいては休眠している。だから始めの七年間は、限られたる年代だ。この年代には、知性や感情、願望のどんな成長もない。この期間では肉体的な身体だけが発達する。ある人たちは七歳より上には成長しない。その人たちはこの段階にとどまるため、動物と同等でしかない。動物においては、ただ肉体的な体だけが成長し、その他の体には触れぬままだ。次の七年間——七歳から十四歳まで——に、バーワ・シャリール、エーテル体が発達する。この七年間は、個人個人の感情が成長する年代だ。これは、感情のもっとも強烈な形である性的成熟が、十四歳で達成されるためだ。さて、ある人たちはこの段階で停滞する。その人たちは肉体的な身体は成長しても、始めのふたつの身体にしがみついている。

三番目の七年期、十四歳から二十一歳の間に、スクシマ・シャリール、アストラル体が発達する。第二身体では感情が発達したが、第三身体では理論、思考と知性が発達する。このためどの裁判所でも、七歳までの子供にはその行為に責任があるとは判決しない。子供は肉体的な身体しか持っていないからだ。私たちは子供に動物と同じように接する。子供に責任は負わせられないからだ。たとえ子供が犯罪を犯したとしても、誰かの手引きがあったのだと推定される——真犯人は、誰か別にいるのだと。

人は、第二身体が発達すれば成人するが、これは性に関しての成人期だ。自然の働きかけはこの発達をもって完了する。だから、この段階までは自然が完全に協調してくれる。だが、まだこの段階では、充分な意味において人は人ではない。理論や知性、思考力が発達する第三身体は、教育や文明、文化から生まれてくる。だから二十一歳になると、選挙権が与えられるのだ。それは世界中で一般的だが、いくつかの国では十八歳で選挙権を認めるかどうかが論議されている。それは当然、起こって然るべきことだ。人類の進化と共に、それぞれの身体における通常七年の成長周期が徐々に短くなっているからだ。

世界中で少女は十三歳から十四歳で思春期に入る。ここ三十年の間で、この年齢はどんどん若くなっている。十一歳でもう成熟している少女さえいる。選挙権を十八歳に下げることは、人は今、二十一年間の仕事を、十八年で終わらせているということを示している。けれども普通は、第三身体の成長に二十一年かかり、ほとんどの人にそれ以上の成長はない。その成長は第三身体の発達をもって早くも止まってしまい、その後の人生でそれ以上成長することはない。

私が超常《サイキ》と呼ぶのは第四身体――マナス・シャリールだ。この体には、それ独自の素敵な経験がある。たとえば知性が充分に発達していなければ、数学に興味を持ち、楽しむことはできない。数学にはそれ独自の魅力がある。が、音楽家が音楽に、画家が色彩に夢中になるように数学にのめり込めた人は、アインシュタインしかいない。アインシュタインにとって、数学は仕事ではなく遊びだった。だが数学を遊びにするには、知性が発達の頂点に達していなければならない。

それぞれの身体の発達と共に、無限の可能性が私たちの前に開かれる。エーテル体が未発達の人は、始めの七年間の発達の後停滞している人だが、食べることと飲むこと以外の人生に、何の興味もない。だから人口の大多数が、第一身体までしか発達していないような社会の文明は、ほとんどその味蕾のまわりを巡っている。大多数の人が、第二身体から離れられないでいるような文明社会は、セックス中心になるだろう。その性格、文学、音楽、映画や本、詩や絵画、家や車でさえ、すべてセックス中心だろう。こうした物すべては、完全にセックスに、性的なものに満たされているだろう。

第三身体が充分に発達した文明では、人は知的で黙想的になる。第三身体の発達が、社会や国にとって非常に大事になる時にはいつでも、多くの知的な革命が起こる。仏陀やマハヴィーラの時代には、ビハールの大半の人々がこの段階に至っていた。だからこそ仏陀やマハヴィーラほどの高みに至った人が、八人も小さなビハール州に生まれたのだ。他にも、その時代には、才能に恵まれた人が何千といた。ギリシャでのソクラテスやプラトンの時代や、中国の老子や孔子の時代も同じような状況だった。注目すべきさらにすばらしいことは、このような輝ける存在が五百年という期間内に存在していたという事実だ。この五百年の間に、人類の第三身体の発達はピークに達した。ほとんどの人は、第三身体で止まってしまう。たいていが二十一歳以降成長しない。

第四身体においては、普通にはない経験をする。催眠術、テレパシー、透視はみな、第四身体での可能性だ。人々は、時間や距離の制限なしにお互いに接触を持てるし、尋ねなくとも人の考えが読めたり、誰かに考えを投影したりもできる。外的な助けなしに、人は思考の種を誰かに植え付けられる。身体の外をさ迷うこともできれば、星気体投射《アストラルプロジェクション》により、肉体的な身体から離れ、自分自身を知ることもできる。

第四身体には、大いなる可能性がある。だが多くの欺瞞と同様に、様々な危険もあるため、普通この身体は開発されない。ことが微妙になればなるほど、欺瞞の可能性も大きくなる。たとえば、人が本当にその体から抜け出たかどうかは、見分けにくい。体から抜け出したと夢見ることもあり得るし、実際にそうもなり得る。どちらの場合でもその人本人の他に、証人はいない。だから、欺瞞のあらゆる可能性が出てくる。

第四身体以降の世界は、それ以前の世界が客観的であるのに比べ、主観的だ。もしこの手に一ルピーを持っていれば私には見えるし、あなたにも見えるだろうし、他に五十人の人が見ても見えるだろう。これが、私たちすべてが関わっている普通の現実だ。そこにルビーがあるかないかも調べられる。しかし、私の思考の領域には、あなたを連れ添ってはいけないし、私もまた、あなたの思考の領域に連れていってはもらえない。こうして、ありとあらゆる災いと共に、個人的な世界が始まる。外で通用したいかなる規則も、ここでは使えない。だから本当の欺瞞の世界も、第四身体から始まる。先の三つの欺瞞のすべても、ここから見ることができる。

もっとも危険なことは、欺いている本人が、必ずしも自分が欺いている事実に、気づいている訳ではないということだ。知らず知らずのうちに、他人同様自分自身も欺かれていることもあり得る。この段階では、事があまりに微妙、かつ稀で個人的なため、その経験の正当性を調べる術がない。だから、当人にもそれを想像しているだけなのか、本当に起こっているのかを断言できない。

私たちは常に、人類をこの第四身体から守ろうとしてきた。この身体を使ってきた者たちは、常に非難と中傷をあびてきた。何百人もの女性が魔女の烙印を押され、ヨーロッパで焼き殺された。彼女らが第四身体の機能を使ったからだ。タントラを行なう者が何百人もインドで殺されたのも、第四身体のためだ。人類に危険だと思わせる、何らかの秘密を彼らは知っていた。彼らはあなたの頭の中に浮かぶことがわかった。あなたの家のどこに物が置かれているかが、その家に行かずして知ることができた。第四身体の領域は、何が起こるか誰にもわからないがために、世界中で「黒い」術だと見なされてきた。第四身体は、常にとても危険なものだと見なされてきた。だから人々は、第三身体より先に進んでいくのを阻もうと、できるかぎりのことをしてきた。

危険はある。だがそれと共に、すばらしい利点もある。だから阻むより、調査をしてみる必要があった。そうすれば、その経験の正当性を試す方法を見つけられただろう。現在では科学的な器具もあり、人々の理解力も高まっている。ちょうど、科学が数多くの新しい発見をしたように、方法を見つけ出すことは可能だ。

動物が夢を見るのかどうかは、知られていない。動物が話すようにならないかぎり、確かめようがない。朝起きて、夢を見たと話すからこそ、夢を見るということを知るのだ。大変な忍耐と努力の末、今は方法が見つかっている。ひとりの男がこの発見のために、何年も猿に取り組んでいた。この試みへの方法は、理解するに価する。彼は、猿に映画を見せることから始めた。映画が始まるや否や、実験を受けている猿には電気ショックが与えられた。椅子にはボタンがあり、ショックを感じれば、いつでもボタンを押すようにしつけられていた。猿は毎日その椅子に座らされ、映画が始まるとショックを感じた。そしてそれを止めるために、ボタンを押した。

これを何日か続けた後、猿はこの椅子で眠らされた。今では夢を見始めると、居心地の悪さを感じ始めた。猿にとって、スクリーンの映画も夢の中の映画もひとつであり、同じだからだ。猿はすぐにボタンを押した。何度もボタンを押した。これで、猿が夢を見ていることが証明された。こうして、口のきけない動物の内的な夢の世界をも、見通せるようになった。瞑想者もまた、外側から第四身体の経験を調べる方法を見つけ、今や起こっていることの真偽を証せるようになった。第四身体でのクンダリーニの経験は、超常的《サイキック》なものだろうが、偽りという訳ではない。超常的なものには真の超常的な状態と、偽りの超常的な状態がある。私が、クンダリーニは単に心的《メンタル》な経験でしかないと言う時、それが必ずしも偽りの経験だという訳ではない。心的《メンタル》な経験は真正でもあり、偽りでもあり得る。

夜あなたは夢を見る。夢を見たことは事実だ。しかし朝目覚めながら、実際には見なかった夢を想い出すかも知れない。でも、自分が見た夢だと言ってのけることもあり得る。それでは偽りだ。ある人は朝起きて、夢なんか見ていないという。人々の多くが夢を見ていないと信じている。夢は見ている。一晩中夢を見ているし、科学的にも証明されている。けれども、朝には決して夢を見なかったと断言する。だから気づいていないにしても、言っていることはまったく間違っている。夢を覚えていないというのが事実だ。正反対のこともまた起こる。あなたが全然見なかった夢を想い出すのだが、これもまた偽りだ。

夢は偽りではない。夢にはそれなりに真実がある。夢は非現実でありながら、現実でもあり得る。現実の夢とは、実際に夢に見たもののことだ。難しいのはまた、起きてあなたの夢を正しく語れないということだ。このことから、昔自分の夢をはっきりと正確に述べられた者は誰でも、大いに尊敬された。夢を正しく伝えるのはとても、とても難しい。夢の順番ひとつとって見ても、夢を見ている時と想い出している時とでは、正反対になる。それはフィルムのようだ。映画を見る時は、物語はフィルムを始めから巻いていく。同じように、夢物語のリールも、寝ている時にはある方向に巻かれ、起きている時には反対方向に巻き戻される。だから夢の最後の部分をまず思い出し、回想に従い戻っていく。始めに見た場面が、思い出すうちに最後にくる。これはちょうど、後ろから本を読もうとするようなものだ。逆行する言葉は、まさにそれ特有の混乱を生み出す。だから夢を覚えておいて、正しい描写をするにはたいへんな技術がいる。普通、夢を思い出す時は、決して夢見なかったことまで思い出す。実際の夢の大部分を落とし、さらに後、残りのほとんどを落としてしまう。

夢は第四身体の出来事であり、第四身体には偉大な可能性がある。ヨーガで指摘されたシッディ（ヨーガの技法の「成就」による超能力）は何であれ、この身体で得られたものだ。ヨーガでは絶えず、瞑想者にそれには入って行かないよう、戒めている。迷ってしまう最大の危険がある。たとえ超常的《サイキック》な状態に入っていったとしても、霊《スピリチュアル》的な価値はない。

私が、クンダリーニは超常的だと言う時は、実際第四身体での出来事だということを意味する。だから生理学者は、人の体内にクンダリーニを見つけられないのだ。彼らが、クンダリーニやチャクラの存在を否定し、想像上のものだと呼ぶのはまったく自然だ。それらは第四身体での出来事だ。第四身体は存在しているが、非常に微細で、掴むことはできない。掴めるのは肉体的な体だけだ。それでも、第一身体と第四身体の間には対応している点がある。

仮に七枚の紙を重ね合わせて置き、すべての紙が刺し貫かれるように、ピンで穴を開けてみる。たとえ一番下の紙に穴があかなくても、他の紙の穴に対応する印がつくだろう。たとえ始めの紙には穴がなくても、重ね合わせると他の紙にある穴と直接対応する点がある。そのように、チャクラやクンダリーニ等は第一身体に属してはいないが、第一身体にはそれに対応する点がある。生理学者が否定したとしても、間違いではない。チャクラやクンダリーニは別の体にあるが、ただそれに対応する点なら、肉体に見つけられる。

そう、クンダリーニは第四身体での出来事で、超常的なものだ。そしてこの超常的な出来事にも二種類あると言えば——ひとつは真でひとつは偽だと——私の意味することがわかるだろう。あなたの想像力の産物であれば、それは偽物だ。——想像力もまた、第四身体の特徴なのだが。

動物には想像力がない。過去の記憶などほんのわずかだし、未来への何の考えもない。動物は、まったく思い悩まない。悩みは常に、未来についてだからだ。動物は多くの死に出会うが、自分もまた死ぬのだとは、決して思い描かない。それゆえに死の恐怖がない。人間の中にも死の恐怖に悩まされない人はたくさんいる。そういう人は、いつも死を他人のものとして考え、自分のものだとは考えない。それは、第四身体の想像力が、未来を見通せるほど発達していないからだ。

これは、想像力もまた、真と偽になり得るということだ。真の想像力とは、未来を先だって見ることができ、まだ来ていないことを視覚化できるという意味だ。だが、ありえないこと、存在しないことが起こると想像するのは偽りの想像力だ。正しい視点で想像力が使われれば、科学になる。科学は、始めは単なる想像にすぎなかった。

何千年にも渡って、人は空飛ぶことを夢見てきた。夢見た人は、本当に想像力が豊かだったに違いない。人が飛ぶことを一度も夢見なかったなら、ライト兄弟は最初の飛行機を作れなかったに違いない。彼らは、人間の「飛びたい」という欲求を確かなものにした。この願望は、形になるまでに時間を要した。実験が繰り返され、ついに人は飛ぶことに成功した。

また、人は何千年もの間、月へとたどり着くことを願っていた。始めはただの想像だったが、ゆっくりと徐々に徐々に進歩し、今や現実化してしまっている。さて、こうした想像は真実なるものだ。間違った道はたどらなかったということだ。こうした想像力は、後になれば実現され得る現実的な道の上にあった。そのように想像する人の中には、科学者もいれば、狂った人もいる。
科学は想像であり、狂気もまた想像だと私が言ったとしても、それらが同じものだとは思わないように。狂人は、存在することのない、物質的な世界とは何の関わりもないものを想像する。科学者も想像する。が、物質的な世界と直接に関わっていることを想像する。始めはそう見えなくても、未来に存在するであろうことは明確だ。

第四身体には、常に間違った方へ向かう危険性がある。そうして偽りの世界が始まる。それゆえ、第四身体に入る前には、どんな予想も心に抱かないのが最善だ。第四身体はサイキック体だ。今たとえば、この家の一階へ降りていきたいと思ったなら、エレベーターや階段を探さなければならない。しかし、もし思考の中で降りたければ、エレベーターや階段の必要はない。まさにここに座ったまま、降りられる。

想像力や思考の危険なところは、想像したり考えたりする以外、何もする必要がなく、誰にでもできるということだ。加えてもし誰かが、この領域に先入観や期待を持って入ったなら、その中だけに、すぐさま入りこんでしまう。マインドは、それほどまでに協調したがっているからだ。マインドは言うだろう、「クンダリーニを目覚めさせたいのかい？　わかった。それは上がってきた……上がったぞ」と。そうしてクンダリーニが上がっていると想像し始め、マインドはクンダリーニが充分に目覚め、チャクラが充分に活性化されたと、あなたが完全に感じとるまで、この偽りの感覚にいるあなたを勇気づける。だが、その正当性を試す方法もある。それぞれのチャクラが開くことで、あなたの性格に紛れもない変化が起こる。この変化は、想像も予想もできない。この変化は、実在の世界で起こるからだ。

そうだ、たとえばクンダリーニが目覚めれば、酒を飲むことはできない。不可能だ。メンタル体はとても繊細なため、実に速くアルコールの影響を受ける。このために――これを知ると驚くだろうが――女性がアルコールをとると、男性がとるよりずっと危険になる。女性のメンタル体の方がはるかに繊細なため、すぐに影響を受け、コントロールできなくなってしまうからだ。このため女性は、社会にあるような秩序によって、この危険から自分を守ってきた。これは、女性が男性との平等を求めなかった部分だ。――不幸にも後になって女性は試みてはいるが。女性がその平等性をこの分野でも勝ちとり、そこで男性を凌ごうとするなら、男性がどんなことをしても引き起こされなかったような、災いをこうむるだろう。

第四身体におけるクンダリーニの目覚めは、あなたの経験を語ることでは証明されない。先に話したように、クンダリーニの目覚めの偽りの経験の想像もできるからだ。それは、あなたの肉体的な特徴からのみ判断される。つまりあなたの性格に、根本的な変容が起こったかどうかだ。エネルギーが目覚めるや否や、あなたの中に直ちに変化の兆しが現れる。だからこそ私は常に、ふるまいは表向きの基準であり、内的なものに源を発しているのではないと言うのだ。

あくまで内側で起こったことこそが尺度となる。事あるごとに、物事は避けがたく起こり始める。エネルギーが目覚めると、瞑想者を酔わせるようなものはとれなくなるだろう。もし、ドラッグやアルコールに耽るなら、その経験はみな想像上のものだと解しなさい。それは絶対に不可能だからだ。

クンダリーニが目覚めた後では、暴力的な傾向は完全に消えてしまう。瞑想者が暴力をふるわないというだけではなく、彼自身の内側に暴力的な感覚がなくなる。暴力をふるいたいという衝動、誰かを傷つけたいという衝動は、生命エネルギーが眠っている時にだけ存在する。それが目覚めた瞬間、他人は他人でなくなり、他人を傷つけられなくなる。そうなれば、自分の中で暴力を押さえつける必要はなくなる。あなたは暴力的にはなり得ない。

暴力的な感覚を抑圧する必要があるとしたら、クンダリーニはまだ目覚めていないのだと理解しなさい。眼が開いた後で、まだ道を杖で探っているように感じるのなら、眼はまだ見えていないのだと知りなさい。たとえ他の方法でどんなに主張しようとも——あなたはまだ、杖を手放していないのだから。あなたが見えているかどうかを外部の人が見分けるのは、あなたの行動による。あなたの杖、躓き、おぼつかない歩みが、眼がまだ開いていないということを証明する。

目覚めと共に、あなたの行動に根本的な変化が訪れる。そして、マハヴァーラタのようなあらゆる宗教的な誓い——非暴力、不窃盗、非所有、禁欲、充分に目覚めていること——は、自然で簡単なものになるだろう。そうなれば、自分の経験が紛いなきものなのだと解しなさい。それは超常的《サイキック》だが、どちらにせよ真実だ。今あなたは前へと進んで行ける。その道が真実であれば、あなたは先に進めるが、それ以外では無理だ。第四身体にはいつまでも留まれない。第四身体はゴールではないからだ。まだまだ、通り過ぎねばならない他の身体がある。

すでに話したことから、第四身体を発達させられる人はごく少数であることがわかっただろう。今日奇跡を演じる人が世界中にいる理由がそれだ。もしあらゆる人の第四身体が発達したら、奇跡はただちに地上から消え失せるだろう。人々の成長が十四歳で停滞しているような社会であれば、わずかばかり成長し、足し算引き算ができるぐらいの人でも、奇跡を演じていると思われることだろう。

千年前、ある人が日食の日を示した時、それはただ非常に賢明な者だけができる奇跡だと思われた。今日では、そのくらいの情報なら、機械でも提供できることがわかっている。それは計算の問題であり、天文学者や預言者、研鑽を積んだ学者である必要はない。ひとつのコンピューターでひとつの日食だけでなく、何百万もの日食の情報を与えられる。太陽が冷たくなる日も予報できる——これはすべて計算だからだ。その機械は与えられた情報から計算できる。

一日に太陽が放出するエネルギー量で、太陽の全エネルギーを割れば、太陽が持ちこたえる年数が出せる。

だが今では、こうしたことはどれも奇跡には見えない。今や人々は、みな第三身体まで発達しているからだ。千年前であれば、ある人が来年のこの月、この夜に月食があると予言すれば、ものすごい奇跡だっただろう。彼は超人と思われただろう。今日起こっている「奇跡」は――魔法の呪文とか、額縁から灰が落ちるとかいった――みな第四身体では普通の出来事だ。しかし誰もそれを知らないために、奇跡となってしまう。

それはちょうど、あなたが木の下に立ち、私が木の上に座っていて、お互いに話しているようなものだ。今遠くから荷車がやって来るのを見て、一時間の内に荷車が木の下に止まるだろうと言うと、あなたは、「預言者なのですか？　あなたは謎めいたことをお話になりますね。どこにも荷車は見当たりません。お話になることは信じられません」と言うだろう。だが、一時間の内に荷車は木の所までやって来る。あなたはやむをえず私の足に触り、言わなければならない――「我が尊敬する、愛するマスターよ。あなたは預言者なのですね」と。違いはたったこれだけだ。私はあなたより、ほんの少し高い位置に腰かけていて――木の上に――そこからは、あなたに見える一時間前から荷車が見えたということだ。私は未来について話しているのではなく、まったく現在のことについて話していた。しかし、あなたの現在の時と私の間に一時間の開きがあったのは、私がより高いレベルにいたからだ。あなたにとって一時間後に存在することが、私にとっては今存在する。

内的存在に深く降り立った人ほど、表面の層にいる者たちにとっては大いなる奇跡となる。その人の行為すべてが、私たちには奇跡となるだろう、第四身体の法則を知らないために、こうした出来事を判断する手立てがないからだ。魔法や奇跡は、こうして起こる。それは、第四身体をほんの少し成長させたものだ。だから、この世で奇跡を終わらせたくても、大衆にそれを述べ伝えていくだけでは、終わらないだろう。ちょうど、人々に第三身体の教育を施し、言語や数学を理解させてきたように、今第四身体に関する訓練を施し、一人一人にそれなりの力が身についていかねばならない、そうして初めて、奇跡がなくなる。そうでなければ、誰か別の人が常にこれを利用するだろう。第四身体は二十八歳まで成長する――それはもう七年だ。だがほんの少数の人しか、発達させることができない。

アートマ・シャリール――第五身体、スピリチュアル体と呼ばれる――にはすばらしい価値がある。生における成長が正しい在り方で続くと、この体は三十五歳までに充分発達するはずだ。だが、これはかなり先のことだ、第四身体でさえ、ほんの少数しか成長していないのだから。魂やそうしたものが、ただの話の種にすぎないのはこのためだ。言葉の裏には、どんな中身もはらんでいない。私たちがアートマンと言っても、単なる言葉にしかすぎない。その裏には何もない。私たちが「壁」という時には、ただの言葉ではなく言葉の裏に実質がある。私たちが「壁」とは何を意味するかを知っているからだ。「アートマン」という言葉の向こうには、何の意味もない。アートマンについて何の知識も、何の経験もないからだ。これは第五身体だ。それは第四身体でクンダリーニが目覚めてのみ、入っていけるものだ。でなければ、入ることはできない。第四身体のことも知らないうちは、五番目も未知なる状態のままだ。

第五身体を見出した者は、ごく少数だ。彼らは霊的な人と呼ばれる。こうした人たちはこれを旅の終わりだと思い、こう宣言する――「アートマンへの到達は、すべてを達成したも同じだ」と。だが、旅はまだ終わっていない。しかしながら、第五身体で止まってしまう者は神を否定する。彼らは、「ブラフマンなどない。パラマアートマンなどない」と言う。それはちょうど、第一身体に留まる者が、アートマンの存在を否定しているかのようだ。ちょうど唯物主義者が、「体がすべてだ。体が死んだら、すべてが死ぬ」と言うように、スピリチュアリストは「アートマンを超えるものなど何もない。アートマンこそはすべてであり、存在の最高の状態だ」と言う。だがそれは単に、第五身体であるにすぎない。

第六身体はブラフマ・シャリール――コズミック体だ。人はアートマンを超えて進化し、アートマンを手放す覚悟ができた時、六番目の身体に入る。もし人類が科学的に成長するなら、第六身体の自然な発達は四十二歳で起こり、ニルヴァーナ・シャリール――第七身体――は四十九歳だ。第七身体は、何の身体も持たないニルヴァーナの、体であり体なき状態、無形の状態だ。これこそ、空だけが残る究極の状態だ――ブラフマンや宇宙的な実態さえもなく、ただ空だけが残っている。残っているものは何もなく、すべてが消えてしまっている。

だから仏陀に、「そこで何が起こるのですか？」と誰かが尋ねた時、仏陀は「炎は消え去る」と応えたのだ。すると、「そして何が起こるのですか？」と再び尋ねられたものだ。「炎が消え去ってもあなたは、『それはどこへ行ってしまったの？　炎は今どこにあるの？』とは聞かないだろう。それはなくなった。ただそれしかない」ニルヴァーナという言葉は、炎の消失という意味も含んでいる。だから仏陀は、ニルヴァーナは起こるものだと言ったのだ。

解脱《モクシャ》の状態は、第五身体で経験される。始めの四つの体の限界は超越され、魂は完全に自由になる。だから自由は第五身体での経験だ。天国と地獄は第四身体に属している。ここで留まる者はそれを経験するだろう。第一、第二、第三身体で止まる者は、誕生から死にかけての生がすべてとなる。彼らにとって死を越える生はない。人がそれを越えて第四身体に入れば、この生の後に、無限なる幸せと苦痛の可能性のある、天国と地獄を経験していく。

もし第五身体まで至れば、自由への扉があり、六番目にまで至れば、神の実現の状態という可能性が出てくる。そうなってしまえば、自由か自由でないかといった問題はなくなる。彼は〈それ〉とひとつになるのだから。「アハム・ブラフマスミ」――私は神だ――と宣言するのは、この段階においてだ。だが、それでもまだ、もう一歩残っている。最後のジャンプだ。そこにはどんなアハムもなければ、ブラフマンもない。我と汝というものが完全に存在しないところ、ただただ無であるところ——完全で絶対的なる空《くう》のあるところ、それがニルヴァーナだ。

これが、四十九年間に発達する七つの身体だ。このために、五十年の中間点が変革の点だとして知られているのだ。始めの二十五年間は、生のひとつのシステムだった。この期間には、始めの四つの身体の発達のために力が注がれ、人の教育は完結するとされていた。そうして人は第五、第六、第七身体を、残りの人生を通じて探求することになっている。そして残りの二十五年間で、第七身体を達成すると見なされた。だから、五十歳というのはきわめて重要な年だと見なされてきた。この時に、人はワナプラスとなった。それは、今こそ視線を森へ向かわせるべきだという意味を示す。それは今や、その眼を人々や社会や市場から転じるべきだということだ。

七十五歳という年齢もまた、もうひとつの変革の地点——サニヤスを授かるべき時だ。森へ向かうということは、群衆や人々から自分自身を引き離すという意味だ。サニヤスとは、今こそエゴを越えて見つめていく時、エゴを超越する時だということを意味する。森の中では、「私」は必然的に自分と共にあるだろう。その他のすべてを、その人が放棄したとしてもだ。だが七十五歳では、この「私」もまた、捨てられねばならない。

しかしながら、家長としての人生は、その先の旅が自然で喜びに満ちたものとなるためにも、七つのすべての身体を通り抜け、発達させねばならないというような境遇にあった。これが成されなければ、事はとても難しくなるだろう。七年の周期ごとに、特定の成長状態が関係しているからだ。子供の肉体が、生の始めの七年間で充分成長しなければ、その子はいつも病気がちか、せいぜい、良くてもずっと病気を患い続けてはいないという程度だろう。だが、始めの七年間に形成されるべき基本的な健康の土台が揺るがされたために、決して健康にはならないだろう。強くしっかりとしたものになるべきだったものが、それも成長期に乱されてしまったのだ。

それはちょうど、家の基礎を作っているようなものだ。もし基礎が弱ければ、ひとたび屋根まで作ってしまうと後から手直しするのは難しい。――いや、不可能だ。基礎を作る段階でしか、うまく据えることはできない。だから始めの七年間で、もし適切な状況が第一身体に与えられれば、肉体は健全に成長していく。だが、第二身体と感情が次の七年間で充分発達しなかったなら、数々の性的倒錯が結果として表れる。そうなると、後で矯正するのはとても難しくなる。各身体の特定の成長期が、もっとも決定的になるからだ。

それぞれの生の段階、それぞれの身体には、前もって定められた成長期がある。そここで、わずかな違いはあるだろう。が、それは大したことではない。もし子供が、十四年のうちに性的に成長しなければ、全人生が厳しい試練となるだろう。もし知性が二十一歳までに発達しなければ、後の期間に発達する可能性は非常に薄い。だが、ここまでなら私たちは一致している。私たちは第一身体の世話をし、知性を発達させるために子供を学校へ送る。しかし、私たちの残りの身体にも、もし逃してしまうと大変な困難に陥る定められた時期がある。

ある人は、二十一年で成長するはずの身体を、五十年かけて成長させている。二十一歳の時と同じほどの強さが五十歳にないのは明らかだ。だからその人は、大変な努力をしなければならない。二十一歳であれば簡単に熟練したであろうことが、長く、困難なものとなる。

まだ他にも、彼が直面する困難はある。二十一歳の時には、彼はまさに戸口の前にいながら、逃してしまった。それに続く三十年に渡って、彼はあまりにも色々な場所にいたので、正しい開口部への照準が狂ってしまった。放浪したことで、かつては開くのに軽い一押しだけで良かった、二十一歳の時に立っていた場所に行くのを、今や不可能にしてしまった。

だから、子供が二十五歳になるまでは、しっかり系統だてられた状況を要する。第四身体のレベルに導くために、良く計画されるべきだ。第四身体の後、残りは簡単にいく。その時には、基礎はがっしりと固められているだろう。後は果実の成長だけが残されている。木は第四身体までにできあがる。その後第五身体から果実が現れはじめ、第七番目で完熟の極に達する。あちらこちらで多少の斟酌をせざるを得ないかもしれないが、基礎には充分気をくばるべきだ。

これに関連して、まだ二、三、心に留めなくてはならないことがある。始めの四つの身体においては、男性と女性との間に違いがあるということだ。たとえば男性なら、その肉体は男性の体だ。だが、彼の第二身体――肉体的な体の後ろにあるエーテル体――は女性だ。どんな陰極も陽極も、それだけでは存在できない。男性の体と女性の体は、電気的には陽性と陰性の体だ。

女性の肉体は陰性だ。だから、セックスに関して決して攻撃的になれない。この点で、女性は男性の暴力に耐えられても、女性自身が暴力的になることはできない。男性の同意なしに、男性に対して何かをすることができない。男性の第一身体は陽性――攻撃的なものだ。だから男性は、女性の同意なしに攻撃的なことができる。男性は攻撃的な第一身体をもっている。だが、陰性という言葉はゼロとか不在を意味しているのではない。電気的な意味で、陰性は受容性、蓄積を意味する。女性の体にはエネルギーが蓄えられている。大量のエネルギーが蓄えられている。だがそれは活動的ではない。それは非活動的なものだ。

このために、女性は何も創造しない。詩を詠まず、偉大な絵画を描くこともなく、科学的な研究を成し遂げることもない。研究や創造的な仕事のためには、攻撃的である必要がある。女性には、ただ待つことしかできない。だからこそ、子供を産むことだけはできる。

男性は陽性の体を持っている。陽性の体があるところにはどこでも、陰性の体がその背後にあるはずだ。そうでなければ存続しない。両者は共に現存している。そして円環は完結する。だから男性の第二身体が女性となり、それに対して女性の第二身体は男性となる。このため——これは面白い事実なのだが——男性は、その肉体においてはとても強く見えるし、実際そうだ。だがこの外側の強さの背後には、弱い女性の体が立っている。このために、時にほんの少しの間だけ、その強さを見せることができるものの、結局は女性の手の内に落ちてしまう。なぜなら、か弱い女性の体の後ろには、強い陽性の体があるからだ。

このために女性の抵抗力、忍耐力は男性をはるかに上まわる。もし男性と女性が同じ病気に罹ったとしたら、女性は男性よりも長く、病気に耐えられるだろう。女性は子供を生む。もし男性が子供を生まねばならなかったとしたら、死ぬほどの苦難だということを実感するだろう。そうすれば、家族計画の必要はなくなるだろう、なぜなら男性は、それほどの苦痛をあれほど長く我慢できないからだ。男性は一回や二回なら、怒りに我を忘れる。枕を叩くこともあるかもしれない。だが、九ヶ月もお腹に子供を宿すことはできない。生んでからの何年間かを、我慢強く育て上げることもできない。もし一晩中泣こうものなら、首を絞めてしまうだろう。うるささにも耐えられまい。男性には並々ならぬ強さがあるが、その後ろには、脆く繊細なエーテル体がある。こうした理由から、男性は痛みや不快感に耐えられない。

このため、女性は男性ほどには病気に罹りにくく、寿命も男性より長くなっている。結婚する際に、男性と女性との間に五歳の差をもうけておくべきなのは、この理由からだ。でなければ、世界は未亡人で一杯になってしまうだろう。もし男の子が二十歳ならば、二十四か二十五歳の女の子を選ぶべきだ。男性の寿命は四年か五年短い、だからこの違いはものごとを同等にし、お互いに同調しあうようにしてくれるだろう。

女の子が百人生まれるのに対し、百十六人の男の子が産まれる。出生時の違いは十六だ。だが後でその数は同じになる。十四歳になる頃には、十六人の男の子が死んでいる。そして数がほとんど同じになる。大抵の男の子は、女の子よりも早く死ぬ。これは後者が、二番目の男性体からの強い抵抗力を持っているためだ。

さて、男性の第三身体は——アストラル体のことだが——再び男性になる。そして四番目、またはサイキック体では、もう一度女性になる。女性の場合は、ちょうど反対になる。この男性と女性の違いは、第四身体までしか存在しない。第五身体は性別を越えている。だから、アートマンが得られるや否や、男も女もなくなる。——だがそれ以前ではない。

これと関連して、もうひとつ頭に浮かぶことがある。どの男性も内側に女性の体を持ち、どの女性も内側に男性の体を持っている以上、もし偶然にも女性が、彼女の内なる男性体に一致する夫を得たとき、もし男性が彼の内なる女性に一致する女性と結婚したとき、その時にのみ結婚はうまくいくだろう。それ以外では失敗に終わる。

このために、九十九パーセントが結婚に失敗している。成功の本質的なルールが、まだ知られていないからだ。二人の、それぞれのエネルギー体が正しく縁組みしているかを確かめられないからには、別の方向でどんな処置をしようとも、結婚は失敗のままに終わるはずだ。成功する結婚は、この種々様々な内なる身体に関する、絶対的に明確な科学的なデータができて、初めて可能となるだろう。クンダリーニが目覚める地点に達した男の子や女の子にとって、正しい人生の伴侶を選ぶのは簡単だ。それ以前ではとても難しい。

だから、知る者はこう主張する。子供は最初の二十五年間に、ブラフマチャリアのまま最初の四身体を成長させるべきであり、そうして初めて結婚できる、と。なぜなら、その子は誰と結婚すべきなのかね？　彼の残る人生を、誰と過ごしたいというのかね？　誰を捜せばいいのかね？　女性はどんな男性を捜すというのかね？　女性は内側に男性を捜す。偶然にせよ正しい関係が結ばれたら、男性と女性の両方が満足するだろう。そうでなければ不満が残り、数多くの倒錯がこれから生まれる。そうなると、男性は売春婦の所へ行ったり、隣の家の女性を求めてしまう。彼の苦悩は日ごとに強まり、この惨めさは知性の成長につれて増すはずだ。

もし人の成長が十四歳で止まるなら、この苦悩に苦しむことはない。すべての苦しみは、第三身体の成長とともに始まるからだ。もし始めのふたつの身体だけが成長するなら、人はセックスだけで満足するだろう。だからふたつの方法がある。始めの二十五年間のブラフマチャリアの期間に、子供を第四身体まで成長させるか、幼児婚を奨励するかだ。幼児婚とは、人がセックスに留まっていられるように、知性の発達以前に結婚してしまうという意味だ。そうすれば、関係性がまったく動物の領域にあるために、何の問題もなくなる。幼児婚の関係性は、純粋に性的な関係だ。愛のどんな可能性もない。

今、教育が大いに進歩し、第三身体が完全に発達しているアメリカのような場所では、結婚は崩壊してしまっている。そうならざるを得ない――第三身体は、間違った関係性に反逆するからだ。だから、離婚が結果として起こる。そんな結婚を引きずっては歩けないからだ。

教育の正しい形は、始めの四つの身体を成長させるものだ。正しい教育は、あなたを第四身体にまで連れて行く。そこで教育の仕事は完結する。第五番目に入って行くには、どんな教育も役に立たない。あなたは自分自身で、そこまで行き着かねばならない。正しい教育は、簡単に第四身体にまで導ける。この後に、非常に価値があり、個人的なものである第五身体の成長が始まる。クンダリーニは第四身体に潜んでいる可能性だ。だからこそクンダリーニが超常現《サイキック》象となる。これがあなたに明白だといいのだが――。

シャクティパットにおいて、瞑想者と媒体との間に、超常的《サイキック》な束縛がおこる可能性はないのですか？　それは瞑想者にとって有害ですか？　それとも助けになるのでしょうか？

束縛である絆は、決して役に立たない。絆自体が良くないものだからだ。愛着が深まれば深まるほど、悪となっていく。超常的な束縛は、大変な悪となる。誰かが私を鎖で縛ったとしても、影響されるのは肉体だけだろう。が、誰かが愛の鎖で縛ったなら、それは深く滲み通り、壊すのはとても難しくなるだろう。もし誰かがシュラッダ、信頼の鎖で縛ったなら、もっと深くまで滲みてゆく。そこまでくると、この鎖を破ることが〈非神聖〉なものとなる。どんな束縛も良くないが、超常的な束縛は、それにも増してもっと悪い。

シャクティパットで媒体を司る者は、決してあなたを束縛しようとはしない。もしそうであれば、媒体には値しない。だが、あなたがその人に結びつこうとすることのほうがあり得る。彼の足元に張り付き、授けられた偉大な祝福ゆえに、彼を離れないと誓うかもしれない。その時にこそ、充分気づいている必要がある。瞑想者は、執着から自分自身を守らねばならない。しかしながら、すべての執着がスピリチュアルな旅では重荷となると瞑想者に明確になれば、感謝の気持ちが束縛ではなく、自由を与えるものとなるだろう。もし私が、あなたに何らかのことで感謝に満ちているとしたら、どこに執着の余地があるのかね？　実際、感謝の念を表さなかったとしたら、内側で束縛として残ってしまうだろう。感謝の念を表すことすらしなかったことがだ。だが、感謝することにより、事は完結される。

感謝は束縛ではない。むしろ反対に、究極の自由の表明だ。けれども、束縛されたがる傾向は、常に私たちの中にある。内側に恐れがあるためだ。自分自身だけで立っていられるかどうかは、人々にはまったく定かではない。だからこそ、誰かにしがみつこうとする衝動がある。誰かにしがみつくとは、どういうことだろう——夜、暗い道を通る時、人は大声で歌う。自分自身の声が、怖さをやわらげるからだ。もし別の人の声があれば、それもまたしがみつけるものとなるだろうが、基本的には、自分自身の声から強さと勇気を引き出す。人は恐れているので、何でも掴んでしまう。これゆえに、溺れる者は一本の藁でも見つけようものなら、たとえ溺れることから救ってくれなくても、掴んでしまうのだ。むしろ、藁は人と一緒に沈んでしまうだろう。そのように、マインドは恐怖から、誰かに、何かに、グルか誰かに、または何かにしがみつこうとする。そうすることで、自分自身を守りたがる。恐怖こそが、あらゆる類の束縛の根にほかならない。

瞑想者は、常に安全に関して慎重でなければならない。安全性は、瞑想者にとって執着の最大の温床だ。ほんの一瞬でも安全を捜すのなら——もし自分が、誰かから支えてもらっていて、保護ゆえに恐れるものはなく、迷うことはないと感じるようなら、もしどこへも行かずに、グルの翼の下にいつまでもいようと思っているなら——その人は、もはや道を外している。探求者に安全はない。不安定であることが、探求者にとっての祝福だ。危険が大きければ大きいほど魂は広がり、大胆になり、恐れなきものとなる機会は、より大きくなる。守られれば守られるほど、同じ割合で弱くなっていくだろう。助けを得ることと、依存したままであることは、まったく別のことだ。

あなたが助けを受けるのは、介添えなしに立てるようになるためだ。すぐにも不必要となるようにという意向で与えられる。父親が子供の歩く手助けをしている時、子供をではなく、子供の手をとっているのに気づいたことがあるかね？　何日か経つうちに子供が歩くことを学ぶと、父親はその手を放す。だが始めのうちは、自信がないために子供は父親の手を掴まえているだろう。だから、もし子供が父親の手を掴まえているならば、歩くことを習ったにも関わらず、手放せずにいるということだ。もし父親が子供の手を取っているなら、子供はまだ歩き方を知らなくて、ひとりで立たせるのが危ないのだと知りなさい。父親は、その手を早く解放させたい。だから、歩くことを教えているのだ。手を取らせることの純粋な喜びのために、手を取らせ続けるような父親がいたとしたら、それは子供の敵だろう。

数多くの父親、数多くのグルがこうしたことをやっているが、これは間違いだ。助けを与えている理由が覆されてしまっている。自らの二本の足で立って歩ける、強く健康的な人間に育てる代わりに、一生支えに頼らねばならない不具者にしようとしている。しかしながら、あなたが彼らの支えなしには自分の道が歩めなければ、それは父親やグルにとって満足感を覚えるほどの喜びとなる。こうして、彼らのエゴは満たされる。

だが、そういうグルはグルではない。瞑想者の手を振りほどき、自分の二本の足でちゃんと歩くように言えば、それはむしろグルのためになる。瞑想者が何度転ぼうとも、それが害になることはない。もう一度立ち上がれるのだから。結局、立ち上がるためには、人は転ばなければならない。転ぶことへの恐怖を乗り越えるためにも、何度か転ぶ必要がある。


マインドは、何か支えとなってくれるものを掴まえようとする。それで束縛が始まる。こうしたことは起こるべきではない。安全性を探求している訳ではないと、常に覚えておくべきだ。真実を探求しているのだ。瞑想者は、安全をではない。もし、真実の探求に真正であるなら、安全性や保証といった考えのすべてを、あきらめてしまうべきだ。偽りなるものは、数多くの保護を与える——それも、まさしくすぐにだ。だから安全を求めている者は、あっと言う間にそちらの方に引き寄せられてしまう。便利さを求める者が、真実の高みをきわめることは決してない。その旅は長いからだ。そうして偽りをきれい事で飾りたて、もといた場所に座ったままにも関わらず、自分は到達したと信じ始める。

それゆえ、どんな形の執着も危険となる——そして、グルへの執着はさらにもっと危険だ。これが霊的《スピリチュアル》な執着だからだ。まさしく霊的な執着という言葉自体が矛盾している。霊的に自由であることには、意味がある。だが霊的な隷属には意味がない。隷属性においては、この世のどんな類の奴隷も、霊的な奴隷にはとうていかなわない。何と言っても、自由なる魂が生まれるための第四身体が、成長できぬままになってしまうからだ。人類の大半は、第三身体までしか成長していない。

高等裁判所の判事や大学の副学長が、まるっきりの愚か者の足元に座っているのは、実によく見うけられる。これを見ると他の人は、そんな有名人がこの人の足元に座っているのなら、それに比べたら私たちは何者でもないのだから……、と考えてそれを真似る。この判事、副学長は第三身体を極限まで成長させ、知性をとても高いレベルにまで高めたけれども、第四身体について言えば、無知なままにとどまっていることを彼らは知らない。第四身体のこととなると、彼らはみなに負けず劣らず無知だ。そして、知性と論理で成長した彼の第三身体は、絶え間ない思考と議論でまったく疲れはて、今やもう休んでいる。

そうだ、知的な人が疲れて休む時は、実に非知性的な営みにふける。極端な活動の後にリラックスさせるものは、どんなものでも、自然の作用から正反対なものとなる。これは危険だ。いつも決まって、高等裁判所の判事がアシュラムに見うけられるのはこのためだ。彼らは疲れはて、知性に悩まされている。だから、それを拭い去りたいのだ。そんな状況では、どんな馬鹿げたことでもするだろう。ただ目をつぶり、どんなことでも信じてしまう。彼らは学んだことや、論理、議論のすべては、自分をどこにも導いてくれるものではないから落としてしまうのだ、と主張する。それとの関わりをすべて断ち切るために、彼らはまったく正反対の何かに、すぐさましがみついてしまう。すると、高い地位にある人を信頼している他の群衆が、彼らを模倣し始める。このような人々は、非常に知的であるかもしれないが、第四身体については何もないに等しい。だから、もっとも偉大な知識人を足元に引き寄せるには、どんな人であれ、第四身体がほんのわずかでも成長していれば、充分可能だろう。それは、知識人に完全に欠けている何かを持っているからにほかならない。

この手の束縛は、第四身体が発達していない時に起こる。そうしてマインドは、第四身体を成長させている誰かにすがりつきたがる。だがこれは、あなた自身の第四身体を成長させる助けにはならない。そういう人を理解することによってのみ、あなたの第四身体は成長できる。だが彼を理解する面倒を避けるために、その人にすがってしまう。そして言うだろう、「どこに理解する必要がある？　あなたが地獄の川を渡る時には、私たちも共に渡れるようにと、あなたの足にしがみつくだろうし、天国の川を渡る時には、あなたのボートにしがみつくつもりだ」と。

理解に達するまで成長するには、人は苦しまねばならない。理解が起こるためには、変容が必要だ。理解とは努力すること、サダーナだ。理解するには、耐えることが必要だ。理解は革命だ。理解において変容が起こり、すべてが変わる。古いものは新しいものへと変わるはずだ。

なぜこんな苦しみに入って行かなくてはならない？　誰か知っている人にすがっているほうがいい。だが実際は、誰かに従うことで真理を獲得できる者など、誰もいない。人は、ひとりで進んで行かねばならない。まったくひとりの道だ。だからこそ、どんな類の執着も障害になる。

学び、理解し、どこで得た一瞥であろうと、歓迎しなさい。だが、どこにも止まらないように。どんな休憩場所にも、小屋を作ってはならない。差し伸べられた手にしがみついたり、それを目的地だととり違えたりしないように。それでもあなたは、「先へ進んではだめだ、ここに留まりなさい。こここそが彼岸なのだ」と言う人に、たくさん出会うだろう。私が先に言ったように、恐怖に満ちている人は、ある人は束縛されたがり、またある人は、自分自身の恐れをなくしたいがために、人々を束縛したがる。人が千人も自分に従っていれば、自分は賢いと感じるのは確かだろう。――賢くなければ、どうしてこの人たちは従っているのか？と。彼は自分自身に言うだろう、「確かに、私は何かを知っているんだ、でなければ、なぜこの人達が私を信じることがあろう？」と。

グルという階級が、多くの場合、自分の回りへ群衆を集めようとする劣等感から生まれる現象だと知れば、驚くにちがいない。だからグルは、追従者の数を増やすことにあくせくする――千人、一万人、二万人と。数が増えるにつれて、彼はますます自分の知識を確信する――そうでなければ、なぜこれだけの人々が自分についてこようか？と。――この論理は、彼の気力を盛り立ててくれる。追従者がいなくなれば、何もかもがなくなってしまう。そうなれば、すべてが失われたと、自分は何も知りはしないのだと感じるだろう。

数多くのマインド・ゲームが横行している。だから、それには気を付けておくことだ。このゲームは、双方の側から演じられる。弟子はグルに縛られている。そして今日縛られていた者が、明日は誰か別の者を縛るだろう。こういうことは、みな連鎖反応だからだ。

今日の弟子が、明日はグルになるだろう。いったいどれだけの期間、弟子でいられると言うのかね？　今日誰かに掴まれば、明日は誰かに掴まえられるだろう。隷属は続いていく。このすべての本質的な原因は、第四身体の未発達による。この体を発達させ始めたら、あなたは自立できる。そうすれば、どんな束縛もない。

これはあなたが、非人間的になるということ、人々とどんな繋がりも持たなくなるということではない。むしろ正反対になるだろう。束縛があるところには、どんな関わり合いもない。夫と妻との間には束縛がある。

「聖なる婚姻に縛られる」という表現を、使っているのではないかね？　「私の息子あるいは娘は、愛の糸によって結ばれた……」という文面の招待状を、人々は送る。隷属あるところに、関わり合いはない。どうしてあり得よう？　ことによると、遠い未来に父親が「私の娘が、誰々の愛の内に自由になりました」と書いた招待状を、出すようになるかもしれない。それに、誰それの愛によって、彼女の生は自由になっていく、の方が知的な感じがする。もうそこには、どんな束縛もない。彼女は、愛の中で自由になっていく。愛は自由を産むべきだ。愛でさえも隷属になるなら、他にこの世の何が自由であり得るだろうか？

束縛には惨めさがあり、地獄がある。見かけはあてにならない。内側では何もかもが腐っている。これこそグルと弟子、父と息子、夫と妻、ふたりの友人同士の間の束縛だ。束縛のあるところに、関わり合いはない。関わり合いがあれば、束縛は不可能だ。そして外面的には、絆があれば関係性があるはずだというのが、正しいように見える。だが人は何の結びつきもない人としか、関わり合えないのが真実だ。決して自分の息子にも話さないことを、見知らぬ他人には話してしまうということがよくあるのも、この理由からきている。

私はある女性が、ほんの一時間前に出会った他人に対して、夫に話すとは夢にも思わないことさえも、より心を開いて話すと知って、驚いたことがある。束縛のないところでは、関わりやすくなるというのは事実だ。それゆえに私たちは、見知らぬ人に対してはいつも気持ちよく接するが、知っている人に対してはそうでもなくなる。知らない人とは何の繋がりもないために、何の関係性もない。だが、束縛があっても関わりは持てない。これでは、たとえ誰かにおはようと言ったとしても、まるで義務であるかのようだ。

グルと弟子の間に関係性はあり得る。だが、すべての関係性は美しくもなり得る。しかし束縛は美しくなり得ない。関わり合いとは、自由にすることを意味する。

禅のマスターたちの間には、美しい習慣がある。弟子が修行を終えた時マスターは弟子に、自分の反対派の門下に入り、そこで学ぶようにと命じる。マスターは言った、「お前は知識を一方から得た。さあ、もう一方からも知りなさい」と。そうして瞑想者は、ひとつの寺から別の寺へと何年間か行き、学ぶために自分の師のライバルである人の足元で座る。彼のマスターは言った、「私に反対する者の方が、正しいということもあるだろう。行って彼が話すべきだと思っていることには、すべて耳を傾けなさい。そして、お前自身で決めるのだ。我々の両方に耳を傾けた後の方が、物事をよりうまく決められるようになるかもしれない。またはもしかしたら、私たちの両方を捨てた後に残ったものが真実として現れるかもしれない。だから、行って探求しなさい」と。これは霊《スピリチュアル》的にずば抜けた才能を持つ者が、その究極の成長に至った時にのみ起こる。そうなれば、何者にも束縛されることはない。

マスターが弟子を縛ることなく世界へ送り出せるようになった時、この国にはすばらしい成果が現れることと思う。最終的な成果がどうなるかなど、誰が知ろう！　そう、あなたが別の人から学び、聴けるようにとその人の許に送り出すような人が、誤ることはない。たとえ彼から受けた教えのすべてが、間違いだったと明るみになろうとだ。そんな人が「行って他のところも探しなさい。私は間違っているかもしれない」と言うなら、たとえすべての教えが過ちだったと証明されようと、あなたは彼に感謝するだろう。彼が間違うことは、決してありえない。そもそも、あなたを送り出してくれたのは彼なのだから。

今やあらゆる人が瞑想者を縛り、外へ出られないようにしむけている。あるグルが、弟子に他のグルに耳を傾けることを禁じる。教典は言う、「別の寺院に行ってはいけない。他の誰かの寺院に救いを求めるよりは、狂った象に踏みつぶされる方がまだましだ」と。瞑想者の耳に何かが入るのではないかと、常に恐れている。だから、あなたを縛るグルの教えが、たとえどんなに正しかろうとも、その人は誤っている。決して彼に感謝はできない。そういう人は、あなたを奴隷にするだけだ。彼はあなたの精神《スピリット》を壊し、あなたの魂をも殺したのだ。もしこれを理解したなら、束縛の問題はなくなるだろう。

もし、シャクティパットが真実かつ純粋であれば、束縛はないとおっしゃいましたが、それは正しいのでしょうか？

そうだ。そこにはどんな束縛もないだろう。

シャクティパットの名における、超常的《サイキック》なものの搾取はあり得るでしょうか？　どうすれば可能であり、瞑想者がそれから自分を守るには、どうしたらよいのでしょうか？

それは可能だ。シャクティパットの名における、霊《スピリチュアル》的な搾取は大いにあり得る。事実、要求のあるところ、外に向けて何らかの表明をするところには、常に搾取がある。ある人が自分が何かを与えたことをあからさまに言う時、その見返りに何かを受け取るだろう。与えることと受け取ることは、共に起こるからだ。それがどんな形であれ、——富の形であろうと、尊敬の形であろうと、信頼の形であろうと——彼は受け取るだろう。強要と共に与えられるところには、間違いなく受け取りもある。そして、「与える」と声高に言い回る者は、より多くの物を見返りとして受け取れるようになる。でなければ、その人にとって街中で声高に叫ぶ必要などない。

漁師は釣竿の針にみみずを付ける。針に魚は食い付かないからだ。いつの日にか、魚は針を直接飲み込むようになるかもしれない。しかし、魚が引き寄せられるのはみみずだし、食べようとして針を飲み込む。飲み込んで初めて、針が本体で、みみずは単なる餌だったと知る。だがその時には、魚は捕まっている。

だから、シャクティパットを行ない、知慧を与え、サマーディに導くという者、その他のありとあらゆることを言う者に出会ったなら、気をつけることだ。目覚めていなさい。彼岸の領域にある人は、自分自身のための表明などいっさいない。そのような人に「あなたゆえに恩寵を経験しました」と言ったところで、「どうしてそんなことがあり得よう？　私は知りもしない。あなたは取り違えたのだろう。それは、神の恩寵ゆえに起こったに違いない」と言うだろう。そういう人は、あなたからの感謝など受け付けない。その出来事の媒体だったことさえも、認めない。あなたがそれに値したからこそ、恩寵が降り立ったのだと言い切るだろう。——あなたのもとに降りたのは、神の慈悲だったのだと。私は誰だね？　私はどこに立っていた？　私にどんな価値があるのかね？　私はまったく関わっていない、と彼は言うだろう。

イエスがある町を通り過ぎようとしていると、病人が運ばれてきた。イエスは彼を祝福し、すべての病は癒された。この男はイエスに、「どれほどあなたに感謝したらよいのでしょう。あなたは、災いのすべてを取り除いて下さいました」。イエスは答えて、「それを語ってはいけない。それが受け入れられるべきところに感謝を捧げなさい。私とは誰なのかね？　私はどこから来たと思うのかね？」

その男は、「しかし、あなた以外にここには誰もいないのではないですか」と言った。

イエスは言った、「あなたも私も存在していない。あなたには、あの方がいて——すべてが、あの方を通して起こっているのが見えない。その方が、あなたを助けたのだ」

さあ、そんな人がどうして搾取できるというのかね？　搾取するには、針は虫で覆われていなければならない。彼は虫を持とうとさえせず、針はそのままだ。人が結果を言い回る時には、注意しなさい。人があれこれと、あなたのためにしてあげようと言う時には、その人は針を虫で覆っているにすぎない。彼はあなたの期待を高め、希望や欲求をかき立てている。あなたが欲望に取り付かれ、「ああ、愛する師《マスター》よ、お与え下さい……！」と言うと、彼の要求が始まることだろう。じきに、虫はほんの上っ面だけで、中に針があることがわかってくるだろう。

だから、奇跡について触れ回っているような時には、いつでも気をつけておくことだ。それは危険な領域だ。誰かがグルになろうと待ちかまえているような道は、避けることだ。もつれてしまう恐れがある。

ではどのようにして、探求者は自分自身を守ればよいのだろうか？　大口を叩く人たちから自分自身を守るべきだ。そうすれば、自分をあらゆる悪から守ることができる。すばらしい成果についてふれ回るような人を、求めるべきではない。でなければ、面倒なことになる。その人たちもまた、捜し回っているからだ。彼らは、その罠にはまりそうな人を捜している。こういう人たちは、いたる所にうろついている。どんな霊《スピリチュアル》的な利益も求めず、どんな霊的な声明も認めてはならない。

あなたがすべきことは、まるっきり異なっている。あなたは内側から、自分自身を準備しなければならない。あなたが準備できた時、事はきっと起こる。そうすれば、いかなる媒体を通してもそれは起こる。媒体は二義的なものだ。媒体とはちょうど、フックのようなものだ。あなたがコートを手に入れた日には、それを掛けられるようフックも用意してある。フックはそれほど重要ではない。フックがなければ、ドアにも掛けられる。ドアがなければ、木の枝にも掛けられる。フックなら、どんな物でも代用がきく。肝心なのは、コートの方だ。だが私たちはコートを持っていない。フックが「ここへおいで！　私がフックだよ」と呼び掛けたとしても、近づけば、あなたが捕まってしまうだろう。コートを持ちもせずに、フックの所へ行ってどうするというのかね？　あなた自身を引っかけてしまう様々な危険性がある。あなたは自分独自の価値、自分自身の能力を捜さなければならない。恩寵が訪れた時、それを受け取れるように、自分自身の準備をする必要がある。

グルのことを心配する必要はまったくない。それは、あなたには関わりのないことだ。それゆえに、クリシュナがアルジュナに言ったことは正しい。「汝の行動を起こし、結果を神聖なるものにゆだねよ」。あなたが自分の行為について心配する必要はない。心配すれば障害が出てくる。あなたの行為がもたらすものや、結果について深く考え込んでしまうために、あらゆる類の混乱が持ち上がる。結果を心配することで、行ないが衰える。だからこそ、行為自体がおもな関心事であるべきだ。

私たちは、自分自身の価値や受容性について考えていくべきだ。努力が完結した瞬間——ちょうど、種が殻を破る地点に至った時のように——正に、その時すべては達成される。蕾に自らがほころび、花となって咲く準備ができる瞬間を、太陽は常に待ち構えている。だが私たちには、花咲こうとする蕾が芽吹いていない。そうなれば、たとえ太陽が空に明るく輝こうと、何の役にも立ちはしない。そうだ、太陽を探しに行くのはやめ、自分の蕾を育くむことに専念しなさい。太陽はずっと、変わることなくそこにあるのだから。

この世界ではどんな器も、たとえ一瞬であれ、何にも満たされないことはない。どんな容器も、すぐさま一杯になる。実際、受容的であることと、満たされることとはふたつの出来事ではない。それは、同じ出来事のふたつの側面だ。この部屋からすべての空気を除こうとすれば、即座に外からの新鮮な空気が、真空になった空間を満たすだろう。これはふたつの出来事ではない。部屋の空気を除くと同時に、外の空気が流れ込んで来るからだ。そうしたことは、内的世界の法則でもある。努力の成果が実を結ぼうとし始めても、人々の側にはほとんど準備ができていない。しかしながら難しいのは、準備のできるずっと前から、人々は要求し始めることにある。そういう偽りの要求には、常に偽りの供給がやって来る。

ある人々に、まったく驚かされたことがある。ある人が来て言った。「私のマインドは、実にせわしない。安らぎがほしい」。彼は私に半時間ほど話し、その話の中で、自分が休まらないのは息子が働いていないからだと白状した。息子に職が見つかれば、このマインドは休まるだろうと。さてこの男は、マインドに安らぎがほしいという口実でやって来たが、実際の要求は全然違うものだった。それは、マインドの安らぎとは何の関わりもない。息子に職が欲しかっただけだ。ということは、彼は間違った人の所に来てしまったのだ。

さて、宗教ビジネスに手を出している者なら、こう言うだろう。「仕事が欲しい？　ここへ来るがいい。あなたに仕事を見つけ、マインドが安らぐようにもしてあげよう。ここへ来れば、誰でも仕事を得られる。ここへ来た者すべてが、より裕福になり、仕事はうまくいっている」

その「店」の回りには何人かの人が集まって来て、こう言うだろう、「うちの息子は仕事を見つけたよ」。別のひとりは、「妻は死から救われた」と言い、三番目は、「訴訟に勝ったんだ」と言い、四番目は、「富に恵まれた」と言う。この人たちは、嘘を言っている訳でも、雇われている訳でもない。このビジネスの手先でもない。そういう訳ではない。千人の人が仕事を求めてやって来た時、その内の十人は、普通に考えたとしても雇われるはずだ。そう、この十人が残り、残りの九百九十人は去ってしまったというだけの話だ。

そうして、この十人が段々と「奇跡」のお話しとやらを広めていき、まわりの群衆が増えていく。だから、そんな店にはみな、セールスマンと宣伝屋がいる。息子が職を得たと言う人たちは、真実でないことを口走ってはいないし、店主に言いくるめられてもいない。その人もまた捜し求めてやって来たが、たまたまその息子は就職し、自分の息子が就職できなかった人たちは、その望みを満たしてくれる別のグルを捜すために、ずっと以前に立ち去っただけだ。望みが満たされた者たちは、店によく訪れるようになる。毎年、どの祭にもやって来る。群衆は日に日に増えていき、いわゆるグルの回りには、とりまきが形作られる。そうこうするうちに、彼らの言うことは、議論の余地のない証言となる。もし、そんなにも多くの人の望みが満たされたのなら、あなたのだろうと……? さあ、これこそ、あの「みみず」だ。その中に、人を罠に掛ける針が仕掛けてある。

決して、求めてはならない。でなければ、捕まってしまう。自分自身の準備を整え、他のすべては、明白になっていくにまかせなさい。機が熟し、恩寵が起こる時には、起こるがままにまかせなさい。起こらなければ、まだそれを受けとれるほど、準備ができていないということだ。

実際、事が起こっていない時にしか、シャクティパットを何度も受ける必要性は感じない。初めの人との経験が空しいものだった時にしか、別の人から受ける必要性を見出さないものだ。もし最初のシャクティパットがうまくいけば、事はそこでおしまいだ。それは、病気が依然として治らないために、多くの医者にかかろうとするようなものだ。当然、医者を変えてみなくてはならない。だが、癒された患者は医者を変えようなどとは考えもしない。

ほんのわずかでも、シャクティパットによる一瞥の経験が起これば、このような問題には、はまらなくなる。それに、誰かからこの一瞥を得、別の人からもう一度得たとしても、何の違いもない。同じ源泉からの同じエネルギーだからだ。媒体が異なったとしても、どんな違いももたらすことはない。光は太陽から来ようが、電球からだろうが、オイルランプからだろうが、同じだ。

事が起こったにしても、どんな違いも、どんな害も生み出さない。だが、その出来事を探しに行くことはない。道の途上で訪れたら、受け入れ、先へと足を進めなさい――だが、それを探してはならない。求めれば災いがある。そういう時にあなたの道に現れるのは、詐欺師しかいない。真に与えられる者ではない。そういう人は、あなたが探していない時、あなたに準備ができた時にだけしか現れない。だから、探すのは間違っている。求めるのは間違っている。出来事が起こるにまかせ、幾千もの道筋から光が射して来るがままにしなさい。すべての道は、同じ古往今来の、源泉の真正さを証すだろう。それは同じものだ。ただ、あらゆる方向から現れているというだけだ。

誰かが言っていたが、先日誰かがサドゥー、いわゆる宗教的な人の所に行って、知慧はその人自身のものであるべきだと言ったそうだ。サドゥーは、それはあり得ないと言い返してきた――知慧とは「常に誰かに属していて、どこそこの僧が誰それに与え、その人がまた別の人に伝えたというようなものだ」と。

そこで私は、クリシュナの経験は、彼自身のものだったと、この友人に説明した。「誰それは、誰それからそれを得た」という意味は、彼に本性を開示した知慧は、彼だけに明かされた訳ではないということだ。彼以前にも、誰かに開示されている。ということは、この人は他人と出来事を分かち合ったことがあり、この人にもこの出来事が起こったということだ。だがここで注意しておくべきことは、その開示は、単に語るだけでは起こらなかったということだ。それは、出来事が起こった後に告げられた。だから、クリシュナはアルジュナに言っている。「私が示す知慧は、私に起こったものと同じものだ。だが、あなたに話したところで、それがあなたに起こるわけではない。それはこのようなものだと他人に言えるのは、あなたに起こった時だ」と。

それを乞いになど、行かないように。それは、どんな人からも得られない。それに向けて、あなた自身を準備することだ。そうすれば、ありとあらゆる方角からやって来るだろう。そして事が起こった暁には、「何と盲目だったことか。すべての方面から降り注がれていたものが見えなかったとは」と言うだろう。

目の見えない人は、ランプや電燈の側を通り過ぎようと、太陽の下に出て行こうと、決して光を見ることはない。ある日視覚を取り戻せたとしたら、常に光に囲まれていたことを目の当たりにし、ショックを受けるだろう。そうだ、それが起こる日、あなたは自分の周り一面に、それを見て取るだろう。そして、それが起こる時が訪れるまでは、真実の一瞥が得られる所にはどこでも、敬意を表しなさい。それが得られる所からはどこでも、それを得なさい。だが、どうか乞食のようにそれを乞わないように——乞食が真実を獲得することは決してない。真実を乞うてはならない。そうでなければ商売人が、ひと儲けしようという勘定で誘ってくるかもしれない。そうなると、霊《スピリチュアル》的な搾取が始まる。

常に、あなた自身の準備をしつつ、自分の道を進みなさい。あなた自身の準備をしつつ、どこであれ、それが見つかったなら受け入れなさい。あなたの感謝を捧げ、向かい続けなさい。そうして完全に獲得した瞬間には、誰それからそれを得たのだとは、言えないだろう。その瞬間には、「なんという奇跡を、存在は与えてくれたのだろう。私が関わりを持った人は誰であれ、存在から遣わされていたなんて」と言うだろう。だからこそ、最終的な感謝は存在へと捧げられる。特定の誰かにではない。

シャクティパットの効果がだんだん薄れていくという事実を前にして、疑問が湧いてきたのですが。

そうだ。それは段々と薄れていくだろう。実際、他から得たものは消え去っていくものだ。それはただの一瞥にすぎないし、依存すべきでもない。それは自分の中で、目覚めさせなければならない。そうしてのみ、永続するものとなる。影響というものはすべて、外部からのものだ。それらは外に属している。石を拾って宙に投げたなら、力の入れ方に応じて落ちるだろう。石はそれ自身に何の力もない。だが宙を飛んでいる石にしてみれば、自分には空を切って飛ぶ力があり、誰にも止められないなどと考えるのも無理はない。だが石は、どんな影響によってこのことが起こっているのかを知りはしない。背後の手の力を知らずにいる。それは落ちる。十フィート先でなくとも、二十フィート先で、それは落ちる。実際どんな影響であれ、他からのものというのは常に限られており、消え去るようになっている。

外部からの影響の唯一の利点は、束の間の一瞥の中で、あなたが源泉で見出す可能性のあるものを経験するという点だ。そういうものとしては、役に立つ。ちょうど私が、マッチに火をつけるようなものだ。どれだけ炎が続くだろうか？　さあ、あなたにはふたつのことができる。ひとつめは、闇に留まって私のすったマッチ棒の光に頼ることだ。すぐに光は消え去り、いつもの暗闇になることだろう。ふたつめは、マッチの光のもとで、ドアに向かって駆け出すことだ。あなたはもはや、私のマッチなどに依存していない。あなたは脱け出してしまっている。マッチが燃えていようといまいと、もはやどんな違いもない。その時にはあなたは、太陽の下へと至っている。その時には、何かが永続するものとなり、安定している。

こうした出来事には、ただひとつの使い道しかない。外側からの手助けによって、自分自身のための内なる何かを行なうということだ。だが、こうした出来事を待っていてはいけない。マッチ棒は、何度も何度も燃えては消えるのを繰り返し、条件付けられてしまうからだ。そのうちあなたはマッチ棒に依存し、闇の中でマッチが灯るのを待つようになり、そして灯っている間はいつ消えるか、いつもう一度闇に落ち込むかと、恐れ続けるようになるだろう。そうして悪循環にはまる。それではだめだ。マッチ棒に、しがみついたままではならない。それは光の中で道を見つけ、暗闇からできるだけ速く駆け出せるようにと、灯されるものなのだから。

これが、私たちが他から得られる利点のすべてだ。それは、決して永続する利益にはなり得ない。とは言うものの、それは紛れもなく益であり、無視されるべきではない。これだけのものを、誰かから得られるということ自体、驚くべきことだ。もし先方が賢明で理解している人なら、決して留まれとは言わないだろう。「マッチは灯された。さあ走りなさい —— すぐにもマッチは燃え尽きるぞ」と言うだろう。だが、もし媒体があなたに対して、自分以外にマッチを灯す者はない、その場に留まりなさいと言い、彼によって得度し、彼に忠実であるなら教団に入るべきだと言うならば、この関係性は残ってしまうだろう。あなたへの権利を主張し、どこへ行くにも、誰の話を聞くのも禁じたりしようものなら、実に危険なことになる。

そのような人物は、マッチにいっさい火など灯さない方が、ずっと良かっただろう。なにしろとてつもない害を及ぼしたからだ。闇の中から、あなたはいつかは、闇の中から自分の道を探し出し、光へと至っていただろう。ところがあなたは、彼のマッチ棒にしがみつくことで、自らを困難に陥れた。今あなたは、どこへ向かっているのかね？　そうだ、ひとつ確実なことがある。この男は、このマッチをどこからか盗んできたのだ。それは彼の物ではない。でなければ、使い道を知っていたはずだ。それは、人が闇から抜け出すのを助けるためのものであり、誰かを引き止めたり、成長を停滞させるためではないことを、知っていたはずだ。

だから、彼が扱っているマッチは盗んできた物だ。さあ彼は、マッチから一瞥を得た者はみんな彼のもとに留まり、彼に尽くさなければならないと、これこそが最終目的地だと言って回る。始めは闇が道を妨げていたが、今やそれはグルだ。そうなると闇の方が、要求してくるグルよりもまだましだ。それは手を伸ばしてあなたを止めることはない。闇の妨害は受動的な、静かなものだ。だが、グルの妨害は能動的だ。彼はあなたを手で掴まえ、「これは裏切り行為だ。不実だ」と言っては、あなたの道を阻むだろう。

つい先日ひとりの少女が来て、グルが私に会いに来るのに反対していると言った。そのグルは、「まさに、夫と妻が他の誰にでもなくお互いに属しているように、弟子がグルを見放すならば、大きな罪になる」と言った。彼は正しい――だが、彼が手にしているのは盗んだマッチ棒だ。マッチを盗むことぐらいは、何の苦もない。経典の中にごまんとあるのだから。

盗まれたマッチでも燃えるのですか？

ことはこういうことだ。光を見たことのない者は、光を見せるために燃やされた物について、説いて聞かせることはできない。実物の光を見て初めて、何が何であったかを知るだろう。火が灯っていたものについて、知るだけでなく何かが本当に光っていたのか、それとも光っていると想像させられていただけなのかをも、知ることだろう。

光が見えた瞬間に、グルたちの九十九パーセントまでが闇の友であり、光の敵であることが証明されるだろう。そうなるまでは、彼らがどれほど危険な敵であり、闇の手先であるのか人々にはわからない。

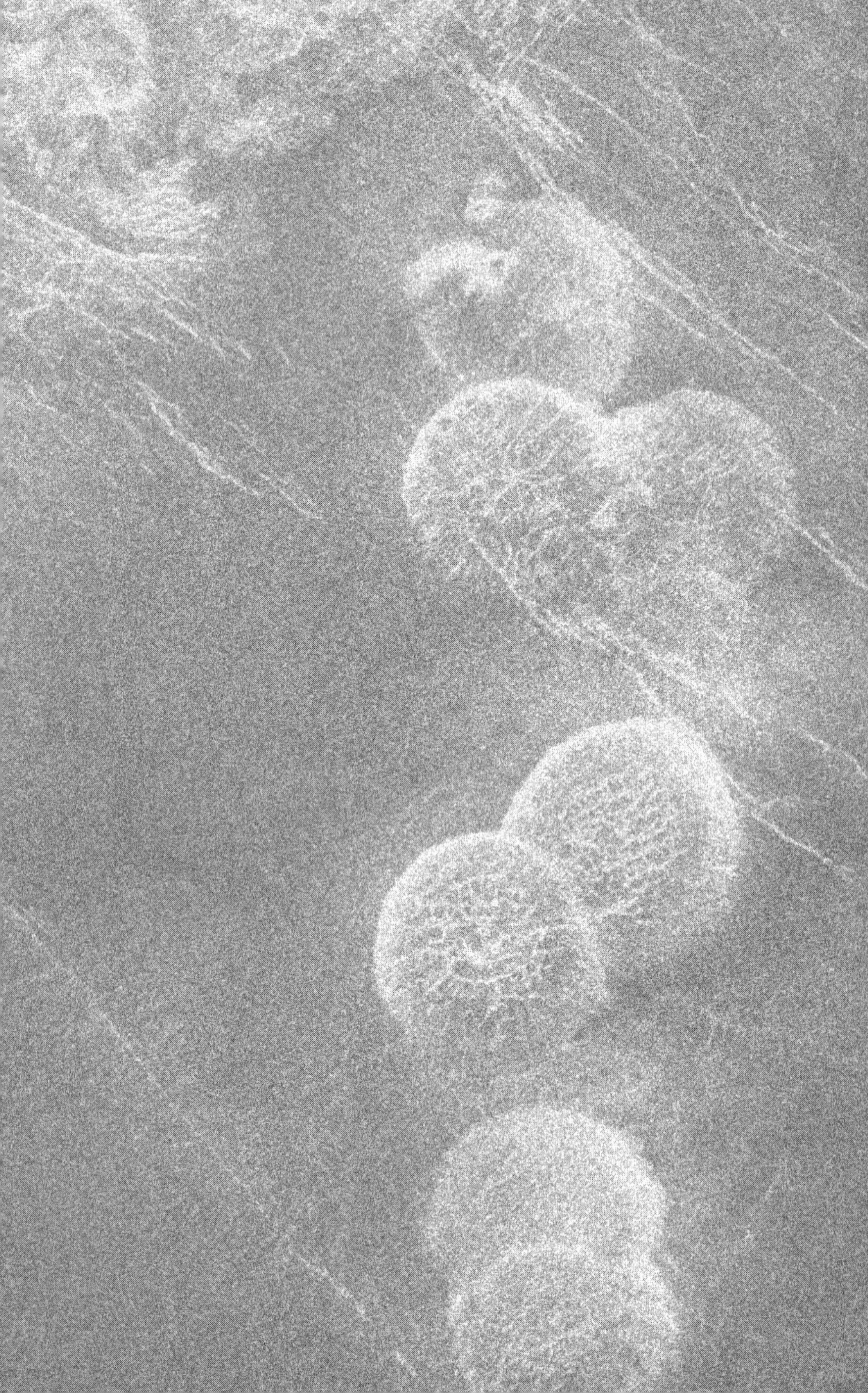

THE MYSTERIES OF
THE SEVEN BODIES
AND SEVEN CHAKRAS

第四章

七つの身体と七つのチャクラの神秘

昨日のお話で、探求者はまず自分自身の受容能力を気にするべきであり、ドアからドアへと乞うて歩いてはならないと仰いました。しかしながら、探求者《サダク》はまさに霊《スピリチュアル》的な成長の途上に障害を持つ者という意味になります。どのようにして受容的になるのか知らないのです。正しいガイドに出会うのは、それほど難しいのでしょうか？

探求することと尋ねることとは、ふたつの違った事柄だ。実際、探求したくない者だけが尋ねる。探求と尋ねることとは、同じひとつのものではない。むしろそれは相反している。探求を避けたい者が尋ねる。探求の経過と乞い求める経過とは、非常に異なっている。尋ねる時、注意は他人——与える者に集中し、探求における注意は自己——受け取る者へと向かう。霊的な成長の過程に障害があるとは、探求者自身の中に障害があるということだ。道もまた内側にあるのだから、自分自身の障害物を理解するのは、それほど難しくはない。どのようなものが障害となり、どうすればとり除けるのか、詳しく説明しておいた方がいいだろう。昨日語った七つの身体についてだが、ずっと細部に至るまで話していこう。そうすれば、あなたにもそれがはっきりするだろう。

身体が七つあるように、チャクラ(エネルギー中枢)も七つある。各チャクラにはそれぞれ対応する身体があり、ある特殊なかたちで繋がっている。肉体のチャクラはムラダーラだ。これが第一のチャクラで、肉体と不可分の繋がりがある。このムラダーラ・チャクラには、ふたつの機能がある。ひとつは生まれつき備わっている先天的なもので、もうひとつは、瞑想によって獲得できるものだ。

このチャクラに、先天的に備わっている基本的な機能は、肉体の性衝動だ。探求者の心《マインド》にまっさきに浮かんでくる問題は、この中心となる機能へどう対処するかだ。さて、このチャクラには、もうひとつ別の機能が眠っている。それは瞑想によって達成されるブラフマチャリア(性超越)だ。セックスは先天的な機能だが、それが変容されるとブラフマチャリアとなる。マインドが性的欲望にのめりこみ、それに引きつけられれば引きつけられるほど、ブラフマチャリアという第一チャクラの究極の可能性が実現困難になる。

つまり、自然が与えてくれた条件を二通りに使い得るということだ。自然のままに生きていくか……だが、それでは霊的成長は始まらない……あるいは、その状態を変容するかだ。変容の道を歩む時に、ひとつだけ気をつける必要がある。それは、生まれつき備わった中枢機能と闘い始める危険性だ。探求者が道を歩むうえで、本当に危ぶむべきことは何だろう。まず最初の障害は、瞑想者が自然の命ずるままだけでいると、肉体の究極的可能性は開花させられず、スタート地点で止まってしまうということだ。一方で欲求が起こると他方で抑圧も起こり、瞑想者は性衝動と闘い始める。抑圧は、瞑想者の行く手を阻む障害のひとつだ。これが第一チャクラについての障害だ。抑圧していたら、変容は決して起こらない。

では抑圧が障害だとしたら、どうしたらいいのだろう。「理解」がその問題を解決してくれる。セックスを理解しはじめると、内側で変容が起こるが、それには理由がある。肉体の諸器官はすべて盲目で無意識だ。もし、私たちがそれを意識するようになったら、変容が始まる。その錬金術は気づきだ。気づきがそれらを変える。それらを変容させる錬金術なのだ。すべての感覚と知力を用い、自分の性的欲望を意識するようになれば、セックスに代わってブラフマチャリアが内側に生まれる。第一身体でブラフマチャリアとならないかぎり、他の中枢の潜在的機能に働きかけることは困難だ。

第二身体は、すでに述べたように感情体、つまりエーテル体だ。第二身体は第二のチャクラ、スワディスターナ・チャクラと繋がっている。このチャクラにも二つの機能がある。元来備わっている機能は、恐怖、憎しみ、怒り、攻撃性だ。これらは、すべてスワディスターナ・チャクラに先天的に備わる機能から生じる。第二身体で止まっていたら、それらが変容したまったく正反対の状態――すなわち愛、慈悲、勇気、優しさが生まれることはない。第二のチャクラにおいて、瞑想者の行く手を妨げるものは、憎しみ、怒り、攻撃性だ。それらをいかに変容させるかが問題となる。

だが、ここでも同じような間違いが犯される。怒りを発散させる者もいれば、怒りを抑圧する者もいる。ひどく怯えている者もいれば、恐れを隠して強がってみせる者もいる。だがどちらにせよ、変容は起こらない。恐れがあるのなら、あると認めなければならない。隠したり抑圧しても無駄だ。内側に暴力的なところがあるのに、非暴力主義を隠れみのにして、抑圧しようとしても無駄だ。声高に非暴力というスローガンを叫んでも、内側にひそむ攻撃性は一向に変わらず、狂暴なままだ。これが第二身体の、与えられたままの自然な状態だ。だが、ちょうどセックスに意味があるのと同じように、それ特有の有用性がある。セックスなしでは、新たな肉体は生まれてこない。ひとつの肉体が朽ち果てる前に、自然はもうひとつ別の肉体を用意する。

恐れ、攻撃性、怒りなどは、すべて第二の段階に必要不可欠だ。もしなかったら、生きていくことはできない。身を守ることもできない。恐れがあるおかげで身を守ることができ、怒りのおかげで敵と闘うことができ、攻撃性のおかげで他者の暴力から身を守れる。これらはすべて第二身体の特性であり、生きていくうえで欠かせないものだ。ところが、たいていの人はそこで止まってしまい、一歩たりとも先へは進まない。もし恐れの性質を理解したら、勇気が生まれる。もし暴力の性質を理解したら、非暴力的になる。同じように、怒りを理解すると寛容性が高まってくる。

実のところ、怒りと寛容性はコインの表と裏のようなものだ。二つは互いの裏側に隠れているが、このコインはひっくり返さなくてはならない。コインの表がすっかりわかったら、当然裏がどうなっているのか知りたくなる。そこでコインが裏返しにされる。もしコインを隠して、自分には恐れや攻撃的なところなどない、というふりをしたら、勇気や非暴力性は決して知り得ない。自分の内側に恐れの存在を認め、徹底的に追求すれば、やがて恐れの背後に何があるのか見てみたくなるだろう。この好奇心が、コインの裏側を見る勇気を与えてくれるのだ。

コインを裏返した瞬間、恐れは消える。同様に、攻撃性は慈悲に変わる。これが第二身体の潜在的機能だ。このように瞑想者は、先天的な諸特性を変容させなくてはならない。だからといって、他人に尋ねてまわる必要はない。ひたすら自分自身の内側に入り、探求し、問い続けなさい。怒りや恐れが問題だということは誰でもわかっている。臆病者には真理を求めることなどできない。臆病者は真理をねだりにいくだけだ。自ら未踏の地へ入っていく手間を省き、人から授けてもらうつもりなのだ。

三つめは、アストラル体だ。これにも二つの側面があるが、基本的に第三身体は、疑いと思考を中心に置いている。もし、それが変容したら疑いは信頼となり、思考はヴィヴェーク（覚醒）となる。疑いは追いやって、言われたことを信じなさいという忠告を受けるが、もし疑いを隠したら絶対にシュラッダー（信）は生まれない。自分の疑いをおおい隠す者には、絶対に

〈信〉は生まれない。なぜなら、おおい隠しても疑いは内側にそのまま残っているからだ。そして癌のように忍び寄り、あなたの生命力を喰い尽くしてしまう。信仰が植えつけられるのも、懐疑が起こらないようにするためだ。私たちは、疑いとはどんなものなのかを見極めなくてはならない。疑うこと、疑い続けることが必要だ。そうすれば、いつの日か疑いそのものを疑いだす地点に辿り着くだろう。疑いそのものを疑いだした瞬間に〈信〉が起こる。

思考活動をしなければ、明晰な識別力は得られない。考えない者や、考えないように人に勧める者がいる。「考えてはならない。頭のなかをからっぽにしなさい」と言う。考えない者は、無知と盲信に陥る。これは明晰とは言えない。また、最高に精妙な思考活動を経た後でなければ、識別力は手に入らない。ヴィヴェーク（識別）とは、どういうものだろう。疑いは、常に思考を内在している。思考はいつも優柔不断だ。あれこれと考えすぎる人が、いつまでたっても決断に至らないのは、そのためだ。回り続ける思考の輪から飛び出さなくては、決断は下せない。決断力は、思考を超越した明晰な状態から生まれる。

思考は、決断力とは何の関係もない。考え込んでばかりいる人は、いつまでたっても決断がつかない。いろいろと考える人たちが決断力に欠けるのとは対照的に、あまりあれこれ考えずに生きている人たちに、例外なく決断力があるのもそのためだ。だが、どちらのタイプにも危険なところがある。考えない者は、一度決めたことはどんなことであれ断行する。が、それは単に思考活動を行なっていないので、疑いが入り込む余地がないからにすぎない。

教条主義者や狂信的な人間は、どこの国でも、非常に活動的でエネルギッシュだ。彼らには、そもそも疑いなど問題にならない――何も考えないのだから。この種の人間は、千人の人を殺せば天国をつかめると思ったら、本当に千人殺し終えるまで手を休めない。立ち止まって、自分の行為を振り返ってみることなど決してない。だから、彼らが優柔不断になることはあり得ない。それに対して、あれこれと考える人は、決断がつかずに延々と考え続ける。

考えないように扉を閉じてしまったら、盲信しか残らない。これは危険極まりなく、瞑想者の行く手をはばむ大きな障害物となる。必要なのは油断なき識別力と、明瞭でゆるぎのない思考だ。それがあれば、決断を下せるようになる。これがヴィヴェークの意味だ。つまり、思考能力が完全に発揮されている状態だ。思考を限りなくつきつめた結果、疑いという疑いが一掃された状態だ。あとには決断だけが純化されて残る。

第三身体と繋がりのあるチャクラは、マニピュラだ。マニピュラには、疑いと信頼の二つの顔がある。疑いが変容されると信頼が生じる。だが、信頼は疑いに対立も矛盾もしないことを、肝に銘じておきなさい。信頼とは、疑いがいきつくところまで進み、染みひとつなく純粋になったものだ。すなわち、究極の疑いだ。その時、疑いすら落ちていく。なぜなら、疑いが疑い自身を疑いだすことで、自らを葬り去っていくからだ。ここで〈信〉が生まれる。

第四の次元はメンタル体、超常的《サイケ》だ。そして第四のチャクラ、アナハタは第四身体と繋がっている。この次元の先天的な特性は、想像と夢見だ。マインドが絶えず行なっていることがこれだ。想像と夢見、夜は夢を見て、昼は白昼夢を見ている。想像力が完全に発達すると、すなわち極限まで発達し完璧なものになると、決断力、意志力となる。夢見が完全に発達すると、ヴィジョンに、超常的なヴィジョンに変身する。夢見の能力が完全に花開いた人は、目を閉じただけで様々なものが見える。壁の透視も可能だ。始めは壁の向こう側の様子を思い描くだけだが、そのうち本当に向こう側が見えるようになる。始めは当てずっぽうに、人の心の中を読むことしかできないが、変容が起こると、実際に人の心が見えるようになる。ヴィジョンとは要するに、通常の知覚器官を使うことなく、物事を見たり聞いたりすることをいう。ヴィジョンが発達すると、時間と空間の制約を受けないようになる。

夢の中で、遠くまで移動することがある。ボンベイにいながらカルカッタに行くこともある。ヴィジョンの中でも遠隔地へ移動できるが、そこには違いがある。夢の中では移動したと想像しているだけだ。だが、ヴィジョンでは実際に移動が起こる。第四のサイキック体は、現実にその場へ行くことができる。このような第四身体のはかりしれない潜在的能力に無知なため、今では古代人が夢に対して抱いていた考えを、顧みる者もいなくなった。古代では経験から、夢の中では人間からある種の身体が抜け出し、旅に出るということが知られていた。

スウェーデンボルグという人がいた。夢想家として知られていた。彼はよく天国と地獄の話をした。天国や地獄は、夢の中にしか存在しないのだが。ところがある日の午後、昼寝をしている彼が「大変だ、大変だ、私の家が火事だ」と叫びだした。みんな走ってやってきた。しかし、火の気はまったくなかった。人々は彼を起こし、夢を見ただけだ、火事じゃないと言い聞かせた。だが彼は、あくまでも自分の家が火事になっていると言い張った。三百マイル離れたところにあった彼の家は、その時本当に火事になっていた。二、三日後に火事の知らせが届いた。家は跡形もなくなっていたが、火事になったのは、まさに彼が寝ながら叫んだ時だった。これは、もはや夢ではなくヴィジョンだ。もはや三百マイルという距離もそこにはなかった。彼は三百マイル離れた場所の出来事を目撃していたのだ。

今日では科学者たちも、この第四身体のはかりしれない霊的能力の存在を認めている。宇宙旅行の時代になり、こういった研究が一段と重要になってきている。いかに信頼性の高い機器を使おうとも、絶対的な安全が保証されるわけではない。万一宇宙船の無線が作動しなくなったら、宇宙飛行士は永久に地上との連絡が断たれてしまう。どこにいるのか、何が起こったのか、知らせられなくなってしまう。それで今日、科学者たちは、こういった危険性を回避しようと、本腰を入れてサイキック体にあるテレパシーやヴィジョンの能力の開発に取り組んでいる。第四身体が少し開発されれば、宇宙飛行士もテレパシーを用いて直接連絡がとれるようになるだろう。そうすれば宇宙旅行も安全なものになる。現在、さまざまな研究がこの分野で進められている。

三十年前、ある男が北極へ探検に出かけた。無線通信の装備は万全だった。これまで公表されていなかったことだが、さらにもうひとつの手はずも整えられていた。第四身体の特殊能力を身につけている霊能者も、その探検隊から送られてくる連絡を受けとることになっていたのだ。なにより驚いたことに、悪天候で無線が通じなかった時でも、その霊能者は、難なく連絡を受け取っていた。あとで、その時の日記と照らし合わせてみると、霊能者が受信していた情報は八十〜九十五パーセント正確だったのに対して、無線によるものは何度も通信が途絶えたため、七十二パーセントしか伝わっていなかったことが判明した。今日、ソ連とアメリカの両国が、テレパシーや透視能力、思考造影、読心術などの研究をとても熱心に行なっている。そういったものは、すべて第四身体の潜在的能力だ。夢を見ることは生まれながらに持つ特質だが、真実を見ることや物事の実相を見ることは、その究極の潜在能力だ。アナハタが、この第四身体のチャクラだ。

第五のチャクラは、ヴィシュッダ・チャクラで、それは喉のところにある。第五身体はスピリチュアル体だ。ヴィシュッダ・チャクラは第五身体と繋がっている。最初の四つの身体とチャクラには、二つの側面があった。が、この二元性は第五身体で終わる。

以前言ったように、男性と女性の違いがあるのは第四身体までで、それ以降はなくなる。注意深く観察すると、二元性というものは、すべて男女の違いに起因していることがわかる。男女の相違が消える地点こそ、すべての二元性が消滅するところにほかならない。第五身体は非二元的だ。そこには、ふたつではなく唯ひとつの潜在能力しかない。

そこでは、瞑想者にさしたる努力がいらない。成長を妨げるものは何ひとつなく、ただ入っていくだけでいいからだ。第四身体に到達する頃には、大きな力とエネルギーが生じているので、労せずとも第五身体へ入っていけるのだ。では、第五身体へ入った人とそうでない人との違いは、どこにあるのだろう。違いは、第五身体に入ると、無意識的なところがすべて完全になくなるということにある。夜も実質上は眠らなくなる。つまり睡眠を取るには取るが、眠っているのは肉体だけになる。内側で誰かが常に目覚めている。寝返りをうつ時も自覚しているし、うたない時も自覚している。毛布をかけている時も、かけていない時も、そのことを自覚している。睡眠中でも、彼の覚醒が揺らぐことはない。二十四時間絶えず目覚めている。いまだ第五身体へ入っていない者は、これとちょうど正反対の状態にある。眠っている時は完全に眠っているし、起きている時でも、あるひとつの層では眠りこけている。

人々は、表面的には活動しているように見える。毎晩帰宅する時、車を左折させて門をくぐり、玄関の前で止める。だが、それをすべて意識的に行なっているなどと錯覚してはならない。意識とは無関係に、単なる習慣の力で起こっているものだ。私たちが本当に意識的な状態になるのは、ある特定の瞬間、非常に危険な瞬間だけだ。醒めていなければ命取りになるほど、危ない状況の時だけ覚醒する。たとえば、あなたがナイフを胸につき立てられたとしよう。するとあなたは突如意識的な状態になる。ナイフの刃によって、少しの間だけ第五身体まで引き上げられるのだ。そのようなわずかな瞬間を除くと、私たちはまるで夢遊病者のように生活している。

夫の顔を正確に見たことのある妻も、妻の顔を正確に見たことのある夫もいない。夫が妻の顔を思い浮かべようとしても、できないだろう。輪郭もはっきりしなくなり始め、それが本当に三十年来つき合わせていた顔なのかどうか、あやふやになる。あなたたちは、これまで決して見たことはない。なぜなら見るためには、内側に目覚めた者がいなくてはならないからだ。

「目を覚ましている」人は見ているように思えるが、実際はそうではない——なぜなら、彼は内側では眠って夢を見ているからだ。そして、あらゆることがこの夢見の状態で起こっている。人々は怒った後で、「どうして腹を立てたのか自分にもわからない。腹は立てまいと思っていたのに」と言う。「ごめん。あんなにひどいことを言うつもりはなかったのに、つい口が滑ってしまったんだ」と言う。自ら下品なことを言っておきながら、そんなことを言うつもりはなかったと否定する。犯罪者は必ずこう言う。「殺す気はなかった。思いもよらないことをしてしまった」。これは、私たちが自動機械のように生活している何よりの証拠だ。私たちは、言いたくもないことを言ったり、したくもないことをしてしまう。

夕方、朝四時に起きようと決心する。ところが実際四時になり、目覚ましが鳴ると、こんなに早起きする必要なんかないんだと言ってまた横になる。いざ六時に起きてみると、寝すぎたことをひどく後悔する。そして今度こそと、昨日と同じ誓いをたてる。夜、あることを注意しておきながら、翌朝決意しなおすというのは、実におかしなことだ。朝四時に決めたことを、六時にならないうちに取り下げ、六時に決めたことも、日が落ちる前に変更する。その間にも、千回も気が変わる。このような決意や考えは、眠っている状態の時にやって来る。それは夢のようなものだ。泡のように浮かんでは消える。背後に目覚めている人がいないのだ。油断なく意識しているものがいないのだ。

睡眠状態は、スピリチュアル体より低い次元に固有の特性だ。人間は、第五身体へ入るまで夢遊病者なのだ。そして、第五身体の特徴は「目覚め」だ。そのため第四身体ができあがった者は、ブッダ、目覚めたる者と呼ばれる。もう、そのような人は眠っていない。ブッダとは、ゴータマ・シッダルタの名前ではなく、彼の第五の次元への到達にちなんでつけられた呼び名だ。ゴータマ・ザ・ブッダとは、目覚めたる者ゴータマ、という意味だ。彼はゴータマとも呼ばれ続けたが、それは眠っていた時の名前だったので、次第に使われなくなり、「ブッダ」だけが残った。

この違いは第五身体へ到着したことから生まれる。そこへ入っていないうちは、何をするにしてもすべて無意識の行為なので、信頼できない。「一生涯、妻との愛を大切に育んでいきます」と誓いを立てた男が、次の瞬間にその妻を締め殺すことも充分考えられる。鴛鴦《おしどり》の契りも長くは続かない。このような哀れな男に罪はない。眠っている時の約束など、何になるというのだろう。夢のなかで「生涯、君と一緒だ」と約束したところで、そんな約束に何の意味があろう。朝になれば、夢にすぎなかったと忘れてしまう。

眠っている者は信頼に値しない。この世は完全に眠っている人々の世界だ。それゆえ、あんなに多くの混乱が、衝突が、争いが、混沌が生じているのだ。すべては眠っている人たちが作り出している。もうひとつ、眠っている人間と目覚めた人間との間には、忘れてはならない重要な相違点がある。眠っている人は、自分が誰なのか知らない。そこで絶えず、自分はこれだあれだと見せかけようとあがいている。生涯そういう努力をし続ける。幾度も手を変え品を変え、自己を確立しようとする。政界の階段を駆け登り、「私はこれこれこういう者だ」と表明する場合もあれば、家を建て自分の富を誇示したり、山を踏破して自分の力を誇示する場合もある。あらゆる手を尽くして自分を認めさせようとする。けれども、こういったものはすべて、本人も知らず知らずのうちにだが、自分で自分の正体を見つけ出そうという努力にほかならない。自分が誰なのか知らないのだ。

第四の次元を通過するまで、その答えは見つからない。第五身体がスピリチュアル体と名づけられているのも、その時「私とは誰か？」という問いの答えが手に入るからだ。この次元になると、もう二度と「私」と言わなくなる。自己顕示欲はただちに消える。そのような人に「あなたは、これこれの人間だ」と言っても、笑われるだけだろう。もう、自分から何かをひけらかすようなことはしなくなる。なぜなら、もう自分がわかっているからだ。もう自己主張など必要はない。自分の正体はもう、現前たる事実だ。

個人的な葛藤や問題は、第五の次元で終止符を打つ。だが、この次元にも、この次元特有の障害がある。あなたは自分自身を知るに至った。だが、その自己知というものがあまりに至福に満ち、充実しているため、そこで旅を終わりにしようとしてしまう。今まではみな、痛みや苦しみが障害となった。だがこれからは、至福が障害となる。第五の次元は喜びに満ちているため、そこに別れを告げ、先に進もうという気持ちにならなくなるのだ。だからこの次元へ入った者は、至福へ執着しないよう、充分気をつけなくてはならない。至福が前途をふさいでしまわないように。ここでは、喜びがこの上ないものとなり、まばゆいばかりの光彩を放っている。しかも、たとえようのないほどの深みがある。自己知を得ると、その人の内側には途方もない変容が起こる。だが、それがすべてではない。なおも、さらなる行程が残されている。
事実、悲嘆や苦悩は、喜びほど私たちの道を阻まない。至福は大きな障害となる。世間の群衆や混乱から抜け出すのも非常に難しいが、寺院の甘美なヴィーナの調べから遠のくのは千倍も難しい。だから多くの瞑想者は、アートマ・ギャン――自己知――で立ち止まり、ブラフマ・ギャン、つまりブラフマン――宇宙の真理――の体験へと進むことがない。

この至福に注意しなさい。ここで、努力を至福の中で水の泡にしてしまってはならない。人々は至福に引きずり込まれ、溺れ、どっぷりとつかりきってしまう。至福の中に浸ってはならない。これもまた体験なのだと、理解しておくことだ。幸福はひとつの体験であり、惨めさもひとつの体験だったように、至福もまた、ひとつの体験だ。その外側に立って観照者でありなさい。そこに体験があるかぎり障害がある。究極の目的には至らない。最終的な段階では、あらゆる体験もおしまいとなる。喜びや悲しみがなくなっていったように、至福もまた終わりとなる。しかし私たちの言語は、この地点を越えられない。このため神はサット・チット・アナンダ――真実、意識、至福と表現されてきた。これは究極の自己を表現した形ではないが、これが言葉で表現し得る限界だ。至福とは、人間が有する究極の表現だ。実のところ、言葉では第五の次元を越えられない。しかし第五の次元について「そこには至福がある。そこには完全なる目覚め、自己の認知がある」と言うことはできる。これが言葉で表現し得る精一杯だ。

だから、第五の次元に立ち止まってしまった人々には、いかなる神秘も存在しない。彼らの話は実に科学的に聞こえる。というのも、神秘の領域は、この次元を越えたところにあるからだ。第五の次元までは、物事は非常に明白だ。私は確信しているが、遅かれ早かれ科学は、第五身体にまで至っている宗教に取り込むだろう。なぜなら、科学はアートマンまで到達する可能性があるからだ。

探求者がこの道を歩み始める時、その探求はほとんど至福のためであり、真実のためではない。苦悩や不安に打ちひしがれ、人は至福の探求へと旅立つ。至福を探求する者は、必ず第五の次元で立ち止まる。私が、至福でなく真実を探し求めなさい、とあなたがたに言わねばならない理由はそこにある。そうすれば、そこに長く留まることはないだろう。

そうなると疑問が生じてくる。「アナンダ（至福）に包まれている、これはこれで、この上なくいいものだ。私は自分自身を知っている。これもまた申し分ない。だが、そこには葉や花しかない。根はどこにあるのだろう？　私は自分自身を知っているし、至福にも満ちている——それはそれでいい。が、私はどこから芽生えたのだろう？　私の根《ルーツ》はどこにあるのだろうか？　私はどこから来たのか？　この実在の深みはどこにあるのか？　私という波は、どの大海から生まれたのだろう？」

探求が真実へと向かえば、第五身体の先へと進んで行ける。だからまさに最初から、探求は至福ではなく、真実に向かわねばならない。さもなければその旅は、第五の次元まではたやすくとも、そこで立ち止まることだろう。探求が真実へのものならば、立ち止まることはない。

第五の次元での最大の障害は、比類なき喜びの体験だ。それは私たちが苦痛、苦悩、憂い、そして緊張でしかない世界からやって来るため、より一層のものとなる。この至福の寺院にたどり着くと、歓喜と共に踊り、至福の中に溺れ消え去りたいという、抵抗しがたい欲求が生まれる。だが消え去るべき場所はここではない。そういう場所へは至るだろう。そしてそこに着けば、あなたが自分を失う必要はない。あなたはただ、かき消される。自分を失うことと、かき消されることとは雲泥の差だ。言い方を変えれば、どうあがこうとも、自分を守れない地点へと到達する。あなたは自分が消え去っていくのを見つめているだけだ。救出する術もない。それでも、ここ第五身体においても、自分を失うことは可能だ。ここではまだ、奮闘や努力が作用している――第五の次元でのエゴは、基本的に死ぬにも関わらず、「私は在る」という感覚が依然として存続している。だから、エゴと「私は在る」という感覚の違いを理解する必要が生じてくる。

エゴ、すなわち「私」という感覚は死ぬ。しかし「在る」という感覚は死んでいない。「私は在る」には、ふたつのことが含まれている。「私」はエゴであり、「在る」はアスミータ――実存の感覚だ。だから第五の次元で「私」は死ぬが、実存つまり「在る」は残り、「私は在る」

という感覚が残る。この次元に立つと、瞑想者はこう宣言する。「永遠なる魂は存在している。だが、個々に違うものであり、各々が他の魂とは異なるものだ」。この次元で瞑想者は、永遠なる魂の存在を体験する。だが依然として「在る」という感覚、存在しているという感覚を持っているため、他者から分離していると感じる。もし真実の探求へと心うばわれていれば、至福という障害をも越えられる。絶え間なき至福には飽きがくる。一本調子のメロディは退屈するものだ。

かつてバートランド・ラッセルが、冗談混じりに言っていた。「私は救いには魅かれない。そこには至福しかないそうだからね。至福だけでは、とても単調だろうね――至福に次ぐ至福、他には何もない。ちょっとした不幸の形跡すら――どんな憂いも緊張もないのなら――そんな至福に、いったいどれだけ耐えられるだろう？」

第五の次元の危険性は、至福の中にうずもれることだ。それを克服するのは困難を極める。時には何生もかかってしまう。最初の四つの段階を超えていくのは、さほど難しくはない。しかし第五の段階は非常に困難だ。至福に退屈し、自己にうんざりし、アートマンに飽き飽きするまで、何度も生まれ直さねばならないだろう。

第五身体までの探求は、苦痛、憎しみ、暴力、そして欲望を取り除くことにある。第五身体から後は、自己を取り除くための探求だ。だからふたつの区分がある――まず何かからの自由、これがひとつ。これは第五の次元で達成される。次は自己からの自由だ。ここからは、まったく新しい世界が始まる。

第六身体はブラフマ・シャリール、すなわち宇宙体《コズミック》であり、第六のチャクラはアジナ・チャクラだ。ここにはどんな二元性もない。第五の次元では至福の体験が強烈になり、第六の次元では、存在や実存を体験する。アスミータ――「私は在る《アイ・アム》」――は、そこでやっと失われる。その中の「私《アイ》」は第五の次元で失われ、「在る《アム》」は第五の次元を超えるや否や消え去る。「在るということ《イズネス》」が感じられる。タタータ、すなわち如性が感じられる。「私」や「在る」といった感覚はどこにもない。残っているのはそのものだけだ。真実や実存、そして意識を認知する。しかしここでの意識は、「私」から自由だ。もはや私の意識ではない。ただ意識だけがあり――もはや私の存在ではなく、ただ存在だけがある。

ブラフマ・シャリールすなわちコズミック体に到達すると、立ち止まってしまう瞑想者もいる。何しろ「私」が存在せず、ブラフマンだけがある時の「アハム・ブラフマスミ」のうちの、「私はブラフマンだ」という状態に達したのだから。さあ、さらに何を求めるというのか？　何を探そうというのか？　探すものは何も残されていない。もはやすべてが成就された。ブラフマンとは、全一《トータル》という意味だ。この地点に立った者は言う。「ブラフマンこそ究極の真実、ブラフマンこそ宇宙の真理だ。これを超えるものなどない」

ここでは、立ち止まってしまう危険性がある。探求者は、実に何百万もの生において、この段階で立ち止まる。それより先には何もないように見えるからだ。ブラフマ・ギャニ――ブラフマンの実現を成就した者――はここではまってしまい、決して先へと進むことがない。ここでは越えゆくものが何もないために、かえって超えることが非常に難しくなる。すべては包含されている。越えるには、次に入っていく空間が必要になるものだ。もしこの部屋を出たいと思えば、出て行く先に何か別の場所があってしかるべきだ。しかしその部屋があまりに広大になり、初めも終わりもなく、永遠で限りがなくなると、行くべき所はどこにもなくなる。となると、どこへ探し求めればいいのかね？ 見出されるべきものは何も残されていない。すべては包含されている。そうなると、旅はこの段階において、数限りなく生まれ変わろうと止まる恐れがある。

ブラフマンは最後の障害物――探求者の最終的な希求における最後の障壁だ。今やそこにあるのは実存だけだ。しかし非実存もまた、成し遂げられねばならない。実存、「在るということ」は知っている。が、さらに非実存も成し遂げられねばならない――それはまだ知られてもいない。だから第七の次元は、ニルヴァーナ・カヤ、すなわち涅槃《ニルヴァーナ》体であり、チャクラはサハスラーラだ。このチャクラについては、何も語りえない。語ることができるのは、せいぜい第六番目までだ——それにしても非常に難しい。大半が誤りとなってしまうだろう。

第五身体までなら、非常に科学的な手法のもとに探求は進められる——すべて説明がつく。第六の次元では、科学が認識できる範囲から次第に遠のいていき、すべてが意味のないように見えてくる。暗示はまだ得られるが、自己の実存が消え去るため最終的に指し示す指は折れ、また、暗示ももはや存在しなくなる。だからブラフマン、究極の実存を理解できるのは、第六身体と第六チャクラからだ。

それゆえブラフマンを探求する者は、両眼の間にあるアジナ・チャクラの地点に瞑想する。このチャクラはコズミック体と繋がっている。このチャクラに完璧に働きかけた人々は、第三の目《サードアイ》が観照する広大無辺の広がりを目の当たりに見ると言い始める。彼らが今、見渡している宇宙的なものや無限なるものは、この第三の目からのものだ。

それでもまだ、もうひとつの旅が残っている——非実存へ、非存在への旅だ。存在は物語の半分にすぎず、それには非存在というものもある。光が存在していれば、もう一方には闇がある。生は一部であり、死も存在している。だから残された非存在、空《くう》についても知る必要がある。なぜなら究極の真理は、存在と非存在の両方を知って初めて理解できるからだ。実存をまるごと理解し、非実存をまるごと理解する。それでこそ、理解は完全となる。存在をまるごと理解し、非存在をまるごと理解し……そして人は全体を知る。そうでない体験は不完全だ。ブラフマ・ギャンには、非実存を知ることができぬゆえの不完全さがある。だからブラフマ・ギャニは、非存在なるものがあることを否定し、幻想と呼ぶ。そんなものは存在しないと言う。「在る」ことこそ真実であり、「非－在」は偽りだと言う。そうしたものがまったく存在していないため、知ろうとする問題も生じない。

ニルヴァーナ・カヤは、シュンニャ・カヤ、すなわち実存から非実存へとジャンプする、空なる境地という意味だ。コズミック体では、何かが依然として未知のままだ。あらざるもの、まったくかき消されてしまうものについても、知っておくべきだ。だからこそ第七の次元が、ある意味では究極の死となる。私が先に話した涅槃《ニルヴァーナ》とは、炎の消滅という意味だ。「私」であったものは消える。「在る」ことは消える。しかし今、すべてのものとひとつになることによって、人は再び実存へと回帰する。今や、「我はブラフマンだ」の状態もまた捨て去らねばならない。最後のジャンプへの準備ができてこそ、人は存在、そして非存在をも知る。

これが七つの身体、七つのチャクラだ。その中には、ありとあらゆる富があるばかりでなく、ありとあらゆる障壁もある。外側に障壁があるのではない。だから外側に探し求めていく理由などいかほどもない。もし誰かに尋ねたり、誰かから理解しようとしても、乞うことはしないように。理解することと乞うことは違う。あなたの探求は、常に続いていなければならない。どんなことであれ、聞いたり、理解したことはすべて、自分の探求となすべきだ。信じてはならない。さもなければ物乞いになるだろう。

あなたが何か尋ね、私が答える。施しを乞いに来たのなら、あなたはそれを自分の鞄に入れ、宝としてしまっておくだろう。だがそれでは、あなたは瞑想者ではなく乞食だ。違う、私が話したことは、あなたの探求となるべきだ。それは、あなたの探求に拍車をかけるようなもの、あなたを刺激し、好奇心をかき立てるようなものであるべきだ。そして新たな発見へと旅立って行くためにも、それはさらなる困難へとあなたを投げ入れ、さらなる不安へと陥れ、新たなる問い、新たなる次元を湧き起こすようなものであるべきだ。新しい方向性を作るべきだ。そうなれば、私から施しを乞うことなく、私の言ったことを理解するようになる。また、もしこれが自分自身への理解を助けるなら、物乞いにはならない。

だから、知り、理解するために前進しなさい。探求のために前進しなさい。あなたはひとりぼっちの探求者ではない。たくさんの人々が共に進んでいる。多くの人々が探求し、成就を遂げてきた。こうした人々に起こったこと、また起こらなかったこと、このすべてを知り、把握し、理解しようと心掛けなさい。しかし理解する一方で、あなた自身への理解を深めていくことも怠らないように。他人を理解することが、自己認識になると考えてはいけない。彼らの体験を信じ込んではならない。彼らを盲信しないこと。そうではなく、すべてを「問い」へと変えることだ。「答え」ではなく、「問い」にするのだ。それによって、あなたの旅は続いていくだろう。するとそれは、物乞いではなく探求となる。

あなたを最終地点まで連れていくのは、あなたの探求だ。自分の内面を深く見ていくにつれ、それぞれのチャクラにふたつの側面を発見していくだろう。すでに話したように、ひとつは天賦のもの、ひとつはあなたが発見すべきものだ。怒りはあなたに与えられたが、寛容さはあなたが見出さねばならない。セックスはあなたに与えられたが、ブラフマチャリアはあなたが培わねばならない。あなたは夢なら見れるが、予見する力を発展させていかねばならない。

相対するものの探求は、第四のチャクラまで続く。第五からは、分けられぬもの、不二なるものへの探求が始まる。第五身体においては、これまでにはなかったものに出会うが、それに向けても探求を続けていくように。至福に達したら、至福を越えたところにあるものを見出そうと心掛けなさい。第六の次元でブラフマンを成就しても、「ブラフマンの向こうには何があるのか」という探求を続けなさい。するといつの日か、第七身体へと足を踏み入れることだろう。そこでは実存と非実存、光と闇、そして生と死が同時に生じている。それこそ究極なるものの成就だ……しかしながら、この段階と通じ合う手段は何もない。

聖典が、第五身体、もしくはせいぜいがんばっても第六身体の段階までで終わるのは、このためだ。完全な科学的気質の人は、第五身体の後のことについては語らない。果てしなき無限の宇宙の真理はそこから始まるのだが、スーフィーのような神秘家は第五身体の先の次元についても語る。その次元を語ることはとても難しい。なぜなら、幾度となく自分に矛盾しなければならないからだ。あるスーフィーが語った文章をすべて読み通せば、あなたはこの人物は気違いだと言うことだろう。彼は時にあることを語り、時に別のことを語る。「神は存在する」と言っては、「神は存在しない」とも言う。「私は神に出会った」と言ったかと思うと、すぐさま「どうして神に出会うことなどできよう？　神は目に見えるような物体ではない！」と言う。こうした神秘家たちは、他の人に尋ねているのか、自分自身に問いかけているのか、どちらなのか戸惑うような質問を持ち出す。

神秘性は第六の次元から始まる。だから神秘性のない宗教は、第五身体で終わっているのだと理解しなさい。しかし、神秘性もまた最終的段階ではない。究極は空——無だ。神秘性で終わっている宗教は、第六身体で終わる。究極は空、究極は虚無主義《ニヒリズム》だ。なぜなら、その後はもう語られるべきものは何もないからだ。

アドヴァイタ、すなわち不二なるものへの探求は、第五身体で始まる。相反するものの探求はすべて、第四身体で終わる。私たちの内側にはあらゆる障壁があるが、それは有用だ。なぜならこれらの障害物こそ、変容され、あなたが先へ進む足掛かりとなるからだ。

岩が道に転がっている。あなたが理解しないかぎり、障害物でしかない。あなたが理解した日、それはあなたの梯子となる。岩が道に転がっている。理解しないうちは、「私の行く手に岩があるじゃないか。どうして先に進めるっていうんだ?」と叫んでいた。しかし理解すれば、あなたは岩をよじ登り、先へと進むだろう。そして、こう言って岩に感謝するだろう。「あなたは私をたいへん祝福してくれました。なぜなら登り終えた後、自分がより高い次元にいることがわかったからです。今では、さらなる高みへと進んでいます。あなたはひとつの足掛かりだったのに、私は障壁だと思っていたのです」と。道はこの大石で塞がれていた。どうなることだろう? それを乗り越え、理解しなさい。そうして怒りを克服しなさい。それを乗り越え、次のレベルへと、寛容さへと至りなさい。セックスを乗り越え、まったく異なる次元にあるブラフマチャリアを達成しなさい。すると、セックスと怒りが踏み石となってくれたことへの感謝が、湧き起こるだろう。

道にある岩はみな、障壁であるだけでなく、媒体《ミディアム》にもなり得る。ひとえに、対し方次第だ。ひとつ確かなことがある —— 岩と闘ってはならない。そうすれば、ただ頭を傷つけるだけで、岩は助けにもならない。岩と闘えば、道の邪魔ものでしかなくなる。闘えば、必ず立ち止まってしまうものだ。しかも、闘う相手や対象の近くで止まらねばならない。離れた場所から闘うなど無理な話だ。だからセックスと闘う者は、ちょうどセックスに耽溺している者と同じように、それに巻き込まれざるを得ない。事実、彼はセックスへと何倍も近づいていく。セックスに耽溺する者は、いつかそれから抜け出し超越できるが、闘う者は抜け出すことはできない。彼はその回りをぐるぐると巡り続ける。

怒りと闘えば、あなたそのものが怒りになる。全人格が怒りに満ち、その身体は各細胞繊維に至るまで怒りに震え、そこら中に怒りを発散するだろう。非常に怒りっぽいドゥルワサなどといった聖者や修行僧についての読み親しまれてきた話は、彼らが怒りと闘ったがため、悪態をつくしか考えられなくなったことから生まれた話だ。そういう人の人格は火のようになる。こうした人々は岩と闘ってきて、もう手のほどこしようがなくなっている。苦闘したそれそのものになってしまったのだ。

その他の見者たちについて、天上からこよなく美しい女性が降りてきて、一瞬のうちに彼らを堕落させたという話を読むことがあるだろう。奇妙だ！　これは男性がセックスと闘っている場合にしかありえない。さもなければ不可能だ。彼は闘いに闘って、自らを弱らせてしまった。そしてセックスは、本来の場所にしっかりと腰を降ろし、彼を打ちのめさんと、ただ待ちかまえている。このセックスは、今やあらゆる場所から噴出しうる。アプサラ（天女）が実際に天上から降りてくるという可能性は、ほとんどない――そういう女性が、見者《リシ》や賢者《ムニ》に対していやがらせをすることなど請け負うだろうか？　セックスがぐっと抑圧されていると、普通の女性でも天界の存在となる。マインドは夜には夢を、昼間には思考を投影し、こうした考えで完全にいっぱいになっていく。するとまったく魅力的でないものが魅惑的になってしまう。

だから探求者は、闘おうとする傾向に気をつけていなければならない。最善を尽くして理解を試みるべきだ。理解の試みとは、自然が自分に与えてくれたものを理解することだ。自分に与えられたものを通して、まだ成就していないものを成就できる。ここが出発点だ。この一番の初めから逃げ出しておいて、ゴールに至るのは不可能だ。セックスを恐れて逃げたら、どうやってブラフマチャリアに到達できよう？　セックスは自然が与えてくれたきっかけであり、ブラフマチャリアは、まさにこのきっかけを通して着手すべき探求だ。もしこの視点から見るなら、あなたはどこにも乞い求める必要はない――理解こそが必要だ。存在のすべては、理解のためにそこにある。あらゆる人から学び、あらゆる人に耳を傾け、最終的には内なる自己を理解することだ。

七つの身体について光を当てて下さいましたが、古代または現代におけるニルヴァーナ体、コズミック体、そしてスピリチュアル体にまで至った人たちの名を何人か挙げていただけないでしょうか？

そんなことに気をとられないように。何の足しにもならないし、無意味だ。たとえ話したところで、あなたにそれを確かめる術はない。可能な限り、個々人を比較したり評価したりするのは避けなさい。何にもならないからだ。無意味だ。そのような懸念など、落としてしまうことだ。

第五身体やそれ以降の身体に至った者も、死後再び肉体の形態をとるのでしょうか？

そうだ、その通りだ。死ぬ前に第五、第六身体を得た者は、もっとも高い天の領域に生まれ変わり、神々の次元に生きる。彼らは好きなだけこの領域に留まれるが、ニルヴァーナを得るためには、人間の形に戻ってこなければならない。五番目を得た後は、肉体を持って生まれることはない。だが、他にも体はある。事実、私たちが神霊や神々と呼んでいるものは、獲得されたその体の種類を示している。この種の体は、第五身体に至った後に得られるものだ。第六身体の後では、これらの体でさえ存在しない。そうなった後には、至高なる存在、いわゆるイシュワラと呼ばれる形態を得る。

だが、これらはどれもまだ体だ。どんな類かというのは、二義的なことだ。七番目の後に体はない。五番目から進むにつれて体は七番目の後の、体のない状態に至るまで、どんどん微細なものになっていく。

先だってのお話で、シャクティパットはできるかぎり恩寵に近いものの方が好ましい、とおっしゃいました。その方が格段にいいと。これは、シャクティパットの過程に、段階的な進歩や発展があり得るという意味でしょうか？　言い換えると、シャクティパットに質的な進歩があり得るのでしょうか？

あらゆる可能性がある。様々なことが可能だ。実際、シャクティパットと恩寵との違いは大きい。基本的には恩寵だけが役に立ち、媒体がない方がもっとも純粋だ。不純にするものが、間にいないからだ。ちょうど、私自身の目であなたを直接見た方が、あなたの像がもっとも明らかになるのと同じことだ。眼鏡を掛けると、視界はそれほど純粋ではなくなる。媒体が間に入ったからだ。さて、媒体にも実に様々な種類がある。純粋なものも、純粋でないものも。眼鏡に色がついていることもあれば、透明なものもある。レンズの質自体もいろいろだ。

だから媒体を通して恩寵を得ると、媒体がゆえに純粋さを損ないがちだ。だからもっとも純粋な恩寵は、媒体がない時に直接受けるものだ。そう、たとえば見るということにしても、目を使わずにできたら、より純粋な視界が得られるだろう。目でさえもひとつの媒体であり、何がしかの妨げになる。偏見を持っている人もいれば、近視の人も、何か他に目の問題を抱えている人もいるだろう。これが難しいところだ。視力が弱い人なら、特定の眼鏡という媒体に大変助けられていることがわかるだろう。おそらく睡眠の時よりはっきりした視界を得るだろう。そのようにして、眼鏡はもうひとつの媒体となる。さあ、今媒体はふたつだ。だが二番目の媒体は、一番目の弱さを補っている。

まったく同じように、他者を通す恩寵は、途上で不純物をかき集めつつ人へと至る。もしこうした不純さが探求者の不純さを取り消すような影響があるなら、これらはお互いを補い合う。そうすれば、恩寵にもっとも近いものが起こる。だがこれは、それぞれの例において一つ一つ明確にされねばならない。

だから私は、恩寵は直接の方が好ましいと思う。媒体のことは気にしないように。生きて行くうちに必要とあらば、そのうち一瞥は媒体を通してもやって来る。だが探求者が気にかけたり、心配したりすべきではない。乞い求めたりしないように。なぜなら私が言ったように、与える者は現れるようになっているからだ。媒体が愚鈍なほど、その影響は粗悪なものになる。与える者は、自分が与えていることにも気が付かぬほどであるべきだ。そうすれば、シャクティパットも純粋なものになり得る。だが、それでさえ恩寵ではない。媒体なしに、恩寵を直接受ける必要があなたにはまだある。あなたと神との間に、どんな人も介在すべきではない。神聖なるものとあなたとの間には、誰も入るべきではない。これを常に心に留めておきなさい。これがあなたの切望となり、探求になるべきだ。途上では、多くのことが起こるだろう。だが、どこにも止まるべきではない。それこそ、あなたに求められていることのすべてだ。あなたは違いを感じるだろう。量的なもののみならず、質的な違いもあるはずだ。その原因は、様々だ。

シャクティパットは、第五身体に到達した媒体を通じて可能になる。だが、第六身体にある人を通じるものほど純粋ではない。その人のアスミータ、「在る」ことの感覚がなくなっていないからだ。「私」は死んでいる。だが「在る」がまだ残っており、この「在る」がまだ、自己の喜びを感じている。第六身体にある人は、「在る」もまた消え去り、ブラフマンだけがある。だから、シャクティパットもより純粋なものとなる。それでも、いくらかの幻想が残っている。「存在」することの境地には至ったものの、「非－存在」の境地にはまだ到達していないからだ。「存在」と言っても、大変微細なる覆いにしかすぎぬ、とても脆く、とても透き通ったものだ。しかしながら、それは「存在」している。

だから、第六身体の人を通じたシャクティパットの方が、第五身体の人物を通じるよりも良いということだ。直接の恩寵にかなり近いものだろう。だが近いとはいえ、少しでも距離があれば、隔たりがあることにかわりはない。貴重なことになればなるほど、たとえごくわずかな距離でも、途方もない隔たりになる。そう、恩寵の領域は計り知れぬほど貴重であり、存在のもっとも微細な覆いでさえ障害となるほどだ。

だから七番目の領域に達した人からシャクティパットを受けるのが、もっとも純粋だろう。だがそれにしても、それは恩寵ではない。シャクティパットがもっとも純粋な形で下るのは、第七身体を通してだ――もっとも純度の高いものが。ここでシャクティパットは、究極の状態に至る。媒体に限って言えば、どんな覆いもなく、空《くう》とひとつになっている。だがあなたについて言えば、障害がある。あなたの覆いが究極的な障害となるため、あなたは一生彼を人だと見なすだろう。彼は空なる人だ。彼にはいかなる障害もない。だが、あなたは彼を一個人だと見なすだろう。

さあ、私が第七領域に至ったと考えてみなさい。私には空を得たとわかっても、あなたはどうだね？　あなたは私を人だと思うだろう。そして、人だという観念こそが最終的な覆いとなる。形なきものを通してその出来事が起こった時にしか、この概念はぬぐい去れない。言い方を変えれば、そうなれば、その出来事がどこから、なぜ起こったのかを指し示せなくなる。原因を見つけられなくなれば、この観念は落ちる。その出来事に原因があってはならない。日が射していれば、あなたは太陽を人だと思うだろう。だがどこからともなく日が射し、雨がどんな雲もなく降る時、人格化によってつくられた最後の覆いが落ちる。

あなたが進み続けていくにつれ、距離はどんどんわずかなものになって行く。そして最終的な恩寵の出来事は、誰も間に挟むことなく起こる。そもそも誰かが間にいると思うだけでも、充分な障壁となる。そこに二人の人間が存在するかぎり、様々な障害が起こる。他人がもはやいない時でも、あなたは在る。そして、そのあなたが在るがゆえに、他者の存在もまた感じられる。何の源もなく、どんな出所もなく降りて来る恩寵ほど、素晴らしいものはない。空より訪れる恩寵は、あなたの中の個人を流してしまう。他人の臨在は、実際その人があなたのために働いていようと、かえってあなたの個人性を残すという結果をもたらしてしまう。


海岸に行った方が、ずっと大いなる安らぎを経験するだろう。森に行っても、より素晴らしい平安を経験するだろう。そこには他人がいないため、あなたの自己がしっかりと力強く居座っていられるからだ。二人の人が部屋に座っていれば、喧嘩や口論、あるいは言葉さえ交わしていなくても、波動、対峙しあう緊張の波動がある。彼らが静かな時でさえ、お互いの「私」が常に働いている。侵害と防御がうごめいている。こうしたことは沈黙の内に起こりうるし、直接対峙する必要もない。単に二人の人がいるだけで、部屋は緊張に満ちる。

自分から出てくるあらゆる流れに関して充分な知識が得られれば、二人の人がいる部屋がふたつに分かれ、それぞれがその中心になっているのをはっきりと見てとれるだろう。それぞれのエネルギーのバイブレーションが、戦場の軍隊のように面と向かっている。他人の存在が、あなたの「私」を強化する。相手が去った時、部屋は全然違う場所になる。あなたはリラックスする。気が立っていた「私」も解き放たれていく。他人がいないため、今はクッションに寄り掛かってくつろぎ、気ままに息をしている。ひとりでいることの重要性は、エゴがリラックスし、解き放たれるのを助けるところにある。誰かの側にいるよりも、木の近くにいる時の方がよりくつろぐのは、この理由のためだ。

だから、人と人との緊張が深まっているような国では、ペットと暮らしたがる傾向がある。動物には「私」がないためだ。人と暮らすよりも、動物と暮らす方が簡単になる。犬に首輪を付けても、犬は幸せだ。どんなにがんばろうと、人に首輪をつけるわけにはいかない。妻は夫を縛り付け、夫は妻を縛り付け、それでいて彼らは幸せだ。だが、こうした巧妙にはめられた首輪は、はっきりと見えるわけではない。それでも、お互いに首輪を振りほどいて自由になろうと試みている──だが犬であれば、尻尾を振りながら喜んで歩く。犬がもたらすような喜びは、他の誰にももたらせない。他人によって、すぐにもあなたの注意は自分のエゴの方に向かい、苦悩がはじまる。

人は他人との関係を断ち、段々と物との関係を結ぼうとしている。そのほうが扱いやすいからだ。だから日毎に物のかさが増えていく。家の中は、人の数より家具の方が多い。人間は無秩序と混乱をもたらすが、物は邪魔することがない。椅子は私の置いたままのところにあり、その上に座ろうと、どんなごたごたも生み出さない。木や川や山の存在も問題にはならない。むしろ、その近くにいた方が平安を感じる。理由はただ、「私」が自分の前にがんとして立ちはだかることがないからだ。そのため、私たちもリラックスする。他者がいないのに「私」の必要がどこにあるだろうか？　そういう時には「私」もまた存在していない。「私」は他者のごく微かな気配によっても、すぐさま警戒し始める。身の安全について、また次の瞬間に何が起こるか予測不可能な所に気をもんでいるので、いつも身構えておく必要がある。

エゴはずっと最後の瞬間まで、気を張ったままでいる。第七段階に達している人に会っていても、エゴは警戒する。時には、そんな人の前で過剰なまでに緊張する。普通の人から傷つけられたとしても大したことにならないため、あなたはそれほど恐がりはしない。だが、第五身体かそれ以上に至った人は、自分が達した身体の深さに達するほどの外科手術ができる。このために、あなたの恐怖は増す。「彼が何をするかは、神のみぞ知る」からだ。あなたは味わったこともないような力で、見つめられているような、未知なる何かを彼を通して感じ始める。あなたは警戒する。彼の周りに深淵を見、警戒し、防御し始める。深い渓谷のような経験を味わい始め、彼の内側に入っていこうものなら、この深淵に落ちていってしまうような恐怖に囚われる。

それゆえに、イエス、クリシュナ、ソクラテスのような人が生まれると、人々は殺してしまう。彼らのまさにその臨在が、人々の間に大混乱を引き起こす。彼らの側に行くことは、意図的に危険に近づいていくようなものだ。だから人々は、彼らが死ぬと礼拝し始める。もはや恐怖はないからだ。今やその姿を黄金で鋳て、愛するマスターと呼びながら、手を組んでその前に立つこともできる。だが生前には、そんな対応はしない。人々は彼らをひどく恐れる。これは、未知なるものへの恐怖だ。いったいどうしてしまったのか、あなたにははっきりとわからない。人が自己の内側に深く入れば入るほど、その人は人々にとって、より深淵なものとなる。それはちょうど、目眩がするから谷を見おろすのを恐れるようなものだ。同じように、そんな人の目をのぞき込むことでも、恐怖が生まれる。確実に目眩がしてくるはずだ。

モーゼについての美しい物語がある。モーゼは神の啓示を得た後、自分の顔に覆いをかぶせ、絶対取らなかったという。顔を見られることで危険が生じるようになったために、一生、顔にベールをかぶったままだった。誰であれ、彼の顔を見てしまった者は逃げ出した。その目の中には、無限なる深淵があった。人々がその眼に脅えたために、モーゼは顔を覆ったまま暮らした。彼の眼は、内なる未知の深淵へと、磁石のように人々を引き込んでいくかのように見えた。人々は、その眼に自分がどこまで連れ去られ、何が自分に起こるのかがわからないために、恐怖へと陥った。

あなたがたに関するかぎり、七番目の最後の段階に至った人も実存している。だが、あなたが自分を守ろうとするかぎり、間に障害は残るだろう。こういう場合のシャクティパットは、純粋ではない。もしあなたが、そういう人を一個人として考えることをやめれば、純粋になり得る。だがこれは、あなたの「私」が失われてのみ、起こり得る。あなたが完璧にエゴを認識しない段階に至れば、どこからでもシャクティパットを得られるだろう。どんな人からでも来るというのは、疑いようのないことだからだ。それは根源なきものとなり、恩寵となるだろう。

周りに人が多くなるほど、あなたのエゴはよりかたくなになり、凝縮される。それゆえ、群衆から抜け出てひとりになってエゴを落とそうとする試みが、長きに渡ってなされてきた。だが、人とはおかしなものだ。木の下に長くいると、木に話しかけ、「あなた」と呼びかけ始める。海の近くにいても、同じことをするだろう。私たちのなかの「私」は、それ自身を生かしておくためなら、どこまでも伸びていく。どこへ行こうと他者を創り出し、動かない物とさえ感傷的な関係を創り上げ、あたかも一個人のように見始める。

人が最後の段階に至る時、その「私」を護り通すため、神をも他人にしてしまう。だから、献身者は常に、「私たちが、どうして神とひとつになどなれましょう？　神は神であり、私たちは私たちです。私たちは神の足元にも及ばぬところにおり、相手は神なのですから」という。献身者はこれしか言うことがない。神とひとつになりたければ、あなたのエゴをなくさなければばならない。だから彼らは離れたところに神を置き、正当化し始める。「どうして神とひとつになれましょう？　神は偉大です、絶対者です。私たちは哀れな宿無しです。なのに、どうやって神とひとつになどなれましょう？」と言う。献身者はその「私」を救うために、「汝」を救っている。それゆえにバクタ、献身者は第四段階から決して上がることがない。第五段階にさえ上がることはない。四番目に停滞する。創造力の代わりに、第四段階でのヴィジョンが彼に訪れる。第四身体での最高の可能性のすべてを見出す。だから、奇跡といった多くのことが献身者の生に起こる。だが、バクタは結局のところ第四段階で止まっている。

アートマ・サダク――自己を捜す者――やハタ・ヨーギ――禁欲生活をするヨーギ――や、そのような修行を行なう多くの者たちは、うまくいけば第五段階までは至る。そのような探求者の本質的な欲求は、至福に至り、苦痛からの解放と自由を得ようとすることだ。このすべての欲求の向こう側には「私」が立っている。「私は解放が欲しい」と言っている。――私からの解放ではなく、私の解放だ。「私は自由になりたい。私は至福が欲しい」と言う。彼の「私」が凝縮されているため、第五番目までしか至らない。

ラジャ・ヨーギは第六段階まで至る。「私の中に何がある。私は何でもない。彼のみが存在している――私ではなく、彼が、すべてなるブラフマンが存在している」と言う。彼にはエゴを失う用意がある。だが彼の「在ること」を失う用意はない。「私はブラフマンの一部としてあり続ける。私は彼とひとつだ。私こそがブラフマンだ。私は何としても、自分自身を解き放つつもりだ。だが内側の内的存在は、彼の中に溶け合ったままだろう」と言う。そのような探求者は、第六身体までしか至れない。

仏陀のような瞑想者は、七番目の段階へと至る。すべてを手放す用意があるからだ……ブラフマンでさえも。自己を失い、すべてを失う用意がある。「残るものは残るにまかせるが、もはや残したいと思うものはない。自分のすべてを失う覚悟ができている」と言う。すべてを失う用意のある者は、すべてを得る資格を手にする。ニルヴァーナ体は、無になる準備ができた時にだけ得られる。その時には、死でさえ知ろうとする覚悟があるはずだ。「生」を知る準備ができている人ならたくさんいるが、「生」を知りたいと願う者は第六段階で止まる。だが、「死」をもまた探求する準備のある者は、第七段階を知ることができる。

第四段階の予見や神秘霊妙たる洞察能力を得た瞑想者たちはたくさんいますが、科学者がすでに行なったように、月や太陽や地球、その動きについての知識の明示はできなかったのでしょうか？

これと関連して、三、四のことが理解されなければならない。第一に、これらの事実の多くは、こうした第四段階の人たちによって見出されてきたということだ。たとえば、地球の年代についてこうした人たちが示したものと、科学者が示したものの間には、ほんのわずかな違いしかない。それに科学が正しいとも言えない。科学者自身も、自分たちが絶対的に正しいとは主張していない。

第二に、地球の形状や寸法についての、これらふたつの領域からの情報は、ほとんど同じだ。このことが、必ずしも第四段階に至った人たちの、概算が間違っているという例になる訳でもない。地球の形は、ずっと変化している。地球と太陽との距離は、昔と同じではない。地球と月との状況にしても同じだ。アフリカも、もとあったところにはなく、大昔はインドと繋がっていた。何千もの変化が起こり、それはいまだに続いている。多くの変化が常に起こっている。覚えておきなさい、こうした不断の変化は、あなたが知れば驚くだろうが、第四段階に至った人たちによって、今日科学が発見しているよりもずっと以前に見出されてきたものだ。

第四段階にいる人と科学者とでは、言葉の表現に基本的な違いがあることも理解しておくべきだ。ここが非常に難しい点なのだが。第四段階の人は数学的な言語を用いない。彼は予見《ヴィジョン》、想像《イメージ》、象徴《シンボル》の言語を、つまり記し《サイン》としての言語を用いる。夢に言葉がないように、ヴィジョンにも言葉はない。すべてを理解したなら、自分が一日中何をしたかを、夜、夢に見るには、シンボルとサインという媒体を選ばざるを得ないことがわかるだろう。夢には、どんな言語も存在しないからだ。あらゆる人の上に立ちたがる野心的な人物は、他の鳥たちの遥か上空を、空高く飛んでいる鳥となった自分を夢見るだろう。夢の中では、自分が野心的であることを言葉で表現できない。夢の中では、言葉はすべて変換される。同じように、ヴィジョンの言語は言葉ではなく、絵となる。

夢判断はフロイト、ユング、アドラーから発展し始めた。今では、夢の意味を見出すことができる。同様に、第四段階の人が話したことは何であれ、依然として解釈されぬままだ。いまだに夢の現象が完全には説き明かせないでいるように、超常的《サイキック》なヴィジョンの解釈もまるっきり違うものだ。私たちは、ヴィジョンとして見られてきたものと、第四段階の人たちが言う意味を知らなければならない。

たとえば、ダーウィンが人は動物から進化したという時、彼は科学的な言語で話している。だが、ヒンズー教の転生の物語を読んでみれば、何千年も昔に象徴の形で語られたものと同じものだということがわかるだろう。転生の始まりは人ではなく、魚だった。ダーウィンもまた、人の始めの形態は魚だったという。しかし、私たちが転生の始まりはマツヤ・アヴァターラ——魚だったという時、それは象徴的だ。科学の言語ではない。転生と魚なんて！　人々はこれを否定する。だが、ダーウィンが生命の最初の要素は魚の形で表れ、別の形態がそれに続いたと言うと、人々はすんなりと同意する。合理的に思えるからだ。ダーウィンの方法と探求は科学的だ。

　ヴィジョンを見た人々は、神聖なるものが、まず魚として生まれ出たのを見た。見者はたとえ話の言語で語る。そして第二の転生は亀だ。この生物は、陸と水の両方に生息する。当然だが、水中から陸上への生命の変遷は、突然にはあり得ない。中間の状態がなくてはならない。だからどんな生物が進化するにしても、陸地と水中の両方に属さなければならない。そうして徐々に、亀の子孫たちが陸地に住み始めていき、水中生活からの分離が起こったに違いない。

　このヒンズー教の転生についての物語を読み通してみるなら、ダーウィンが何千年も後になって発見したものが、ずっと昔に、しかも正しい年代順で発見されていたことに驚くと共に気づくだろう。そして、最終的な変態の前に、半人半獣の化身――ナールシン・アヴァターラが出てくる。結局、動物は一足飛びに人間になったわけではない。半分人で、半分動物の中間形態を通り過ぎなければならなかった。動物が人類を産むのは不可能だ。動物と人との間には、ある鎖がなくなってしまっている。それは半分人で、半分獣のナールシンかもしれない。

　これらすべての物語を理解すると、ダーウィンが科学的な言語で語ったことは、ずっと以前に第四領域の人々がプラーナ（古譚）独自の言語で語っていたことを知って驚くだろう。だが今に至っても、これらのヒンズー教の神話的教典（プラーナ）について適切な説明はなされていない。この理由は、プラーナが科学者の手ではなく、無知無学な人たちの手に渡されたためだ。

もうひとつの困難は、プラーナの暗号を解読する鍵を失くしてしまったことだ。暗号を解読するものを持っていない。だから難しいのだ。今日の科学では、人類は地上に、長ければあと四千年存続できるという。多くのプラーナの予知によると、この世界は五千年以上は持たないという。科学は異なる言語を話す。太陽が冷えて光線がなくなり、熱が拡散すると四千年以内に冷たくなり、地上の生命もそれと共に消え去るという。

プラーナでは、異なる言語を語る。そしてもしプラーナが、科学者たちがいう四千年ではなく、五千年という時間を提示したとしても、科学が絶対に正しいと決まっている訳ではないということを覚えておくべきだろう。五千年でもあり得る——私はそうなることを信じる。それは科学の計算に間違いはあり得るが、ヴィジョンに間違いは決してあり得ないからだ。科学は未だに日ごとに進歩している。今日あることを言い、明日また違うことを言い、明後日にはまた別のことだ。毎日変わらねばならない。ニュートンはあることを言い、アインシュタインはまた、別のことを言う。

五年ごとに、科学はその理論を変える。より確かな結論が出てくるからだ。科学の究極が、第四領域のヴィジョンと異なっているかどうかは決められない。これらが互いに合わないとしても、科学と見者たちに語られて来たことを通じ、現在私たちが知っていることに基づいて、早急な判断を下すべきではない。生は深遠であり、非科学的なマインドだけが、早急な判断を下す。過去百年間の科学的発見を調べてみると、百年の歳月をかけたすべての発見が、まるでプラーナの話のように書いてあることがわかるだろう。だが、もう誰もそれを信じようとはしない。他に良いものが、時の流れと共に発見されたからだ。

プラーナの中で真実を示してきた暗号は、消えてしまった。今、たとえば第三次世界大戦が起こったなら、教育を受けて文明化された階層の人々が、まっ先に破壊される結果になるだろう。無教養で、文明化されていない人たちだけが残るというのは、おかしなものだ。遠い山々やジャングルにいる、インドの原始的な種族が無傷のまま残り、ボンベイやニューヨークの人々は、一人も容赦されないだろう。世界戦争のある時はいつでも、もっとも進化した社会が壊される。攻撃されるのが、そういう人たちだからだ。インド、バスターの原住民たちはいくらか生き残るだろう。原住民たちは、子供たちに説明できないにも関わらず、空を飛ぶ飛行機について語ることだろう。それが飛んでいるところを、彼らは確かに見た。だがその法則を知らないために、どうして、またなぜそうなのかを説明できない。その法則はボンベイの人々の手に握られているが、その時には彼らは死んでいる。

一世代や二世代ぐらいは子供たちも年長者を信じるだろうが、だんだん疑いを持ち始め、

「その人たちに会ったことがあるの？」と尋ね始める。そして年長者は、「そう聞いていた。父たちからね。父たちは、そのまた父親たちから聞いたんだよ。飛行機が空を飛んでいたとね。そのうち大きな戦争が起こり、すべてが破壊されたと」と言うだろう。そのうち子供たちは尋ね始めるだろう、「どこに飛行機なんてものがあるの？　何か印や、痕跡となるものを見せてくれよ」と。二千年後には、「これはみんな、先祖たちの想像だよ。空を飛んだものなどいやしない」と言うだろう。

そうしたことはすでに起こっている。この国では、超常的《サイキック》なマインドで得られた知識は、マハーバーラタの闘いで破壊されてしまった。それは今では、ただの物語にすぎない。今ではラーマが、飛行機でスリランカから飛んでこられたかどうかを、人々は怪しんでいる。すべては疑いの問題だ。その時代の自転車でさえ残っていない時に、飛行機などもってのほかだと思えるからだ。どんな本にも、何の記述も残されていない。実際、マハーバーラタ以前の全知識は、この戦争によって破壊された。記憶の中に保たれていたものだけしか、救えなかった。だから、古代知識の学派の名前がスムリティ（伝承として記憶されたものを後に書き下したもの）、そしてシュルティ（伝承として伝え聞いたものを記述したもの）となっているのだ。これらは記憶され、語られてきた知識の集成だ。証明され、試された事実によるものではない。誰かが誰かに話し、その人がまた別の人に話したというようなもののすべてが集められ、こうした教典の形に納められたものだ。だが今の私たちには、何ひとつ証明できない。

世界の知識人は、ほんの少人数で構成されていることを覚えておきなさい。もしアインシュタインが死ねば、相対性理論を説明できる別の人を見つけるのは難しいだろう。彼自身、この理論を理解しているのは十人か、せいぜい十二人だろうと言っている。もしこの十二人が死ねば、相対性理論についての本を手にはしても、理解するものは誰ひとりとしていないだろう。同じように、マハーバーラタは、その時代に高度に進化した人たちを、すべて破壊してしまった。そして残ったものが物語になった。今、それでも、その検証のための調査は進められている。だが、インドにいる人は不運だ。インド人自身、この方向に向けて何も働きかけていないからだ。

最近、およそ四、五千年前に空港であったと思われる場所が見つかった。そんな場所につくる理由が、それ以外には考えられない。そのような建造物は、機械なしにあり得ないことは明らかだ。確かに、今のところピラミッドに持ち上げられた石は、現代のもっとも大きなクレーンの能力をはるかに越えるものだ。こうした石はそこに置かれ、そしてそれは人によって上げられたものだ。この人たちが精巧な機械を自由に使えたか、第四身体を使ったかだ。

たとえば、あなたができるような実験をひとつ話そう。人をひとり地面に横たわらせ、四人で周りを囲む。ふたりはそれぞれの側の膝の下に指を置き、もうふたりは同じようにその肩の下に指をまわす。それぞれ指を一本だけ置くようにしなさい。そして各自指だけで彼を持ち上げると、固く心に決めなくてはならない。五分間の間激しく呼吸し、そして息を止め、その男性を持ち上げなさい。この男の人を指だけでうまく持ち上げられるだろう。そのように、ピラミッドの石は巨大なクレーンか、何らかの超常的《サイキック》な力のどちらかで持ち上げられた。古代エジプト人は、何かそういう力を使っていたのだろう。他の方法など考えられない。そこに石があるということは、彼らがそこに置いたのだ。これは否定できない。

もうひとつ留意すべきことは、超常的な力には、無限の側面があるということだ。第四段階を得た人なら、月のことを絶対に知らなくてはならないという訳ではない。知る興味がないということもあり得るし、知る価値がないと思うかもしれない。そういう人たちは別の、彼らにとってもっと価値のあることを知るのに興味があり、こうした方向でその探求を完結している。例をあげると、霊《スピリッツ》が実在しているかどうか、どうしても知りたい人は、それを知るに至っている。いま科学は、霊が存在することを発見している。第四身体に至った人たちは、人が死後にどこへどのように行くのか、しきりに知りたがっていたのだ。

第四身体に至った者は、物質的な世界にはほとんど興味がない。彼らは地球の直径が幾らかなど、気にもとめない。そういうことを気にかけるように彼らに期待するのは、子供が大人に「人形がどんな風にできているか言えないなんて、賢くないな。隣の男の子はみんな知っているよ。彼は何でも知っているんだ」と言うようなものだ。彼ら自身のやり方では、間違っていない。人形の内側には何があるのかに興味があるからだ。大人はそうはいかないものだが。

第四段階の人の研究は、次元が違う。彼は別のことを知りたがる。死後の魂の旅について知りたがる。人は死んだ時どこへ行くのか、どんな道を旅するのか、旅の原則は何なのか、どうやって再び生まれるのか、誕生と生まれる場所は、予告できるのかどうかといったことについてだ。こういう人は、人類が月へ行くことには興味がない。彼にとっては不適切だ。人類が光明を得る方法を見つけるのに、あまりにも夢中になっていたのだ。それだけが、彼にとって意味あることだったからだ。そういう人は、子供を受胎した時、どのようにアートマンが子宮に入るか、アートマンが正しい子宮を選ぶことを助けられるかどうか、アートマンが胎児に入るのに、どのくらいかかるかを常に知りたがっていた。

『チベット死者の書』と呼ばれるチベットの本がある。チベットで第四身体を得た者は、誰でもひとつの計画に対して働きかけてきた。どうすれば、人を死後もっともいい形で援助できるのかについてだ。あなたが死んだと想定してみなさい、私があなたを愛していようと、あなたが死んでしまえば、私にできることはない。だがチベットでは、人を導き手助けし、またとない誕生を迎え、この上ない子宮に入れるよう勇気づけるための手筈が、くまなく整えられている。科学がこれを見出すには、まだまだ時間がかかるだろう。だがそれは、全然難しくはないので、発見されるだろう。さらにチベット人は、こうした出来事の有効性を試す方法と手段も見出している。

チベットでは、ダライ・ラマが死ぬ時、彼がどこに次の誕生を迎えるか、どのようにして周りが彼を認めればよいかを前もって告げる。彼を認定するために象徴となるものを後に残す。そして彼が死んだ後、国中で捜索が始まる。シンボルの秘密を話せる子供が、死んだラマの転生として受け入れられる。彼だけが、その秘密を知っているからだ。現在のダライ・ラマは、こういうふうにして見出された。彼の前のダライ・ラマがシンボルを残し、特別な言葉がどの村にも公布され、それを説明できた子供が、先代ラマの魂を受け入れた者だと理解された。探索は長くかかったが、とうとう暗号を説明できる子供が発見された。それは非常に秘められたる文句で、真のダライ・ラマだけにその意味が知られるといったようなものだった。

だから、第四段階の人の好奇心は、根本的に違っている。無限こそ宇宙であり、無限こそがその神秘、その秘密だ。現代の科学的な調査で見出せたもの程度で、自分たちがすべてを見出したとは思わないように。たくさんの新しい科学が明らかにされるだろう。何千もの異なる方向性と次元があるからだ。そして新しい科学が発展した時には、私たちは非科学的な人たちだと言われることだろう。彼らが知ると思われることを、私たちは知らないからだ。だが古代の人たちを、非科学的だと呼ぶべきではない。それは単に、彼らの好奇心が異なった性質のものであったからにすぎない。探求の次元の可能性はそれほど多様であり、またその数も多い。

私たちが多くの病気の治療法を見つけたように、どうして第四段階の人たちはそれを見つけださなかったのかと、知たり顔で尋ねる人もいるだろう。しかし、数多くの薬草療法がアーユルヴェーダやユナニック医学の支部で処方されていると知れば、ショックを受けるだろう。どのようにしてこの人たちは、実験室での研究の手を借りることなく、それぞれの病気への適切な治療法を見つけだせたのだろう？と——。これには、第四身体を使うことで成し遂げられたと思われる、あらゆる可能性がある。

ヴァイディア・ルクマンが、いろいろな植物の所に行っては、その効用が何なのかを尋ねたという有名な話がある。今やこの物語は、現代の世界では無意味なものとなった。植物に話すのを期待するのは、論理の破綻に思える。五十年前までは、植物は生けるものだと思われていなかったというのもまた事実だ。だが今、科学は植物に生命があることを認めている。三十年前は植物も息をしているとは信じられていなかったが、今は認められている。十五年前、植物にも感覚があるとは信じていなかったが、ここ十五年間で、植物が感じているということを、認めざるを得なくなった。あなたが怒って植物に近づくと、その超常的な状態が変化し、愛と共に近づくと、再びそれが変化する。だから次の五十年で、植物と会話できることを発見するかもしれないというのも、あながち的外れではないだろう。だがこの発展は、ゆったりとしたものとなるだろう。
しかしながらルクマンは、はるか昔にそれを明らかにしている。だがこの会話の方法は、通常私たちが交しているものと同じだったはずがない。植物とひとつになるのは、第四身体の特質だ。そうなれば、問いかけもできる。私はこの物語を信じている。彼が用いられるようにした、何百万種類もの薬草の調査に充分なほどの大規模な実験室については、その時代に記されていないからだ。それはありそうもない。この男は数限りない薬草と話したのに、科学的に行なっていたとしたら、それぞれの草の秘密を明らかにするのに一生涯かかるだろうからだ。今では、科学も、この数多くの薬草の病気への効能を認め、いまだに適用している。かつての探索は、すべて第四段階の人々によるものだ。

現在、何千もの病気が実に非科学的に治療されている。第四段階の人は言うだろう、「病気などありもしないのに、なぜ治療するんだ？」と。現在科学はこれを理解し、異種療法が治療のための新しい方法として用いられている。いくつかのアメリカの病院では、新しい方法で働きかけている。同じ不快感に悩む十人の患者がいるとしよう。五人が水の注射を受け、残りの五人が通常の医学的な治療を受ける。結果はどのグループの患者も、その治療に同じように反応した。これは、水で治療された患者は実際に病気だったのではなく、病気という幻想を持っていたにすぎないことを証明している。もしこの人たちが、この病気に通常の治療を受けていたならば、その体系を毒し、反対の結果をもたらしていただろう。何の治療も必要としていなかったからだ。

多くの病が不必要な治療から生まれ、その結果、治療が難しくなっている。仮に本当の病気でなく、あなたに「病気の現象」だけが出ていたとすれば、その病気への薬は、あるべき病の状態がなくても、作用しなければならなくなるだろう。それは、新しい治療を受けねばならないような毒を、内側に生みだしてしまう。病の幻影が、何らかの実際の病弊に道を譲っていくだろう。科学によれば、九十パーセントの病気は、精神状態に影響されている。五十年前、現代科学はこれを信じようとはしなかった。だが新しい異種療法においては、それが五十パーセントだと認めている。あと四十パーセントも認めねばならないと言っておこう。それが実体だからだ。今は、第四段階の人が知っていたことを明示する者がいない。誰も、彼らについて説明しようとしてこなかった。正しい見通しに立って、その知識を現代の科学的な用語に置き換えられる人がいない。これが唯一の難点となっている。ひとたびこれがなされたら、何の問題もなくなるだろう。だが比喩の言語は、大変質の異なるものだ。

今日の科学は、日光がプリズムを通り抜けると七つの部分に分かれ、七つの色に分解されると言う。ヴェーダの見者《リシ》たちは、「太陽神は七色の七頭の馬を手にしている」と言う。さあ、これはたとえ話の言語だ。「太陽は違った色の七頭の馬を持ち、それにまたがっている」とは、太陽光線が七つの部分に分けられるという意味だ。後のがたとえ話で、先のが科学版だ。ちょうど、今日の科学の言語を理解したのと同じように、私たちはたとえ話の言語を理解せざるを得なくなるだろう。それは難しくはないだろう。

超心理的《パラサイキック》な能力を備えた人々は、物事をずっと以前に予言しているが、科学はそれをかなり後になって理解するだろう。しかし予言は、すべて象徴的な言語で表現される。それは科学が同じ事実を証明して初めて、通常の日常的な言語に直される。そうならなければ、どんな言語も存在しない。これを知ったら驚くだろう。あらゆる分野について調査をすればわかることだが、科学が登場したのはごく最近のことで、言語と数学はもっと古くから生まれていた。言語と数学を発見した人たちは、どんな統計データを使い、どんな手段を、どんな手法をとったのだろう？　一年に一回、地球が太陽の周りを回ることが、どうやってわかったのだろう？　地球が太陽を一周り公転することが、一年とみなされた。もはやこれは非常に古い発見――遥か、科学以前のことだ。一年には三百六十五日あることも同様だ。しかし古代の見者には、何の科学的手段の後ろだてもなかったようだ。だから、とり得る唯一の答えは超常的な予見しかない。

非常に奇妙な事実が明らかになった。アラビアのある男が、七百年前の世界地図を所蔵していた。これは世界を鳥かんした地図であり、おそらく地上からでは把握できなかったものだ。答えはふたつしかない。七百年前に飛行機があったか――もっとも、これはあり得そうもないが——もしくは、ある人物が第四身体において、その高みにまで自分を持ち上げ、地図を描いたかだ。ひとつ確かなことがある。それは当時、飛行機はなかったということだ。しかしこの鳥かん図は七百年前に作られている。これはどういうことだろう?

もし古代の薬草学のふたりのマスター、チャラクとスシュルトの研究をするなら、衝撃的にも、科学が解剖によって理解した人体について、彼らはそのすべてを描いていたことがわかるだろう。知る手段はふたつだけだ。ひとつの可能性は、外科手術が非常に繊細に行なわれたため、外科手術が行なわれた痕跡が残らなかったということだ——なぜなら、外科医学に関する、どんな器具や書物も発見されていないからだ。しかし、人体のごく細部にわたる描写がある——部位によってはあまりに細部であるため、ずいぶん後になってやっと科学によって発見されたものや、つい二十五年前であっても、科学者がその存在を認めなかった部位もある。しかしそれらは、古代の外科医によって記されていた。彼らが知り得た方法の第二の可能性——それは、ビジョンの世界にいる人物が人体内部に入り、これらを見たということだ。

今日私たちは、エックス線が人体に入り込めることを知っている。もし百年前、私たちの骨は写真に撮れるのだと言う人がいても、私たちは信じなかっただろう。今日では信じざるを得ない。そのとおりだからだ。しかし、あなたにはわかるだろうか、第四身体にいる人の目は、エックス線よりも深く見ることができるし、解剖の結果作られるよりも、さらに完璧な体の図を描くこともできる。西洋で外科が発達したのは、死体を埋めていたからだ。体が焼かれるインドのような土地では、それは不可能だ。驚くだろうが、この研究は泥棒の助けを借りて実現した。彼らは死体を盗み、外科医の探究と研究のために売ったのだ。

火葬の習慣も、超常的な人の発案だ。前の生での体がまだ残っていると、魂は新しい誕生を得にくいと彼らは信じていたからだ。そうなると、魂は古い体のまわりを浮遊してしまう。体が焼かれて灰になれば、魂はこの邪魔物から抜け出る——いったん体が灰になったのを見れば、おそらく魂は次の体の中で、自分のものだと思っていたものは、結局朽ち果てるのだと理解するだろう。

だから、インドには火葬があったため、人体を解剖する術がなかった。西洋では泥棒が墓場から遺体を盗んで、科学者の研究のために売った。こうした人々には、裁判ざたや他にも多くの困難があった。というのも亡骸を盗み、解剖するのは、両方とも罪とみなされていたからだ。数知れぬ解剖によって知り得たことを、三千年前の書物は解剖することなく、明らかにしている。これはひとえに、科学的実験によらずとも、物事を知る別の手法はあるということを証明している。この件については、あなたたちがもっと理解できるように、いつか詳しく話そう。

THE OCCULT MYSTERIES OF RELIGION

第五章

宗教における神秘的秘法

昨日のお話では、科学は第五身体または霊体《スピリチュアル》に入る可能性があるとのことでした。また、第四身体における科学の可能性についても、話していらっしゃいました。第五身体における科学の可能性について、話していただけますか？

いわゆる肉体と魂《ソウル》は、ふたつの異なったもの、区別されたものではない。それは分かれることなく、つながっている。私たちはいつも体と魂は別のもので、そこには何のつながりもないと考えてきた。また単に異なるだけでなく、正反対のものだと考えてきた。この見方は、宗教を科学から引き離してしまった。宗教は肉体以外の事柄を探求し、科学はアートマン、魂以外の体についてあらゆる事柄を発見したものだと捉えられてきた。だから双方がお互いを否定しているのも無理はない。

科学は肉体にとらわれているため、「肉体こそ真実だ。魂など、どこに存在するというのか？」と問いかける。宗教は内なるものを探求し、それを魂と呼び、「霊魂《スピリット》こそ本物であり、肉体など幻想にしかすぎない」と言う。このため宗教は、自らの達したその極みにおいて肉体のことを幻、幻想、またはマーヤと呼び、実際には存在しないものと言った。宗教はアートマンを真実とし、体は幻であると宣言した。科学はその頂点に達した時、アートマンを否認しここの間違いは、身体こそすべてだ」。それは虚構だ。体こそすべてだ」。この間違いは、身体とアートマンは相反するふたつのものだという概念から起こる。

私は七つの身体について話してきた。第一身体が肉《フィジカル》体で、第七身体が霊的な次元の霊《スピリチュアル》体であるなら、その間にある五つの身体を考慮にいれなければ、ふたつの間には架け橋がなくなる。それはあたかも、梯子を登ろうとしているのに、始めと終わりの間にある段を捨ててしまうようなものだ。すると最初と最後の段の間には、どんなつながりもなくなる。

梯子全体を見れば、最初と最後の段はつながっていることがわかる。さらによく考察すれば、最後の段は最初の段の終わりの部分にあたり、最初の段は最後の段の始まりの部分にあたることがわかるだろう。同様に七つの身体を見渡せば、第一と第二身体はつながっていることがわかる。第一身体は肉体で、第二身体は生気体《エーテル》、感情体《エモーショナル》だ。それは肉体の微細なかたちであり、非物質的なものではない。ただそれがあまりにも微細なため、物理学の手法ではまだ完全に把握しきれずにいるにすぎない。しかし今日では、物質がその微細なかたちにおいて、ますます希薄になり、非物質化するという事実を物理学者たちは否定しない。

たとえば現代科学によれば、物質を分析すると最終的には電子に分解される。電子は物質ではなく、電気の粒子だ。最終的には物質的なものは何も残らない——残るのは、ただエネルギーだけだ。この三十年間に、科学はすばらしい発見をした。科学は、物質には実体があるとみなしてきた。しかし今日では、物質というものは存在せず、実際にあるものはエネルギーなのだという結論に達している。今や物質は、高速で動くエネルギーがもたらす幻覚だというのが、科学の定説だ。

扇風機が高速で回っていれば、三枚の羽根は見分けられない。回転し続ける円が見えるだけだ。羽根と羽根の間の隙間も、埋まっているかのように見える。実のところ、羽根があまりにも速く動くため、一枚の羽根の姿が目に映る前に、次の羽根がもうその場所に来てしまい、三番目の羽根も即座にやって来る。その結果、次から次へと羽根が続くために隙間が見えなくなる。扇風機の羽根の上に座ろうと、下で何も動いていないかのように高速で扇風機を回転させることもできる。一枚の羽根が下を通過すると、すぐ次の羽根がその場に来るよう、素早く羽根の隙間を満たせば、隙間はまったく感じられない。これはまさに速度の問題だ。

エネルギーが高速で回転すると、物質のように見える。現代科学のあらゆる研究が基本としている原子エネルギーは、視覚的には捉えられない。結果だけが目に見える。根本的なエネルギーは不可視であり、見ようとする研究もなされていない。が、結果は観察できる。

だから生気体《エーテル》を原子体《アトミック》とみなしても、間違いではないだろう——この場合にも、目に見えるのは結果だけで、エーテル体そのものは見えないからだ。だが、結果ゆえにその存在を認めざるを得ない。この第二身体は第一身体の微細なかたちなため、それらは何の困難もなく結び付いている。ある意味では互いにつながっている。一方は粗いために目に見え、もう一方は微細なために目には見えない。

エーテル体を越えると星気体《アストラル》がある。それはエーテルのさらに微細なかたちだ。科学はまだそこにまで至っていないが、物質を分析していけば、最終的に残るのはエネルギーであるという結論には達している。このエネルギーをエーテルと呼ぶこともできる。エーテルがさらに微細な要素に分解された後に残っているのが、アストラルだ。それは微細なものをさらに細かくしたものだ。

科学はまだアストラルには至っていないが、いずれ到達するだろう。つい最近まで科学は物質のみを認め、原子の存在を否定してきた。つい昨日まで、科学は物質を固体とみなしてきた。今日では固体である物質などない、すべては非固体だと言っている。今では固体のように見える壁でさえ、固体ではないと科学者たちは証明している。壁にはたくさん穴が空いており、その穴を通って物は行き来できる。少なくとも穴の周りの部分は、固体にちがいないと言いたくなるかもしれないが、しかしそれもまた固体ではない。すべての原子は穴だらけだ。

もし、原子を地球の大きさまで拡大するなら、原子のふたつの構成要素の間の距離は、地球と月、もしくは太陽と星々ほどにも離れている。それならふたつの構成要素は、少なくともそれぞれの端の部分が固体なのでは、と言うかもしれない。しかし科学によれば、それらもまた固体ではなく、電気の粒子だ。現在、科学は粒子という言葉さえ受け入れない。物質という概念がつきまとうためだ。粒子は物質の一部分だ——しかし、原子の構成要素は物質ではない。なぜなら、物質は固体で形を保っているが、原子の構成要素は常に形を変えるからだ。それは波のようなものであり、粒子ではない。水面に波が立つと、「これは波だ」とつぶやく前にそれは変化してしまう。波は、絶え間なく寄せては帰るものだからだ。

しかし、波もまた物質的な現象だ。そのため科学は、三十年前には存在しなかった新しい言葉を造りだした。その言葉とは量子《クオンタ》だ。それに相当するヒンディ語を見つけるのは難しい。ヒンディ語の語句の多くは、対応する英語を持たない。たとえばブラフマン——宇宙の真理——という言葉がそうだ。言葉は、何らかの体験をした人に、それを表現する必要性があれば造り出される。ブラフマンを体験した時、体験者たちはそれを表現する言葉を造らねばならなかった。そうして東洋においてブラフマンという言葉が生まれた。西洋はまだこの段階には至っていないため、これに相当する言葉がない。そのような言葉の必要性がなかったからだ。

宗教用語の多くに、それに相当する英語が見当たらないのはこのためだ。たとえばオームという言葉——この言葉は、世界中のどんな言語にも翻訳できない。それは、深い霊《スピリチュアル》的な体験を表現した言葉だ。表現できる適切な言葉は、西洋にはない。同様に量子という言葉は、科学の最高の極みを表現するために造られた。どの言語にも、相当する言葉はない。量子の意味を理解するとしたら、それは粒子と波の両方だ。しかしそうしてみても、想像するのは難しいだろう。量子は時には粒子のように動き、時には波のように動く。その動きはまったく予測し難い。

これまで、物質はもっとも信頼できるものだった。物質にはある確かさがあった。しかし物質の根本的な要素——発見された原子エネルギー——は不確実なものだ。その動きは予告できない。はじめ科学は、物質の確実性の上にしっかりと立脚していた。あらゆるものは規則的で、一定であるとみなされた。現在、科学者はこのような主張はしない。科学者は今日の研究成果が基づいている地点を知るがゆえに、この確実さは非常に表面的だということを知っている。内側には計り知れないほどの不確実さがある。この不確実さの理由を知るのも、興味ひかれるところだ。

不確実さのある所には、決まって意識がある。さもなければ不確実さは存在しない。不確実さは意識の一部だ。確実さは物質の一部だ。部屋のどこかに椅子を置けば、そこから離れても戻ってくれば、ちょうどその場所に椅子はある。でも子供を部屋に残せば、椅子はもとの場所には決してないだろう。その子供がどこにいて、何をしているかは常に疑問で不確かだ。私たちは、物質については確信があるが、意識については確信を持てない。そのため科学は、原子の根本的な要素の動きに不確実さを認めた時、物質の根源的な部分には、意識があるという可能性を認めたのだ。

不確実さは意識の特質だ。しかし物質は気まぐれではない。こうと決めた時に炎が燃え立ち、そうでない時は燃えないということはない。水が好き勝手な方向に流れたり、気ままな温度で沸騰したりはしない。物質の機能は限定されている。しかし物質の内側に入れば、究極的には限定されていない。

こう考えてみるといい。ボンベイで何人の人が死亡するのかを知りたいとする。それは可能だ。一千万の人がいたら、年間の死者の数を出し、一日におよそ何人死ぬのかを計算できる。これはおおむね正しい。同様に九億人に及ぶ全国の死亡率を計算したら、その数値は実際の数に近くなるだろう。全世界の死亡率を計算したら、その数値の確実性はさらに高いだろう。しかし、一人の人間がいつ死ぬのかを知るには、計算はまったくあてにならない。

集団が大きくなればなるほど、物事は物質的になる。現象が個別になればなるほど、より意識を見出す。実際、ひとかけらの物質は、何百万もの原子の集合体だ。だからそれについては予測がつく。だが、原子の中に分け入り、電子を捕らえてみると、それが個別のものだとわかる。電子の軌道に決定は下せない。電子は自分なりに、軌道を決めているかのように見える。

つまり堅固な岩については、それが決まった場所にあるがゆえに確信が持てる。しかし内部の個々の原子構造は、一定ではない。岩の所に今度戻って来る時には、内部の原子はすっかり位置を変え、違う場所に移動しているだろう。

物質の内部に深く分け入るにつれ、不確実さが出てき始める。だから科学は、断定的な表現から蓋然的な表現へと言い回しを変えたのだ。もはや「これはAまたはBである」という言い方はせず、むしろ「AのほうがBよりも可能性が高い」と表現する。もはや断固とした調子で「これこそそれである」というような言い方はしない。以前、科学のあらゆる主張は、断定的な表現だった──科学の語るところすべては、そうあって然るべきものだった。しかし研究が進むにつれ、既成概念は崩れ始めた。科学は知らぬ間に、物質の次元からエーテルの次元へと踏み込んだのだ。それについて何の理解もないまま……。物質からエーテルの次元へ踏み込んだ事実を認めるまで、科学は何の理解も手にできないだろう。科学は物質の第二の次元──エーテルの次元──に到達した。これは、それ特有の可能性を秘めている。第一と第二身体の間には、どんな継ぎ目もない。

第三身体、星気体《アストラル》はさらに微細なものだ。微細中の微細だ。エーテルを原子に分解すると……とは言っても、これはまだ不可能かもしれない。人類は物質の原子をやっと解明したにすぎず、エーテルに関する実験にはさらに長い時を要するだろう。エーテルの原子が解明されれば、それは次の身体――すなわちアストラル体の粒子だとわかるだろう。物質の原子をもっとも細かい粒子に分解したものがエーテルだ。同様に、エーテルの原子をもっとも細かい粒子に分解すると、アストラル体となる。そのうちそれらの関連は見出されるだろう。この三つの身体は、明らかに互いにつながっている。幽霊が写真に写るのはこのためだ。

幽霊には肉体がない。その半透明の姿はエーテル体から発する。幽霊の撮影が可能なのは、エーテル体が凝縮されると、高感度カメラがその姿を捉えるためだ。エーテルについてはもうひとつある。エーテルは非常に微妙なので、超常的《サイケ》なものの影響を受けやすいということだ。死んだ人間の魂が姿を現したいと望めば、分散した原子を集めて凝縮させ姿を形づけられる。この姿はカメラで撮影可能だ。

第二身体、エーテル体は肉体よりもマインドの影響を受けやすい。肉体もマインドの影響を受けるが、エーテル体ほどではない。身体が微細になればなるほど、マインドに影響されやすくなり、マインドに近くなる。アストラル体は、さらにマインドの影響を強く受ける。このため幽体離脱《アストラル・トラベリング》が可能となる。部屋で眠っていても、アストラル体によって世界のどこにでも行ける。同じ人物が、複数の場所で同時に目撃された話を聞いたことがあるだろう。これは起こり得る。肉体はある場所に居ながらも、アストラル体は別の場所に居る。ちょっと練習すればできることだ。

マインドの力は内側に向かうとさらに増し、外側に向かうと力を失っていく。外側に向かうというのは、ちょうどランプを灯して、炎にガラスの覆いをかぶせるようなものだ。すると炎はそれほど明るくはなくなる。さらに、ひとつひとつ覆いをかぶせ、七つの覆いをかぶせてしまう。すると七つの層を通ってくるため、炎は鈍くなり、ぼんやりしてしまう。

このように生命エネルギーは、肉体に辿り着くまでにはとてもかすかになってしまう。だから私たちは、肉体をうまくコントロールできているようには思えない。しかし、内側への旅に向かい始めるなら、肉体をだんだんとコントロールできるようになっていく。それは、どのくらい内側まで旅をするかに、正確に比例している。肉体の微細なかたちはエーテル体で、エーテル体のさらに微細なかたちはアストラル体だ。そして次にくるのが第四身体――精神体《メンタル》だ。

今まで私たちは、マインドと物質は別だという印象を抱いていた。マインドと物質は、ふたつの別個なものと考えてきた。事実、それらは定義のしようがない。「マインドとは何か?」と尋ねたら「物質ではないものだ」という答えが返ってくるだろう。その逆もまた同じだ。「物質とは何か?」と尋ねても、他に定義のしようがない。これは、いかに私たちがそれらを常々異なるもの、別個なものと考えてきたかだ。しかし現在では、マインドも物質がさらに微細になったものだということがわかっている。逆に、物質はマインドを凝縮したものだとも言える。

アストラルの原子を分解すると、それは思考の波となる。考えられたこともないことだが、量子と思考の波との間には、非常に似通った点がある。これまで、思考が物質的な存在を持つとはみなされていなかった。しかし何らかの思考が起こると、それに応じてあなたのまわりの波動が変わるのは事実だ。おもしろいことに、思考だけでなく、言葉もそれぞれ独自の波動を持っている。ガラスに砂粒をまき、その下でオーム（*AUM*）を唱えると、その波動によって模様が生じる。この模様はラム（*RAMA*）を唱えた時に生じるものとは異なる。そして悪口を言えば、模様はさらに変わる。

悪口がひどいほど醜い模様が生じ、言葉が美しくなれば、その波動によって模様はさらに美しくなる。それを見ればあなたは驚くことだろう。悪口は混沌とした模様を、美しい言葉は、整然として調和のとれた線を描く。

だから何千年にも渡って、美しい波動《バイブレーション》をつくり出す言葉の探求がなされてきた。そしてその言葉に、ハートをふるわせるだけの強い波動を持っているかどうかが、考慮されてきた。言葉は思考が表現されたものだ。しかし、表現されない言葉であろうと、響き《レゾナンス》を引き起こす。それを私たちは思考と呼ぶ。何か考え事をしていると、ある種の響きがあなたのまわりにつくり出される。ある種の波動があなたを取り巻く。ときどき、ある人のそばに近づくとわけもなく悲しくなることがあるのは、このためだ。その人は一言も否定的なことを話すわけでもなく、もしかしたら微笑んで、あなたに会えた嬉しささえ感じているかもしれない。それでも、内側から来る悲しみがあなたを捉える。また、反対に別の人といっしょに居ると、突然元気になることもある。

部屋に入ると、自分の内面が突然変化するのを、感じることがあるだろう。神聖な、あるいは邪悪な何かがあなたを捉える。平安と静寂に包まれることもあれば、落ち着かない気分になることもある。あなたは理解できず、不思議に思う、「とても安らいだ気分だったのに、なぜ心が突然そわそわし始めたんだろう？」と。あなたは思考の波に包まれており、それらは二十四時間、絶え間なくあなたの中になだれ込み続けている。

最近フランスの科学者が、思考の波を捉える装置を開発した。この機械に近づくと、たちまちその人が、内側で何を思っているかを示し始める。思考の波を、機械が感知し始めるのだ。精神薄弱者がその前に立たされると、ごくわずかな波動しか記録されない。そういう人は、ほとんど考えることがないからだ。だが知識人がその前に立つと、思考のあらゆる波が感知される。

マインドとして知られているものは、アストラルの微細な形だ。内側に入っていくにつれ、層はいっそう微妙になっていく。科学はエーテル体にたどり着いたが、まだそれを原子次元《アトミック・プレーン》またはは原子次元エネルギーと呼ぶことに固執している。しかし、科学は物質の第二身体に到達した。第三の次元にたどり着くのに、そう長くはかからないだろう。なぜなら、今そうする必要に迫られているからだ。

　第四の次元についても、別の側面からだが、取り組まれている。マインドと体とは別のものだという観念があるため、一部の科学者はマインドについてしか研究しない。体はまったく枠外に置いている。彼らは第四身体について、多くの実験を行なってきた。たとえば、私たちはある意味では送信機だ。私たちの思考は、私たちの間にあまねく広がっている。たとえ私が話しかけていなくても、私の思考はあなたに届いている。

　ロシアでは、テレパシーの分野で様々な研究が進んでいる。ファヤデフという科学者は、ちょうどラジオの送信の働きと同じように、千マイルも離れた人への思考の伝達に成功している。もし、できる限りの意志力を使い、注意を一定方向に集中させ、思考を伝えようとするなら、思考は狙った場所へと届く。その時もし送信先でもマインドを開き、その瞬間に受信する用意ができていて同じ方向に集中していたら、その思考を受け取ることができる。

　家で簡単な実験をしてごらん。幼い子供は感受性がするどいので、すぐに思考の波を掴む。子供を暗くした部屋の隅に座らせ、五分間あなたに注意を集中するように言いなさい。そして口には出さないけれど、何かを話しかけるからそれを聞き取るようにしてごらん、と告げる。もし聞こえたなら、それと同じことを子供に繰り返し喋らせる。さて、あなたは言葉を選ぶ。

ラム（*RAMA*）がいいだろう。子供に注意を集中させ、この言葉をあなたの内側で繰り返しなさい。言葉があなたの中でこだまするまでだ。声に出して言ってはいけない。二、三日のうちに、子供は言葉を捉えるだろう。

その逆も起こり得る。この実験がいったん成功したら、さらに進んだテストをするのも簡単だ。あなたの方へ注意を集中させるよう、子供に言いなさい。子供はある言葉を決めて、先ほどと同じようにあなたの方へ送る。最初の実験で、子供はあなたの言葉を捉えたから、あなたの疑念は晴れている。今度はあなたが受容的になり、子供の言葉を捉えてみなさい。この実験が成功すれば、あなたの疑いは消え、それと同時にあなたの感受性も増す。

子供とあなたの間には、物質の世界がある。本来、思考の内容は、物質的でなくてはならない。さもなければ、物質的な媒体を通っていくことはできない。驚くだろうが、マハヴィーラはカルマさえも、物質的なものだと定義した。もし怒って誰かを殺せば、それは怒りと殺人の行為だ。マハヴィーラは、これらの行為の細かい原子が、カルマと行為の滓《かす》としてあなたにまとわりつく、と言っている。だから行為もまた物質的であり、物質のようにあなたにくっついてくる。

この、積もりに積もったカルマの条件付けから自由になることを、マハヴィーラはニルジャラ——条件付けからの解放と呼ぶ。あなたのまわりに呼び集めてしまった様々なカルマの原子は、すべて落とさねばならない。それらをすべてふるい落とした日、あなたに残るのは完全なる純粋さだ。ニルジャラとは、行為の原子をふるい落とすことだ。あなたが怒るとすると、それもひとつの行為であり、この怒りは原子の形でずっとあなたに残ってしまう。だから肉体が朽ち果てようと、原子が崩壊することはない――それらはとても細かいからだ。それらは次の生まであなたについてくる。

精神体《メンタル》は、アストラル体の微細なかたちだ。だからもうわかるように、四つの身体の間にはどんな隙間もない。それぞれ、ひとつ前の身体がさらに細かくなったものだ。メンタル体については、様々な研究が進んでいる。科学者たちは心理学、特に超心理学の分野で研究を深めており、メンタルエネルギーの一風変わった、すばらしい法則を次第に把握しつつある。宗教では、はるか昔に理解されていたことが、科学においても多くの事柄が明らかになってきた。

モンテカルロには、サイコロを使ったゲームで絶対に負けない人々がいる。どのサイコロをふっても、彼らは思うがままの数を出せる。始めのうちは、おそらくサイコロに特別な仕掛けがあり、好きな数が出せるようになっていると思われていた。しかしサイコロを替えても結果は同じで、サイコロは彼らが望んだとおり、正確にころがった。何度取り替えても、結果は同じだった。彼らは目隠しをされても、確実に数を出せる。これに注目する人が現れ、理由をつきとめるための研究が始まった。真相は、まさに決意の思考が、サイコロに影響を及ぼしていたのだ。この数を出そうという決意を持って、彼らはサイコロをふる。彼らの思考の波がサイコロに影響し、望んだ数が出る。これはどういうことだろう？　もし思考の波がサイコロの方向を変えられるなら、思考の波もまた物質だ。さもなければ、こうしたことは不可能だ。

ちょっとした実験をすればわかる。科学についての質問だから、実験の話をしよう。ガラスのコップを水で満たし、グリセリンまたは油性の液体を少し加え、水面に薄い膜をはる。まっすぐなピンを、膜の上に表面に浮くようにそっと置く。部屋はどこも締め切っておくように。掌を下に向け、あなたの注意力を完全にピンに集中させなさい。五分間ピンを直視する。そしてピンに左へ回転するように言うと、ピンは左に回る。次に右へ回転するように言うと、ピンは右に回る。止まれと言えば止まる。動けと言えば動く。あなたの思考がピンを動かせるなら、山をも動かすことができる。それは単に、程度の問題だ。基本的に原理は同じだ。あなたにピンを動かす力があるなら、原理は証明されている。動かすにしては、山はあまりに巨大だというのは、また別の問題だ——しかし、それは動かすことができる。

私たちの思考の波は物質に触れ、それを変容させる。あなたのハンカチを渡しただけで、あなたに関するおよそのことを、まるで会ったことがあるかのように語れる人々がいる。これは、ハンカチがあなたの思考の波動を吸収するためだ。この波動はとても細かいので、アレキサンダー大王のハンカチですらいまだに、その人格に関する事実を保ち続けている。思考の波はあまりにも細かいため、物体から消え去るまでに、何百万年という年月を要する。墓所やサマーディが建築されたのもここに理由がある。

昨日インドには死体を火葬する習わしがあると話したが、サニヤシンの亡骸は火葬しない。魂が体のまわりをさまよい続けないよう、一般の人々の体は焼かれる。しかし、サニヤシンは火葬されない。魂はすでに、彼が生きている内から、体のまわりをうろつくのを止めてしまっているからだ。もはや、魂が体に執着する恐れはない。神聖なるものを体験し続けてきた人の体は、その思考の波を何千年も放ち続けるため、その体の保存が望まれる。その人の墓所は意味を持っている――それは効果をもたらす。肉体は死んでも、体は魂にとても慣れ親しんできたため、魂から広がっていた波動《バイブレーション》をたくさん吸収している。

思考は無限の可能性を秘めている。しかしそうは言っても、物質的だ。だから、考える事柄に気をつけなさい。細かい思考の波は、肉体が滅びてもあなたのもとに留まるのだから。この細かい波動の寿命に比べれば、あなたの体の寿命などはるかに短い。

もしイエスやクリシュナのような人が存在したとしたら、近い将来その思考の波動を捉えられるだろうというのが、今日の科学者の達した結論だ。そうなれば、クリシュナがかつて本当にギータを語ったのかどうかがわかるだろう――クリシュナが発した思考の波は、どこかの惑星や小惑星にこだましつつ、まだ宇宙に存在しているからだ。

それはちょうど、海に石を投じるのと似ている。石が落ちると、小さな波紋が生じる。石は水面には長く留まれずに沈んでいく。水面に触れるとすぐに石は沈み始め、水面への衝撃で生じた波紋は広がり始める。それはどんどん大きくなり、果てしなく広がっていく。あなたの視界の届く水平線をはるかに越え、どれだけ離れた岸辺にたどり着くかは知るよしもない。

思考は、いつ生じたかに関わらず——口に出されたものだけでなく、マインドの中に留まったものも含めて——宇宙に広がり、さらに拡散し続ける。それらは捉えることもできる。いつの日か科学が発展し、人類がさらに進化したら、私たちは再びそれを耳にすることができるだろう。ところで、デリーからボンベイに中継されたラジオのニュースは、ボンベイに届くまで少し時間がかかる。音が進むには時間が必要なためだ。ボンベイに到着する頃には、その音はもうデリーにはない——距離とは言ってもほんの数秒なのだが、その電波はデリーを後にしてしまっている。

インドのテレビで、ニューヨークにいる人を見ているとしよう。彼の映像がニューヨークで収録されている時、私たちは同じ時間にそれを見ることはできない——映像の収録と、それが私たちのもとに届くまでの間には、ずれがある。その合間に彼が死んでしまったとしても、私たちには生きている姿が映る。

地球からの思考の波は、他に発生した波動と同様、数限りない惑星に向かって放出されていく。もし先まわりしてそれを捉えたとしたら、それはまだ、ある意味で生きている。人は死んでも、思考はすぐには死なない。人の命は短いが、思考の命はとても長い。これも覚えておきなさい――表現しなかった思考は、表現した思考よりも長く生き続ける。なぜなら、そちらのほうが粒子が細かいからだ。粒子が細かければ細かいほど、その寿命は長くなり、粗ければ粗いほど、寿命は短くなる。

思考は、様々なかたちで物質界に影響を及ぼす。その影響は予想もつかない。生物学者は、植物のそばで優しげな音楽をかけると、たとえ季節外れでもすぐ花を咲かせることを、経験上知っている。混沌とした、騒々しい音楽だと、花は咲かない――たとえ開花の時期であってもだ。音楽の波動は、植物に影響を与える。また、牛はある種の音楽の影響を受けると、ミルクを多く出す。思考はさらに微細なエーテルを生み出し、そのエーテルは波動のオーラをつくりだしている。人はそれぞれ、独自の思考の世界を持ち運んでいる。そしてそこから、波動が絶え間なく広がっている。

こうした思考の波もまた、物質的だ。私たちがマインドとして知っているものは、物質エネルギーの非常に細かい形だ。この波動は捉え、研究できるため、科学がそれに到達するのは難しい話ではない。たとえば、人がどれほど深く眠るのか――人のマインドはどれほどの深みまで行けるのかについては、最近まで明らかではなかった。今では明らかだ――それを調べる装置が発明された。脈拍数の測定器があるように、睡眠を測定する装置もある。ある器具を一晩中頭に取り付けると、そこから出てくるグラフによって、眠りが深くなる時や、眠っている時間、夢を見ている時間、いい夢や悪夢の時間帯、それぞれの夢の長さ、性的な夢か否か、などが正確にわかる。すべてグラフが示してくれる。アメリカには約十の研究所があり、何千人もの人々が眠りに来ては報酬をもらっている。彼らの睡眠は詳細に分析される。睡眠についてまだ未知の分野が残っているのは、実に気掛かりだ。

人生の三分の一は、眠りの中で過ぎていく。睡眠は些細な事柄ではない。六十歳まで生きるとしたら、二十年は眠っていることになる。この二十年が理解されないままなら、人生の三分の一はずっと謎のままだろう。興味深いことに、もしこの二十年間を眠りに費やさなければ、人は四十年間生きられない。睡眠は基本的に必要だ。人は六十年間、まったく目覚めずに眠り続けられるが、まったく眠らずにはいられない。睡眠は基本的に不可欠だ。

眠っている間、私たちはどこか他の所にいる――マインドが、どこか他の所にある。しかし、このマインドは測定可能だ。人の睡眠の深さについては、すでに解明されている。夢などまったく見ないと主張する人々がたくさんいるが、これは完全に間違いだ。彼らは気付いていないから、そんなことを言う。夢を見ない人を見つけるなど、至難の業だ。本当に難しい！　夢は一晩中起こり続ける。あなたはせいぜい、ひとつかふたつしか夢を見ていないと思うだろうが、そんなことはない。夢は一晩中、起こり続けていることを機械は示している。ただ、それを覚えていないだけだ。眠っているから、記憶力がおろそかになる。覚えている夢とは、いちばん最後、眠りが終わりに近づいた時に見たものだ。眠りから覚めた時、最後に見た夢が思考に残る。そのかすかな名残は、あなたが目覚めた時、まだ内側に留まっている。しかし深い眠りの中で見た夢は、まったく覚えていない。

今、深い眠りの中で起こる夢についての研究が必要とされている。なぜなら、深い眠りの中で見る夢は、人の真の人格を顕《あらわ》にするからだ。実際私たちは、目覚めている時は不正直になっている。ふつう私たちは、「夢の中に何があるというのだ？」と言う。しかし、起きている時よりも夢の方が、私たちの真実を明らかにする。意識がある時、私たちは自分自身を偽りのマントで覆ってしまう。いつの日か、人の頭にガラス窓を作るのに成功し、そこからすべての夢を観察できるようになったら、彼の最後の自由は失われるだろう。そうなれば、夢を見ることさえ自由ではなくなる。人は、夢を見るのを恐れるようになるだろう。なぜならそこでもまた、道徳心が掟や規則でもって、警官をつくり出すからだ。それは、「この夢は適切ではない。おまえは正しい夢を見ていない」と言うだろう。しかし今のところ、私たちにはこのような勝手は許されていない。眠りの中では人は自由だ。——しかし、この自由もそう長くは続かないだろう。眠りへの侵略はすでに始まっている。たとえば今、ロシアでは睡眠学習がスタートしている。

睡眠学習については、多くの研究が進んでいる。起きている時は子供が反抗するため、より骨が折れる。子供に何かを教えるのはひと苦労だ。子供は、基本的に教え込まれるのを拒絶する。実のところ、誰もが学ぶことを拒否する。みな基本的に、自分はすでに知っているという考えを持っているからだ。子供もまた、「いったい何を教えようっていうのさ?」と言って拒絶する。子供には、まったく学ぶ用意がない。そこで、試験の後に賞や金メダルなどをあげて、子供をおだてなければならない。教育のために子供の野心を鼓舞し、後押しをし続ける必要がある。この闘いは長く続く。二時間で子供に教えられる事柄でも、二ヶ月はかかる。

そこで睡眠学習の手法が考案され、子供は寝ている間でも、昼間と同じくらいしっかり学習できることがわかった。その理由は単純だ——眠っている時には、抵抗がないからだ。眠っている子供のそばで、学習すべきあらゆる事柄を話しかけているテープを流す。「二たす二は四、二たす二は四……」とテープは繰り返し続ける。朝になったら子供に聞いてごらん。子供は言うだろう、「二たす二は四」。

さて、睡眠中に伝えられた思考は、思考の波によっても、マインドに刷り込める。今や私たちは、思考の波を理解している。以前私たちは理解していなかったが、今ではレコード盤に刻まれるのは、言葉そのものではないことを知っている。音の波動を刻んだものが、盤に録音される。針が刻まれた溝に触れると、刻まれた音と同じ波動が再生される。

前に話したように、オーム(*Aum*)を唱えると、砂にある模様が形づくられる。模様そのものはオームではない――しかし、この特定の模様がオームによって生じたことがわかれば、いつの日かこの模様を、オームに変換できるだろう。模様の形態に従えば、オームの音はきっと再生される。模様とオームは、同じものだとみなせる。レコード盤には言葉がない――言葉の音の衝撃によって作られた溝があるだけだ。溝に針が触れると、相当する音に変換される。

ごく近い将来、思考のレコードを作れるようになるだろう。思考の衝撃については理解されているため、記録できるようになるまでに長くはかからないだろう。そうなれば、すばらしいことが起こる。アインシュタインは死んでしまっているが、彼の思考の全過程を記録できるようになる。また、アインシュタインが生きていたら、将来考えたであろう事柄も、機械が提供してくれるだろう。機械は、彼の思考の波動のすべての衝撃を捉えるからだ。

眠り、夢、そして無意識については、充分に研究されてきた。今、マインドの科学的可能性はすべて知られている。だから、それらを理解しておくのはいいことだ。たとえば、怒っている人をつかまえてごらん。私たちの古い解釈に従えば、こんなアドバイスをするだろう、「怒るにまかせてはいけない。さもないと地獄行きだよ」と。他に言いようがない。しかし、この人が喜んで地獄に行くと言おうものなら、私たちは無力だ――手のほどこしようがない。さらに、この人が地獄に行くのを切望しているとまで言い放つなら、私たちの道徳も、すべて使いものにならなくなる。地獄を恐れているからこそ、人を支配できる。だから、地獄の恐怖がこの世から姿を消すや否や、たちまち道徳も失われてしまったのだ。もう誰も地獄を恐れない。「いったい、どこに地獄があると言うんだい？」と誰もが知りたがる。

道徳は完全に消滅してしまった。なぜなら、礎《いしずえ》としていた恐怖がなくなってしまったからだ。しかし科学は、ある種の体分泌液の中断を基本とする別の処方を開発したため、道徳は必要ないと言う。怒っていると、体内である種の化学的プロセスが生じる。それは、怒りが身体的な現象だからだ。内側に怒りを宿している時、体内にはある種の化学物質の分泌が確実に必要となる。従って、科学の公式はこうだ――これらの分泌液は、形成される前に阻止できる。そうすれば怒りは起こらず、怒りを直接止める必要もなくなる。もしこれらの液体が止まれば、怒れなくなるだろう。若い男女に、セックスを控え禁欲につとめなさいとアドバイスしても、彼らは耳をかさない。科学はこう言う、「そんなことはやめなさい！　ある内分泌腺の成長を妨げれば、二十五歳以前には性的成熟は訪れない」。

これは非常に危険だ。科学がマインドを完全に把握した時、人はその知識を誤って使い始めるだろう。科学によれば、反逆的なマインドの持ち主と、因習的なマインドの持ち主とでは、その化学的構造は異なる。この発見は危険性をはらんでいる。この化学物質の構造が明らかになれば、反逆的な人を受動的に、また因習的な人を反逆的にすることができる。人を窃盗や殺人に駆り立てる化学物質の構造がわかれば、もう刑務所や死刑執行は必要なくなる。ただ、それらを取り除く強制手術や治療をすればいいだけだ。問題の化学物質を取り除くか、それを中和する別の化学物質を開発するか、または解毒剤を与えればいい。目下これらの課題はすべて研究中だ。

これらの事柄はすべて、第四身体に到達しつつある科学の前途に、もはや多くの困難は横たわっていないことを示している。唯一の問題は、科学の大半が軍事目的の研究に携わっていることだ。だからこの種の研究課題は優先されず、二の次にされたままとなる。しかし大きな進歩がとげられ、稀に見る成果は得られている。

オルダス・ハクスレーは、ミーラやカビールに起こったことは、注射によってもひき起こせると言い放っている。これはとても大胆な主張だが、ほぼ真実だ。マハヴィーラはよく一ヶ月の断食をして、そのマインドを安らかにしたものだ。断食は肉体的な行為だが、それによってマインドが穏やかになるとしたら、マインドもまた物質的だということだ。一ヶ月の断食で、体内の化学物質の構造はすっかり変わる——体内にあったものすべてが変わる。摂取すべき栄養素が与えられず、体が蓄えていたものが使い果たされる。脂肪は溶け、不要な要素が破壊される一方、必要な要素は温存される。このように、体のあらゆる化学的な配合は完全に変わる。

科学はこう言う、「なぜ一ヶ月もの間、そんな苦労を経験する必要があるのか？　化学物質の割合は、今ここで指定されたとおりに変えられる」と。科学がこの化学的変化をもたらすことで、マハヴィーラが一ヶ月間もの長い断食の後に経験したものと同じ安らぎを、まったく時間をかけずして経験できる。一ヶ月の断食など必要なくなる。

私は瞑想中に、激しく速く呼吸するようにと言うが、三十分の激しい呼吸の後に何が起こるだろう？　体内の二酸化炭素と酸素の割合が変わるというだけのことだ――しかし、これも外部からの手段によって引き起こせる。三十分も苦労する必要はない。この部屋の酸素と二酸化炭素の割合は、変えられる。そうすれば、ここに座っている人はみな安らぎと穏やかさを体験し、喜びを感じるだろう。このように、科学は様々な方向から第四身体に入った。そして今、より深く入り込もうと試みは続いている。

瞑想中に、あなたは様々な経験をする。あらゆる香りを味わい、色を見るだろう。今やこれらはすべて、瞑想なしでもたらすことができる。なぜなら、これらを体験している最中、脳のどの部分が活性化するかが、科学によって明らかにされたからだ。美しい色を見て私の脳の後部が刺激された場合、活性化の度合いや生じた脳波の長さは、科学的分析によって正確に表される。瞑想する必要はない。電気の助けを借りて、あなたの脳に同じ波動を起こせれば、あなたは色を見始めるだろう。これはすべて、同時に起こる。どちらの極を捉えるにせよ、もう一方の端もすぐさま活性化するからだ。

しかし、これには危険が伴う。人の手によって、新しい研究が内側に入れば入っていくほど、危険はさらに高まる。たとえば、今や私たちは人の寿命を好きなだけ延ばせる。寿命はもはや、自然の手の内にはなく、科学が手にしている。だからヨーロッパやアメリカでは、何千人もの老人が、自由な意志に基づいて死ぬ権利を要求している。しかし彼らは、死の床で生かされているままだ。彼らは酸素を補給され、長いあいだ命を維持されている。九十歳の老人が死を乞い願っても、医者は言う、「そんなことには手を貸せません。法律違反ですからね」。父親の苦痛はあまりにもひどく、もう死を許されるべきだと息子が感じたとしても、彼はそれを大っぴらには言えない。死にかけている人を生かし、瀕死の人を生還させる機械がある。この現状は、ある意味では危険だ。

古い法律は、人を生きながらえさせる手段がなく、また人を死なせることが可能だった頃に作られたものだ。もうこの法律は、改訂されるべきだ。私たちは死にかけている人を生かし、その人が「これは暴力だ！　非道だ！　もうこれ以上、生き続けたくないのに。いったい、私に何をしてくれているんだ？」と感じるほど、長いあいだ生かし続ける。かつて犯罪者を縛り首にして罰していた時代があった。今から五十年後、犯罪者への処刑が、死を許さないということになったとしても、驚くに価しない。この処罰は、前者よりもさらにひどい。なぜなら死は数秒間の出来事だが、生は何十年も続くからだ。

人間の内的世界への新発見の際には、常にふたつの結果がもたらされる。人類がそれによって苦しむか、恩恵を受けるかだ。力を得る時にはいつも、両方の側面がある。

科学は人間の第四の次元に達した。これから五十年の内に——いや三十年の内に——第四身体を、より深く把握していくだろう。おそらくあなたがたは知らないだろうが、何であれ、その世紀の内になされることは、世紀末に最高潮に達する。どの世紀も、その終わりに課題を完結させている。今世紀はとても多くの課題を抱えてきたが、この三十年のうちに完結するだろう。その偉大なる事業とは、人間の超常的《サイケ》なものの解明だが、それは成し遂げられるだろう。

第五身体——霊《スピリチュアル》体——は、第四身体よりさらに細かい。そこには思考の波動《バイブレーション》だけでなく、実存の波動がある。私が完全に沈黙し、内側にひとかけらの思考もなく座っていたとしても、私の実存は波動をつくり出す。私に思考がなかったとしても、あなたが私のそばに来れば、あなたは私の波動の圏内にいる。そして非常におもしろいことに、思考の波動は実存の波動ほど強くはなく、また奥深くまでは貫いていかないという点だ。だから無心《ノーマインド》の域に達した人は、とてもパワフルになる。彼の力の影響を測るのは難しい。なぜなら存在の波動は、その人の内側で起こり始めるからだ。第五身体のエネルギーの波動は、人の知り得るすべてのエネルギーの中でも、もっとも微妙、微細なるものだ。

だから多くの場合、マハヴィーラのように沈黙するということが、よく起こってきた。彼はほんの少し話すか、あるいはまったく話さず、ただ座っていた。人々は、やって来てはマハヴィーラの前に座り、彼を理解し、帰っていった。こうしたことは彼の時代には可能だったが、今は違う。今ではとても難しい。スピリチュアル体の深い波動を体験するのは、あなたに無思考の状態でいる用意ができている場合だけだからだ。さもなければ不可能だ。自分自身の騒々しい思考でいっぱいになっていると、この微妙な波動を見逃してしまう。それらはあなたをただ通り過ぎ、つかむこともできない。

存在の波動が手の届く範囲にあり、両者が無思考の状態なら、どんな言葉もいらなくなる。非常に親密な次元において、伝達《コミュニケーション》が起こる。このコミュニケーションは、直接ハートへと達する。そうなれば言葉を尽くす必要はない。言葉では表現のしようがない。あなたもあれかこれか、イエスかノーかなど、迷いはしないだろう。あなたの実存が、起こったことそのものを、じかに知る。

第五身体の波動にまで達せるのは、人類だけとはかぎらない。マハヴィーラの生涯には美しい出来事がある――彼の集いには、動物までも参加したと言われている。ジャイナ僧はこの出来事を解釈できず、また決して解釈しようともしなかった。動物には人間の言葉はわからないが、実存の言葉ならよくわかる。私が無思考の状態で猫のそばに座ると……猫はすでに無思考だ。しかし、あなたがたとは話さなくてはならない。あなたがたを、猫と同じ無思考の状態に連れていくのは、とても長い旅だ。動物や植物、そして石でさえ、スピリチュアル体が発する実存の波動を理解できる。何の苦もなく。だから、この身体へも到達できないことはない――ただし第四身体の後でだが。第四身体は、様々な側面から理解されてきた。科学にとって、スピリチュアルな段階を受け入れるのは容易だろう。しかし、この後に困難が待っている。

私が、第五身体までは科学的に明らかにできるが、第五身体を過ぎると難しいと言うのには、訳がある。科学というものをよく理解すると、それはある特定なものに限定し、ある方向への専門化を行なってきた。だから、研究対象をできるだけ二、三の事項に絞り、それだけについてできるだけ多くを解明しようとする場合にのみ、深く進むことができる。科学の目的は、できるだけ限られた事柄について、より多くを知ることだ。科学の研究は二面的だ――ごくわずかな事柄について、より多くを知ろうとする。研究課題をできるだけせばめ、それに関する知識を増やしていくのだ。

昔の医者は身体全体の知識を持っていたが、現代の医者は違う。昔のような、何でも治療できる開業医は、今ではほとんど見当たらない。今の世の中では、そういう医者は骨董もので、もはや信用に値しない。彼はあまりにもいろいろな事を知っているため、ひとつの事柄について信頼に値するほど充分には知っていない。今日では眼の専門医、耳の専門医がいる。彼らは専門分野について、もっとも高度な知識を得ているため信頼される。

たとえば、眼に関する書物は膨大で、一生かけても読み通せないほどだ。近い将来、右目の専門医や左目の専門医、もしくは瞳の専門医や網膜の専門医が現れる可能性は大いにあり得る。知識が増すにつれ、専門的な研究のために、眼は様々な部分に分けられるだろう。各部分は、それぞれ重要な研究対象だ。科学の目的は、注意の焦点を針先ほどのものに集中し、もっとも深い所に至るまで、理解していくことだ。これが、いかにして科学が多くの事柄を解明してきたかだ。

すでに話したように、科学は第五身体に到達するだろう。第五身体までは個が依然として存在するため、科学の対象の枠内に入る。第六身体からは宇宙的なものが始まり、これは科学の守備範囲を越えてしまう。宇宙体《コズミック》とは、全体《トータル》という意味だ。科学はそこには踏み込めない。科学は、小さなものからより小さなものへと進んで行くからだ。だから把握できるのは個だけであり、宇宙の把握は非常に難しい。宗教だけが、宇宙を把握できる。このため科学にとってアートマン、自我までは問題はないが、ブラフマン(梵)からは難しい。私は、科学がブラフマンを理解できるだろうとは思わない。そのためには、専門性を捨て去らねばならないからだ。専門性を捨てた瞬間、もはや科学ではなくなる。宗教と同じように、総合的で漠然としたものになるだろう。私たちは科学の助けを借りて、第五身体までは行き着ける。第六身体で科学は道に迷い、第七身体に至るのは不可能となる。なぜなら科学のあらゆる探求は、生命のみに絞られているからだ。

実のところ、私たちの存在は生命に中心を置いている。あまり病気になることなく、より健康でいたい、より幸せで快適な生を営み、長生きをしたいと私たちは望む。科学の目的は、人生を真に幸福で、満足のできる、健康で楽しいものにすることだ。しかし第七身体は死の受容、究極的な死だ。ここにおいて、瞑想者は生の探求を越えていく。彼は言う、「私は死をも知りたい。私は存在を、そして実存の神秘を知った。今や私は非在、非実存を知りたい」

この領域において、科学は用をなさない。フロイトのような科学者はこれを死への願望と呼び、マインドが不健全な状態——自殺的——とみなす。フロイトによれば、解放と解脱は生へと導くものではなく、こうした概念は死への願望の証しということになる。死を望むのは、病的だからだと彼は言う。科学者は、死の願望に対して否定的だ。というのは、科学は生きる意志、生の発展を基本としているからだ。生きる望みを持つことは健全だが、死を望む瞬間が訪れるのもまた、健全だ。だが、この瞬間がやって来る前に死にたいと思うのなら、まったく不健全だ。しかし人生の中では、死へ向けて死を望む瞬間も訪れる。

目覚めているのが健全で、眠っているのは不健全だ、夜よりも昼間を少しずつ延ばした方がいい、とある人は言うかもしれない。昔、夜は六時から始まったが、今は午前二時からだ。私たちは、夜の時間を昼間に変えてしまった。もし夜が、人々の生活から完全に排除できるとしたら、人生のかなりの部分を無駄にせずにすむとまで言う、近代的な思想家もいる。眠る必要がどこにある？　眠りは排除されるべきだと、彼らは主張する。しかし目覚めている時に喜びがあるように、眠りにもまた喜びがある。目覚めていることへの願望が、自然で健全であるように、眠りに対する願望もまた、健全なものだ。最期のひと息に至っても、なお生への渇望を保ち続けるとしたら、その人は不健全だ。誕生の時から死への願望を培っている人がいるとしたら、それもまた不自然で不健全だ。子供が死を切望しているなら、その子は病的で異常であり、治療が必要だ。老人が生を切望しているのもまた、治療が必要だ。彼もまた病んでいる。

生と死は、存在のふたつの翼だ。ひとつしか受け容れないとしたら、あなたは不自由になる。もう一方を受け容れる時が来るまで、あなたは不具なままだ。翼はどちらも——実存と非実存——重要だ。実存と非実存の両方を等しく包含し受け容れる人は、完全に健全と呼ぶに値する。「私は〈在る〉ことの何たるかを理解した。今、私は〈在らざる〉ことの何たるかを知りたい」と言う人は、非実存を恐れない。

七番目の段階は、勇気ある人々だけのものだ。生を知り得たる者は死を知ることを熱望し、死と消滅への探求に心を燃やす。彼らは、在らざるとは何か、消え去るとはどのようなことか、非実存とは何かを知ることに、強い関心を抱く。彼らは生を味わい尽くし、今や死を味わいたいと望んでいる。

私たちはこの地点で、死は第七の次元から訪れるのを知るだろう。私たちが一般に死として理解しているものは、第七の次元からやって来る。生として理解しているものは、第一の次元からやって来る。誕生は肉体から始まる。誕生とは肉体の始まりだ。だから、母親の子宮の中で始めに肉体が生まれ、他の身体は後から生じる。第一身体は生の始まりであり、最期の身体——涅槃体《ニルヴァニック》——は死が訪れる所だ。肉体に執着する者は、死を非常に恐れる。そして死を恐れる者は、第七身体を知ることは決してない。

こうして肉体から次第に離れていくにつれ、死を受容する時もまたやって来る。そうしてはじめて、人は知ることとなる。死を知った人は、まさに文字どおりに、本当に解放される。その時、生と死は同じもののふたつの部分となり、人はその両者を越える。科学は第六身体に達する可能性はあるが、第七身体に至る望みはまったくない。

第四身体の扉は、科学へと開かれている。そして今、科学が第五身体へと進んでいくのに、実際何の困難もないのだが、科学的マインドと宗教的ハートを兼ね備えた人物が必要だ。そのような人が現れれば、第五身体に入っていくのは難しいことではない。もっともこの組合わせは、非常に困難ではある。科学者としての訓練は、様々な角度から人が宗教的になるのを妨げてしまう。同様に宗教的な修行も、人が科学的になるのを妨げてしまう。このふたつの訓練の分岐が重なり合う所は、ひとつもない。だから至極困難なのだ。

それは時々、起こる。そして起こるたびに、知識の新しい最高峰が生まれる。たとえばパタンジャリの例を挙げよう――彼は科学的思考を備えた人物だったが、宗教へと入っていった。彼はヨーガを今日の高みにまで引き上げた。これを凌ぐのは至難の業だ。パタンジャリが亡くなってから長い年月がたった。この分野において、もっと莫大な業績が成し遂げられて然るべきだったが、科学者としての知性と、内的世界の霊的鍛錬を兼ね備えた人物は現れていない。ヨーガの頂点を、さらに越えゆく者は現れていない。シュリ・オーロビンドも試みてはみたものの、成功しなかった。

シュリ・オーロビンドは、科学的思考を備えていた――おそらく、パタンジャリよりも科学的だっただろう。彼は西洋で教育を受けていた。彼は上級の教育を受けた。彼が六歳のころ、父親は彼をインド国外に送り、完全に成熟するまで戻ってくるのを許さなかった。父親は自分が死の床についた時でさえ、家族の者たちがオーロビンドを呼び戻してもいいかと言っても、そうさせなかった。彼は言った。「死ぬ前にあの子に会えなくてもかまわない。彼は、西洋文化を完全に吸収しなくてはいけない。彼に東洋の影を落とさせてはならない。私の死さえも、伝えてはいけない」。彼は、とても勇気ある父親だったに違いない。こうしてオーロビンドは、西洋文化を存分に飲み干した。真の意味での西洋人がいるとしたら、それはオーロビンドだ。彼はインドに帰国した後、母国語を再び学び直さねばならなかった。

彼は科学の知識を完全にマスターしたが、宗教については後から吸収したためか、深く表現できなかった――さもなければこの人物は、パタンジャリよりもずっと高い地点を極めただろう。しかし、それは実現しなかった。西洋での勉学は、深いところで障害となってしまった。彼の思考は、完全に科学者のものだったからだ。彼は、ダーウィンの革命的な理論をすべて宗教に取り入れ、宗教に西洋から持ち帰った思想を紹介した。しかし、科学に紹介できるような宗教への洞察は、持ち合わせていなかった。そのため、多くの科学文献を記したものの、宗教についてはごく表面的にしか扱っていない。なぜなら、第六、第七の次元の神秘性を解説しようとする試みは、それが科学的、論理的な言葉では説明できるものではないために、すべて失敗に終わってしまうからだ。

科学的な知性と、宗教的なマインドの間にバランスがとれる時にはいつも、大いなる高みが達成されてきた。しかし東洋では、こうしたことが起こる可能性は非常に少ない。なぜなら東洋は宗教を失い、また科学をまったく有さなかったからだ。西洋には、もっと可能性がある。西洋では科学が飽和状態だからだ。

行き過ぎる時にはいつも、振り子はもう一方の極へとふれる傾向がある。だから西洋の優れた知識人たちは、興味を持ってギータを読む。こうしたことはインドのどこにも見当たらない。

ショーペンハウウェルは、初めてギータを読んだ時、歓喜のあまり本を頭の上に載せて踊り始めた。いったいどうしたのか、なぜこんな気違いじみた振る舞いをするのかと、人々が尋ねると、彼は言った、「この本は読むだけでなく、頭に載せて踊る価値がある！　かつて地球上にこのように語れる人々がいたとは、まったく知らなかった。言葉にはできないと思っていたことが、この本の中に表現されている」。今、ここインドでは、頭の上にギータを載せて踊るような人は、ひとりもいない。せいぜいギータを列車の座席に置いて、その上に腰掛ける人々ぐらいだ——これでは意味がない。

今世紀末までに、新しいことが極められるだろう。必要性が生じる時は、世界中で様々な力が活性化する。アインシュタインは、世を去る前に宗教的になった。彼は生涯、科学者であり続けたが、人生を閉じようとする時に宗教的になった。だから、生粋の科学者たちは言う、「アインシュタインの最後の著述を、真面目に受け取るべきではない。彼は頭がおかしくなってしまったのだ」と。

アインシュタインの最後の言葉は意味深い。彼は言った、「世界について知るべきことは、すべて知ろうと思っていた。しかしより多くを知るにつれ、ますますそれは不可能だということがわかってきた。茫漠たる無限が、依然として理解されぬままに残っていたのだ。科学の分野の謎を解き明かし、数式にまとめれば、いつの日かいっさいの謎も存在しなくなるだろうと思っていた。だが、数学上の問題点は増すばかりで、世界の謎を解くどころか、それ自体が謎となってしまった。今では、この問題を解くのは不可能だ」

現代の数少ない先鋭の科学者たちは、宗教の周辺をさまよっている。これほどの可能性が、今、科学において起こっている。なぜなら科学は、第二身体を通って第三身体へと近付こうとしており、第三身体に近づくにつれ、宗教の影響は避けられないからだ。不確実さと推測の未知なる世界に立ち入っていくのは、科学の自然の流れだ。いつかどこかで、科学は未知なるものを認めざるを得ないだろう。肉眼で見える以上の何かが他にある、ということに同意せざるを得ないだろう。見えざる何かが存在し、耳にすることのできぬ何かが存在している。百年前私たちは、聞いたり、見たり、触れたりできないものは存在しないと言っていた。今、科学の言い方は違う。科学は言っている、掴み取れる領域は非常に狭く、掴み取れぬ領域はあまりにも広大だ。可聴音域は狭くとも、耳にできぬ音域は無限に広がっている。見えるものは見えざるものの限りなきに比べれば、遥かに小さい、と。

事実、私たちの目に見えるものは、全体の内のごく狭い部分だ。目は限られた波長を、耳も限られた波長を感知する。その波長の上下には、まだ無限の波長が存在している。しかし時たま偶然にも、これらの波長が私たちの感覚で捉えられることもある。

かつて山から転落し、耳に傷を負った人がいた。すると彼の耳は自分の街のラジオ局の電波を感受し始めた。病院で、彼は大変やっかいなことに直面した。始めのうちは何が起こったのかわからなかった。彼は思った、「私は気が狂ったのだろうか、さもなければ、この事態は理解できない」。

やがて事情が何となくわかってきて、彼は医者に訴えた。彼は「病院のラジオはどこに置いてあるんです？」と医者に尋ねた。

医者は言った、「ラジオの音が聞こえるって？ ここにはラジオはありませんよ」。それでも彼は、ニュースが聞こえると言い張り、何が聞こえてくるかを話した。医者が事務室に駆け込みラジオをつけると、驚いたことにまったく同じニュースが放送されていた。これで事態ははっきりした。彼の耳は、今までにない新しい波長を受け取れるようになったのだ。山から転落したのがきっかけとなり、耳が変化してしまった。

近い将来、耳に小さな機械を付け、様々な波長を直接捉えられるようになる可能性は、大いにある。限りない音が私たちを通り過ぎ、また取り巻いている。しかしそれらを聞くことはできない。私たちの聴覚の領域は、ごく限られているからだ。たとえ、いくつもの音が大音響で鳴っていようと聞こえない。聴覚の可聴範囲を上回ったり、下回ったりする音は、聞くことができない。星が流れる時には、落ちていく音を非常に大きく回りにとどろかせるが、私たちには聞こえない。もし聞こえるとしたら、耳がおかしくなってしまうだろう。同様に、私たちの体温はおよそ華氏九十八度から百十度の範囲にある。九十八度より下がっても、百十度より上がっても、私たちは死ぬ。私たちの生命は、十度から十二度の範囲で揺れている。熱の範囲は広い。十二度の範囲より狭くなることもあるが、私たちはそれには影響されない。

同様に、私たちにはあらゆることに限界がある。しかしこの限界の外側についても、知ることは可能だ。なぜなら、それらもまた存在しているからだ。科学はそれらの存在を受け入れ始めた。いったん受け入れれば、それがどこにあるのか、いったい何なのかという探求が始まる。これらはすべて知ることができ、認識できるものだ。だから科学は、第五身体に到達するだろうと私は言うのだ。

非実存を知るのは誰なのでしょうか。また、何をもとにそれを知り得るのでしょうか。

この質問は、そもそも誤っている。この質問は、提起することも、こしらえることもできない。なぜなら「誰が非実存を知るのでしょうか？」と尋ねるのは、誰かが背後にいることを意味する。となると、それは非実存ではなくなる。

非実存の全容はどのように伝えられるのですか？

何も伝えられはしない。たとえば夜眠る時……。あなたは、起きている時の出来事しか、意識していない。いったん眠りにつけば、まわりのことなど気に留めない。だから伝えられるのは、起きている時間——眠る瞬間までの状況——だけだ。しかし普通、あなたは反対のことをする。あなたは言う、「八時に寝ました」。これは誤りだ。「八時まで起きていました」と言うべきだ。眠りについての説明はできない。眠っている時、誰が説明するのかね？　説明は別の側面からなら可能だ。「私は八時まで起きていた。もしくは八時まで私は自分が起きているのを知っていた。しかし八時以降は何も覚えていない。六時に目覚めたのはわかっている。八時から六時の間には空白があり、その間私は眠っていた」と。

これはたとえ話だ。あなたは第六身体まで、その何たるかを知るだろう。第七身体に飛び込み、再び第六身体に戻って来た時には、このように言える、「そうか！　私はどこか他の所にいた。私は非実存を経験していたのだ」。こうした言葉は、第六身体でのみ得られる。それでも多くの人々は、第七身体に到達した後、口をつぐんでしまっている。それには訳があった——語りえぬものを、どうして語れよう？　という——。

近年、ヴィトゲンシュタインという人物が、いくつか稀にみる言及をした。そのうちのひとつはこうだ、「語りえぬことは、語るべきではない」。多くの人が語れない事柄を語り、人々を困難に陥れてきた。彼らが、それは語りえぬものだとも言ったからだ。そうなると、これは否定的な説明になってしまう。これは最後の境界線から届けられる便り《ニュース》だ。そこではこう語られる、「私はあの地点まで到達した。しかしそれを越えると、私はいなくなった。その地点の向こうには、知るべき物も知ろうとする者も、まったく何も残されていなかった。そこには伝えるべきことも、伝える者もない。しかしこれは、ある境界を越えた時に起こったことだ。それ以前には、私はいた」。その境界線とは、第六身体の終わる所だ。

ヴェーダ、聖書、ウパニシャッド、そしてギータの記述は、第六身体にまで及んでいる。第七の次元は、言葉に尽くし難い。実際、説明不可能なものだ。第六の次元までの説明はさほど難しくはなく、第五の次元までなら、ごく簡単だ。しかし第七の次元では、知り得たる人もその知識もない。実際、自分が存在したことをほのめかすような名残も残らない。この空っぽの空白について語るなら、否定の表現を使わざるを得ないだろう。だから、ヴェーダやウパニシャッドは、「これでもない、あれでもない」と言わなくてはならなかった。そこにはこう書いてある、「何があるのかを尋ねてはならない。そこには何がなかったとしか、つまりそこにあったものは、ないということしか、語ることはできない。そこには父も妻もなく、どんな物質も経験も知識もなかった。そして『私』さえも―― エゴさえもなかった。世界も、その創造者もなければ、そこには何もなかったのだ」。これが第六身体の境界線だ。そこに何があったのか？　あなたは沈黙を守るだろう。なぜなら、表現し得ないものだからだ。

ブラフマンについての情報がもたらされているが、それを越えて伝えられて来るものは、必ず否定形になる――ちょうど、仏陀が語ったのと同じように。仏陀は、第七の次元を何とかして説明しようとした。だから仏陀の伝えた言葉はすべて打ち消しの形であり、否定形だ。このため、その土地の人々には理解されなかった。ブラフマンの肯定的な体験は、人々によく理解された。ブラフマンはサット・チット・アナンダ――真実・意識・至福――と呼ばれ、こうした肯定的な言葉はよく理解された。それについては、これこそそれだ、あれこそそれだと言うこともできるが、仏陀は否定形で語った。おそらく彼は、第七の次元を説くために尽力した、唯一の人物だろう。

仏陀は、この国では受け入れられなかった。なぜなら、彼が語った空間は根も葉もなく、姿形もないような空間だったからだ。人々は耳を傾けたが、それを無用とみなした。「何もない所で、いったい私たちは何をするというのだろう？」と彼らは言った。「せめて、私たちがいるような場所について示してほしいものだ」と。しかし、仏陀は言った、「あなたたちは存在しなくなる」。するとこの国の人々は、彼から去っていった。人々は最後の際《きわ》で、自己を温存したいと望んだのだ。

仏陀とマハヴィーラは同時代に存在したが、人々はマハヴィーラの方をよりよく理解した。というのも、マハヴィーラは第五の次元までの事象を語ったからだ。しかし彼は、第六の次元には少しも触れなかった。これは、彼が科学的なマインドを持っていたためだ。第六の次元を説明しようとすると、いつも言葉はあいまいで、ぼんやりとして非論理的になるのを、彼は感じていた。第五の次元までは、すべて確実だ。これはこうで、それはああだと解釈ができる。第五の次元までは、自分が経験したものと事象が似通っているからだ。

大洋の真ん中に、たった一種類の花しか育っていないとても小さい島があり、島の外に一度も出たことがないような人々が、わずかに住んでいるとしよう。ある日、通りがかりの船に、島人のひとりが外国へと連れ去られ、そこで彼は違う種類の花を見る。彼にとって「花」は、自分の島に生えていた、ある特定の種類の花を意味していた。しかし、今初めて「花」の意味は広がりを持ち、「花」という言葉は、ただひとつの花だけに付くのではなく、何千もの花々に用いられていることに気づく。彼はそこで、バラやユリ、蓮やジャスミンを目にし、今度は悩み始める。「花」は、たった一種類の花だけを意味するのではないということを、帰ってどう説明したらいいだろう？　花々には、それぞれ名前があるということを、どう説明するというのだろう。彼の島では、花はたったひとつしかなく、花のほかにどんな言いようもない——それは単に「花」だ。他の人に、ユリやジャスミンの花についてどう話したらいいのか、彼は思い悩む。

彼は島に戻り、難しくはあったものの、ひとつ方策を見つける。少なくとも、そこには拠り所となる花がある。さて、彼は自分が発見してきた認識を伝えるため、この唯一の花に何かを付け加え、他の花の様々な色や形や香りを説明しようと試みる。彼はこうも話せる、「これと同じような白い花もあれば、赤やピンクや黄色や、その他様々な色がある。これと同じような小さい花もあれば、蓮のように大きい花もある」。こうして、意志の伝達ができる。他の花について、何かをほのめかすことのできる花が、すでにひとつあるおかげだ。

しかし、この人が外国ではなく、花も植物もない月に行ったと考えてごらん。そこの気候は彼にとってなじみがなく、気圧も異なる。彼が島に帰り、人々が月で何を見たのかを尋ねたとしても、説明はとても難しいだろう。説明の拠り所となる、彼の経験と共通する点は、何もないからだ。彼の言語の中には、状況を説明できるような言葉もシンボルも、まったくない。

これが、まさにその状況だ。第五の次元までは、説明の言葉を見つけられる。しかしそれにしても、ひとつの花と何千もの花の違いを説明しようとするようなものだ。第六の次元から、言語は曖昧になり始める。そこで私たちは、それを説明するには、一と千との違いくらいでは収まらぬほどの地点に至る。それはとても難しい。それでも、否定形か全一性《トータリティ》を用いて、ある程度の概念は伝えられる。そこには限りがなく、無限だと言える。無限についてはなじみがあるため、この知識を元に、そこには終わりがないということをも伝えられる。依然として曖昧だが、これがいくらかは概念を与えるために、私たちは理解したつもりになってしまう。しかし、そうではない。

だから、曖昧な点は大いにある。私たちは、言われたことはわかったと思っている――そこには限りがないということについて。しかし、「無限」という言葉が意味するものは何か？　私たちの経験は、限りあるものについてだ。それはちょうど、島の人々が、「ええ、わかりました。あなたが話しているのは、花についてなんですね」と言うようなものだ。すると人は言う、「いえ、いえ！　その花だと思ってはいけませんよ。その花とは、何の関係もありません。そこではそんな花など、まったく見られませんよ」。すると人々は言う、「もし、この花のようでないとしたら、なぜ花と呼ぶんです？　これしか花はないのに」

私たちもまた、自分が理解しているという幻想にとりつかれている。「神は永遠で無限だ」と言われれば「そうです、わかっています」と答える。しかし、私たちは限界についてしか経験していない。私たちは、何も理解していない――ただ、限界という言葉を知っているだけだ。それに「無(-less)」という語を付け、そこには「無」限ということをわかったつもりになり、理解したと思いこむ。しかし、いったん限りなきものを想像し始めると、驚くことだろう。あなたがどれだけ思い描こうと、限界線は依然としてあるからだ。さらにさらに遠く――数百万、数十億マイルの彼方、光年の尽きる所――へと行ったとしても、あなたの立ち止まった所に、限界は現れる。

私たちのマインドは、「無限」の意味を、せいぜい遥か遥か遠い彼方の境界としか、捉えきれない――それはあまりにも遠いため、私たちの認知を越えてはいるものの、依然として存在している。そしてまた、私たちは見逃してしまうだろう。だから第六の次元については、何らかのことが言える、そして私たちはわかったと思い込むが、それは理解ではない。

第七の次元については、理解したとさえ、あまり言えないだろう。この次元については、語ることさえ不可能だ。もし誰かが語ろうとするや否や、私たちはすぐさま、「何をばかげたことを言っているんだい!」と言うだろう。だから、第七の次元を示すため、不合理な言葉――意味のない言葉、意味をなさない言葉――が使われたのだ。

たとえばオーム(*Aum*)だ――この言葉には意味がない。意味をなさない言葉だ。私たちはこの言葉を、第七身体に関わるものとして使ってきた。第五身体までは語れるが、第七身体について語ってほしいとせがまれたら、私たちは「オーム(*Aum*)」と言う。だから教典が完成した時、「オーム・シャンティ(*Aum Shanti*)」という言葉が記された。この意味がわかるかね? 第七身体が訪れたという意味だ――それ以上、何も語るべきことはない。第七身体が現れるや否や、教典は終わる。第七身体の始まりは、教典の終わりだ。だから、各教典の最後には「終了」ではなく、「オーム・シャンティ（*Aum Shanti*）」と記される。オームは第七身体の象徴であり、これ以上語り合えるものはないということを伝えるための言葉だ。そこから先は、静けさと穏やかさの内にあれと、この言葉は私たちに熱く語っている。

私たちはその背後にどんな意味もなく、どんな目的も持たない不合理な言葉を考え出した。もし目的があるとしたら、その言葉は使いものにならない。なぜならこの言葉は、すべての目的が終焉を迎えた世界を表すためにつくられたものだからだ。それは目的のない言葉であるため、世界中のどの言語にも存在しない。実験も行なわれたが、オームにはどんな意味もないことがわかっている。キリスト教徒は祈り、その祈りの最後に「アーメン」と言う。彼は「満たされました！　終わったのです！　これから先は平和です。もう言葉はありません」と言っている。しかし、オームと同じものではない。オームの翻訳はできない。それは第七身体のシンボルとして、私たちが選んだものだ。

オームは寺院に刻まれ、第七の次元も存在するのだから、第六で立ち止まってはいけない、と私たちに喚起している。オームは、ラーマとクリシュナの像の中間に置かれ、彼らよりも卓越しているということを暗示している。クリシュナは、オームとは別の所を見つめている——しかしオームはより偉大で、非常に広大だ。あらゆるものがそこから立ち現れては、そこへ消え去っていく。だから私たちは、この世のすべてをもってしても、オームの価値を評価してはこなかった。それは、究極的で超越的という意味において、神聖なものの中でも、もっとも神聖なるものだ。そこでは、すべてがその独自性《アイデンティティ》を失う。

だから、第七の次元については何も伝えられない。それはあれではありえない、ただ否定の言葉でのみだ。――「それはこれではない、それはあれではない、表現できるとすれば、云々……」。しかし、こうしたことが意味を持つのも、第六の次元までだ。だから多くの見者たちが、第七の次元については沈黙を守っていた。語ろうとした者たちには、大変な困難が持ち上がった。語りながらも、彼らは何度も、それは表現しえないものだと、繰り返さねばならなかったからだ。彼らは聴衆に、何度も警告せざるを得なかった――「それについて語ってはいるが、しかし実のところ、それは語りえぬものだ」。すると、私たちは困惑してしまう。なぜ彼らは、語りえぬものなのに語るのか？　彼らは話すべきではない。しかし彼らは言う。「第七の次元は確かにある。だが、それを描写するのにふさわしい言葉がない」

この世界のどこにも、それに匹敵するものはない――それは表現できない。それについて多くを語り、多くを表現できるが、難しいのは、言葉で伝える手段がまったくないという点だ。それを知ることはできても、表現することはできない。

以前はよく喋っていた人、優れた雄弁家、この世のすべてについて説明できた人が、第七の次元から帰ってくると、突然無口になってしまうのはこのためだ。このように、突然人が黙してしまった時、その沈黙自体が、あるメッセージを伝えている――彼らの静寂をたたえた眼差しが、語りえぬものを語っている。あなたが今尋ねていることにも絡むことだが、仏陀は規則を作り、ある特定の質問は受けつけないようにした。彼は言った、「これらの質問をしてはいけない」。それを尋ねるのは適切ではない。それらは知るのに適していない。ある種の問題は定義不可能なため、論じるべきではない、と彼は言いたかったのだろう。それを語るのは、適切ではなかったようだ。

老子は言った、「どうか私に、ものを書くのを頼まないでほしい。私が記すものは、すべて誤りとなるからだ。伝えたいことを私が伝えられることは、決してないだろう――私が記せるのは、伝えたくないと思っていることだけだ。でも、それが何の役に立つだろう？」。だから彼は、晩年になるまで何も書き記さなかった。彼の同郷の人から強くせがまれた時、彼はちょっとした本を記した。その出だしの一文はこうだ――「真理が表現されるや否や、偽りになる」。だがこれは、第七の次元においては真実だ。第六の次元では、偽りとまではならないが、曖昧になる。第五の次元では、語られる真実は確かだ。第七の次元だけが、表現できない。私たち自身がなくなる所に、どうして言葉や言語が存続できるだろう？　それらもまた、私たちと共に消え去る。

オームが第七の次元を表現するのに選ばれたのには、何か特別な性質があるからですか？

オームが選ばれた訳は、ふたつだ。ひとつは意味を持たず、また何の意味も伝えられない言葉が求められたためだ——もし、その言葉が何らかの意味を伝えたら、第五の次元に落ちてしまう。だからある意味で、意味のない言葉が必要とされた。私たちの言葉には、すべて意味がある——私たちは、意味を伝えるものとして言葉を作った。まったく意味を伝えないとしたら、なぜそれを使う必要がある？　私たちは、話すために言葉を使う。そして話す目的とは、何らかの思考を伝えることだ。

私がひとつ言葉を発せば、それがあなたの中の、ある意味に行き当たるはずだ。第七の次元から戻ってきた時、人々はもし第七の次元を説明する言葉を作り、それが意味を伝えるとしたら、たちまち第五の次元に逆戻りしてしまうと感じた。その言葉は辞書に付け加えられ、人々は読んで、理解したと思い込む。しかし、第七の次元は意味というものを持たない。そこには意味がない、または、意味を超えているとも言える——両方とも、同じ意味だ。

すべての意味が失われる状況の中で、意味のないことだけが残る。これに対して、どんな類の言葉を見つけられるだろう？　どうしたら、それらを作れるだろうか？　この言葉は、優れた直感力と洞察力の手を借りて、極めて科学的な方法で作られた。まず、元となる言葉を組み立てる必要があった――基礎となる言葉、土台を形づくる言葉だ。ではどうしたら、意味をまったく伝えない言葉を見つけられるだろう？　どのように作ることができるだろうか？　深い意味で、その言葉は源泉の象徴《シンボル》となるものだった。

発音の基本となる三つの音は「a」、「u」、「m」だ。この三つの音の展開で、あらゆる言葉は発展してきた。それらは基調音だ。a、u、mの音そのものは、どんな意味も持たない。言葉の意味は、それらの組み合わせによって決まるからだ。「a」がひとつの語となると意味を持ち、また「m」がひとつの語になると意味を持つ。しかし、それ自体に意味はない。それでもそれらは基調音であり、言葉のすべては、この三つの音の派生や組み合わせによって発展する。

このように基調音が選ばれ、結び付けられてオームという言葉ができた。オームは書き記すことができる。しかし、書き記すことによって、他の書き言葉と同じように、意味を持つのではないかと思い始める人がいるかもしれない。オームは、第七の次元にあるものを意味していると、人は考えるだろう。このため、言葉ではなくオームの絵が作られた――文字はひとつも、使われなかった。「a」、「u」、「m」の三つは単なる音であり、文字や言葉ではない。こうして、オームは絵の形で誕生した。辞書に組み込まれず、むしろ目に印象づけられる、未知なる印となるようにだ。こうして、人がその意味を見出したいと切望し始めるように、オームは創り出された。

サンスクリットを読んだり、古代の書物を研究する際、いつも決まって苦労するのがこの言葉の説明だ。言葉なら意味があるから、手中に収められる——しかし ॐ は理解を越えている。彼らは常に訊く、「オームの意味は何ですか？　その意義は何でしょう？　オームの意味するところは何でしょう？　なぜ a—u—m のように、文字で書かれないのですか？　なぜ絵の形なのでしょう？　よくこの絵を見ると三つの部分から成っていて、それらは「a」、「u」、「m」の象徴だと見てとれますが」。

この絵については、じっくり研究されることが必要だ。これはありふれた絵ではない。研究は肉体の次元からではなく、第四身体からなされるべきだ。実際、第四身体に入り無思考の状態になると、内側で「a」、「u」、「m」の基調音がこだまし始め、その組み合わせがオームという言葉を作る。内側に完全なる静けさがあり、思考も完全に失われる時、内側でオームの低いうなりが反響し始める。この音は、思考も言語もなくなる第四の次元以降に、捉えられる。その時、残るものはオームの音だ。こうして、オームの音は捉えられる。

先に話したように、言葉にはそれぞれ独自の模様《パターン》がある。ある種の言葉を使うと、マインドに特定の模様が生じる。オームについて瞑想をし、その音が第四身体に響きわたると、内側にそれと対応する絵が現れる。すべての根源的なマントラは、このようにして見出された。瞑想者が瞑想中に、あるチャクラの振動を捉えた時、そのチャクラの根源となるマントラが明らかになる。根源的なマントラは、こうして作られた。そしてオームは、究極の根源だ。それは、どのチャクラの根源でもない――むしろ、無限で永遠なる、第七の次元のシンボルだ。

オームという言葉には、こうして行き当たった。そして何千人もの探求者の体験と合致し、彼らが賛同し、その言葉は受け入れられた。たったひとり、または数人の同意が得られただけで、この言葉が世に姿を現したわけではなかった。同じ言葉が、多くの瞑想者たちの間で反響し、何百万もの瞑想者が、その信憑性を証言した末に初めて、オームは選ばれた。オームという言葉は、特定の宗教や教団に伝わる財産ではない。だから、仏教徒もジャイナ教徒も何のためらいもなく、自由にオームを使う。それはヒンズー教の所有物ではない。様々な道の、あらゆる瞑想者によって得られたものだ。同様のものが他の国で見つかるとしたら、それもまた、ある意味ではまさにこの言葉の断片なのだろう。

ローマやアラビアの探求者が発見したものを調べれば、基調音である「m」について、必ず触れられている。「m」に「a」を伴うものもあるが、「m」は常にある。これは「a」と「u」が、とても微妙で捉えにくいためだ。言葉の最初の部分は私たちの注意から抜け落ち、最後の部分だけが聞きとられる。このため、オームの音が内側で響き始めると、その内の「m」は簡単に捉えられる。閉めきった部屋に座ってオームを唱えると、始まりの音は「m」にとって代わられる。そして「a」と「u」はまったく聞こえなくなり、あたり一面に響き渡るのは「m」だ。そこで瞑想者たちは、最初の音はあまり明瞭ではないが、基調音「m」は確固としているという結論に達した訳だ。それはただ、聴き取りの違いだけだ。この方面への探求がなされてきた所ではどこでも、瞑想者たちがこの言葉に関する何らかの理解を得てきた。大規模な研究が行なわれ、たとえば千人の科学者が同じ実験をし、同じ結果を得ると——その妥当性は証明される。

この国は、幸運にも数千年もの間、自己探求の旅に時間を費やしてきた。このような実験を、かくも広大な規模で、しかもこれほど多くの人々を伴って行なった国や人々は、世界のどこにも見当たらない。一万人の瞑想者たちが仏陀のまわりに座り、男女含めて四万の人々がマハヴィーラのまわりに座り、彼らは集団で実験を行なった。ビハールのような小さな場所で、マハヴィーラの四万人の弟子たちは実験していた。世界のどこにも、こうした出来事が起こったためしはない。気の毒な男イエスは、いつも独りだった。モハメッドは、無知な人々との無益な論戦に時間を費さねばならなかった。

この国では異例の状況が、こうしたことは論争するような問題ではないと気付いている人々の見守る中で、展開されていった。ここでは、物事が明らかだった。マハヴィーラが座っているその前で、四万の人々が瞑想の修行をしていた。これは、様々な瞑想者の多様な次元を観察し確かめる、すばらしい機会をもたらした。もし、たったひとりかふたりしか瞑想していなかったら、いろいろと間違いも生じただろうが、四万人もいれば、間違えようがない。四万の人々は、異なる瞑想法に専念していた。すべては適切に考案され、すべては実証され、すべては的確に理解された。

だからこの国では、他の国々よりも霊的《スピリチュアル》な分野の発見が多くなされている。他の国々では、探求者たちはみな独りだった。西洋で今、何千人もの科学者を擁して大規模な科学的実験を行なっているのと同じく、この国ではかつて、何千人もの天才や知識人を擁して、魂《ソウル》の科学についての実験を行なったことがある。彼らが魂への旅から携えてきた発見は、たいへん有益だった。しかし他国へ旅していく中で、この知識は断片的になり、ゆがめられてしまった。

たとえば、キリストの十字架は卍(まんじ)が欠けたものだ。十字架は、遥か離れた土地への長旅を経て残されてきた卍の一部だ。卍はオームのような象徴《シンボル》だった。オームは第七身体のシンボルで、卍は第一身体のシンボルだ。だから、卍の絵柄には力強さがある。その線は外へ広がり、動きの効果を出している――それはいつも回っている。日常の世界は、常に動いているものだ。だから卍は第一身体のシンボルとなり、オームは最後の身体のシンボルとなった。

オームには動きがない。それは完全に静止し、完全なる沈黙がある——すべてが停止状態にある。しかし、卍には動きがある。

卍は旅をし、キリスト教に行き着いた時には、十字架となっていた。イエスはエジプトだけではなく、インドへも行った可能性が大きい。彼はエジプト以外にも、古い仏教大学であるナーランダにいて、膨大な知識を習得している。そのひとつが、卍の知識だ。しかしこの知識は、ちょうど様々な花を見てきた人が、一種類の花しか存在しない土地に持ち帰った情報と、同じようになってしまった。イエスのメッセージは損なわれ、十字架だけが残された。

オームの絵の上部は、イスラム教に伝わった。彼らがあがめる半月は、オームの上部の断片だ。それは、アラビアへ旅する途中に、主要な部分から切り離された。言葉もシンボルも、旅の途中にかなり崩され、数千年を経て使い古されたため、原形を認めるのは難しい。方々へ旅する途中に、新しい音や新しい言葉が付け加えられ、言語の異なる様々な人々が、それを使う。ありとあらゆる変化が生じ、何かが源から離れてしまうと、その源を見分ける——それはどのように生じ、それに何が起きたのか——のは難しくなる。

全世界にわたる霊《スピリチュアル》的な潮流は、本質的にこの国と関わりがある。霊《スピリチュアリティ》性の、基本的で根源的な源はここで生まれ、その情報はここから、遠くあまねく流布していった。しかし、他の地へのメッセージを運んだ人々や、それを受け取った人々は、異なった言葉を話していた。このため、メッセージが運ばれ受け取られる過程で、明快さが欠けていってしまった。十字架のネックレスをしているキリスト教徒たちは、決してそれが卍の一部だとは、思いもしないだろう。イスラム教徒も、崇拝する半月が、オームの断片であるとは夢にも思わないだろう。

　あるカトリックの学者は、アーメンはオームが遥かに変化していった形にすぎないと言う。アーメンは、キリスト教徒のすべての祈りの最後に、神聖なるものへ敬意を捧げるために用いられる。これもまた、研究者が信じていることだが、それは聖書に、「はじめに言葉ありき。そは神とともにありき」という記述があるが、その暗示された言葉が、オームだというものだ。アーメンは、アルファとオメガ――始まりと終り――とみなされている。イエスは聖ヨハネに、「私はアーメンだ」と言ったとも、伝えられている。他の国では究極的な真実、または「かくあれ」という意味で、アーメンは使われてきた。

　カトリック式の礼拝では、多くのラテン語が用いられる。それらすべての中には、オームの変化した形がある。たとえば、***Pre omni secula seculorum***などだ。英語にも***omunipresent***（偏在する）、***omniscient***（全知の）、***omnipotent***（全能の）といった言葉がある。

　今日ではインドの多くの教会が、祈りの中でオームという言葉を使い、またオームを正面の扉にも刻むようになった。たとえば、ダージリンの聖メアリー大学では、礼拝堂の祭壇の入り口に ॐ が刻まれている。

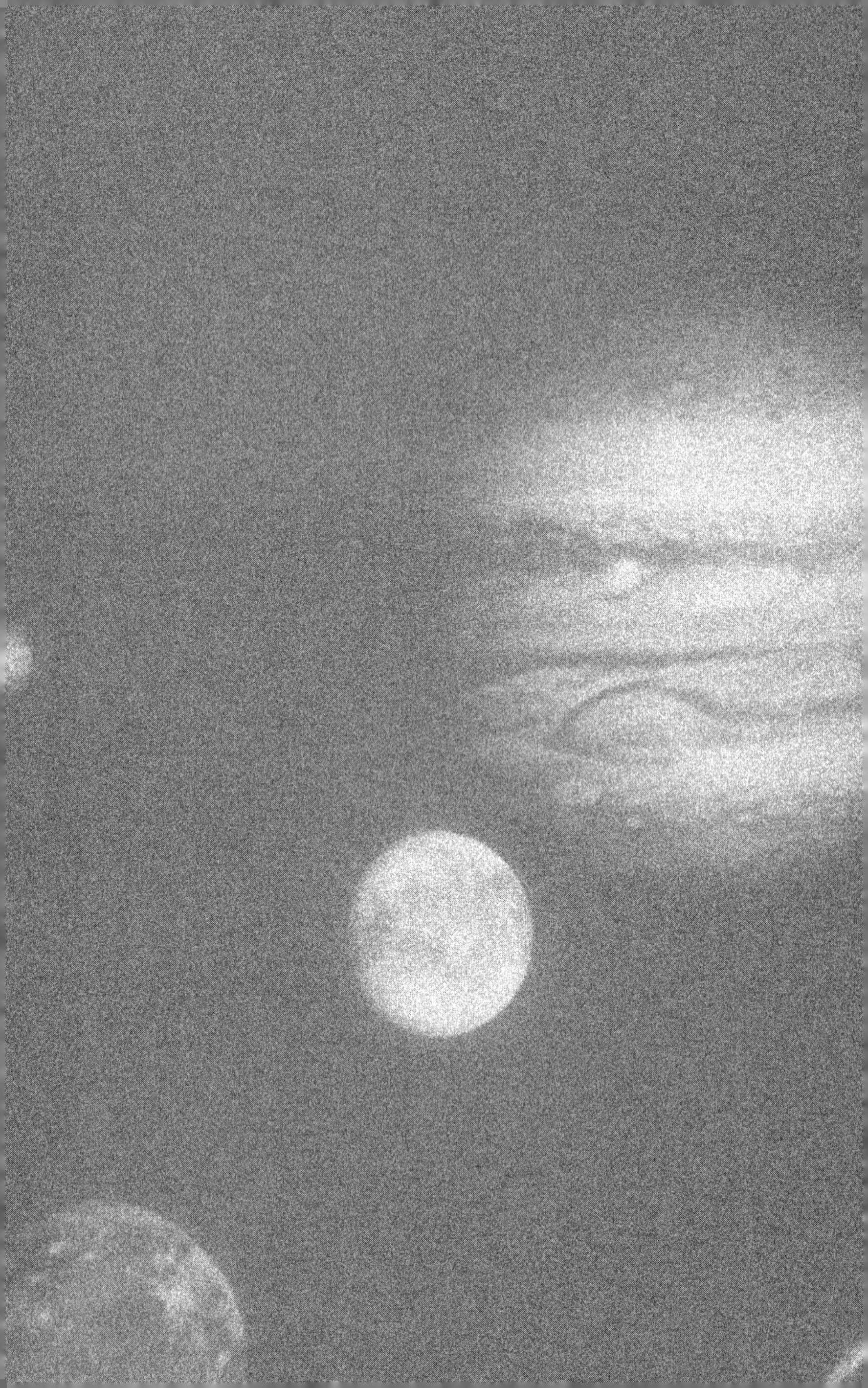

SHAKTIPAT:
THE MYSTERIES OF
BODY-ELECTRICITY

第六章

シャクティパット――生体電気の神秘

昨日、第七身体のお話の中で、オームについて話していらっしゃいました。同じテーマについて、まだ少し質問があります。「a」、「u」、「m」は、どのチャクラに影響を及ぼすのでしょうか？　また瞑想者にとって、どんな助けになるのでしょうか？

昨日、私はオームについていくつか話をした。これについて知るべき価値のあることが、まだ二、三ある。まず第一にオームは第七身体の象徴《シンボル》であり、第七の次元を暗示するものだ。それは、どんな言葉をもってしても説明できない、第七段階の象徴だ。この次元については、どんな言葉を連想することも、用いることもできない。こうして、無意味な言葉——意味のない言葉が見出された。昨日は、こうしたことを話した。この言葉の探求は、第四身体の経験を通してなされてきた。

これはありふれた探求ではなかった。実際、マインドが完全に空っぽで、どんな言葉のざわめきもなく、思考のさざ波さえ立たない時、その時でさえ、無の音は残っている。無の音もまた、話しをする——無には、独自の音がある。人里離れた土地に行き、佇んでごらん。そこでは物音ひとつ立たないが、その空なるものにも、独自の音楽があるのを知るだろう。人里離れた土地にも、それ独自の音がある。この静けさの中で、ただ基調音a——u——mだけが残る。私たちのメロディーや旋律はすべて、この基調音の並べ替えや組み合わせによってつくり出された。すべての言葉、すべての音が消え去る時、この基調音が残る。

オームは第七段階、第七身体の象徴だ。しかしこの音は、第四の次元で捉えられてきた。精神体《メンタル》が空の状態の時に、オームの響き《レゾナンス》は捉えられる。瞑想者がオームを利用するなら、ふたつの結果がもたらされるだろう。前に話したように、すべての次元には、ふたつの可能性がある。オームの繰り返しは、眠りの状態、睡眠トランス状態をもたらす。この状態は、どんな言葉を繰り返しても引き起こせる。どんな言葉でも同じ調子で繰り返せば、頭をやさしく叩くような刺激をマインドに与え、まどろみと眠りを誘うものだ。

この状態がオームの繰り返しで生じると、あなたは夢見と空想の世界に迷い込む。それは、第四身体にもともと潜んでいる可能性だ。するとそれは催眠的な眠りとなり、あなたが見たいものは、何でも見ることができる。天国や地獄に旅したり、神の姿《ヴィジョン》を見たりもできる。しかし、すべては夢の中で起こる。至福を体験し、安らぎを体験することもできる。しかし、すべては夢の中であり――何ひとつとして、本物ではない。

このやり方はたやすいので、オームはしばしばこのように利用される。大きな声でオームの音を唱え、その中に消え去っていくのはとても簡単で、心地よい夢のように楽しいものだ。メンタルの次元には、夢見と空想の特質がもともと備わっている。マインドが夢を見たいと望めば、夢を見ることができる――その特質ゆえに、こうした楽しみが可能だ。もうひとつの可能性は、意志の力と神聖なるもののヴィジョンだ。

オームが、マインドでの単なる繰り返しとして使われると、その刺激は催眠的な眠りをもたらす。ヨーガ・タンドラと呼ばれるものは、オームの繰り返しによって引き起こされる。しかし、オームが内側の確固とした観照とともに唱えられ、あなたが完全に醒め、溺れることなく、己を失うことなくその音に耳を傾けていられるなら、つまり音がある次元にあり、別の次元にあなたが聞く者、観る者、観照者として立ち会っており、あなたがその音に完全に醒めているなら――その時初めて、第四の次元のふたつめの可能性へ、働きかけ始めることができる。するとあなたは、ヨーガ・タンドラには陥らず、ヨーガ・ジャグリティ――覚醒に入っていく。

私は常に、あなたたちがマントラを使わないよう手を尽くしている。私はいつも、どんなマントラも言葉も使わないよう、アドバイスをしている。というのは、百のうち九十九は、空想の世界へ飛んでしまう可能性があるからだ。それには理由がある。第四の次元は眠りに弱いからだ――それは眠りしか知らない。すでにそこには、夢見の兆しがある。それは毎日、夢を見ている。ちょうど、この部屋に水を撒くのと似ている。しばらくすると水は乾くが、床の上には水の跡が残る。そして再び床に水を撒くと、前と同じ道筋にそって、水は流れていく。

詠唱とマントラに非常にありがちなのは、マインドには夢を見る傾向があるため、実に機械的なプロセスによって、すぐに夢見に落ちてしまうということだ。しかし、完全に醒めて内側を観照し、それに没入せず、その中に己を忘れることなく、オームの音を観つめるなら、「私とは誰か?」を繰り返すことと同じになる――私はそちらを勧める。ただし、半分眠りながら観照することもなく、「私とは誰か?」と問いかけているとしたら、ここで同じ過ちが起こり、あなたはただ、夢を見るだけになるだろう。しかし、オームを繰り返すよりも「私とは誰か?」と繰り返す方が、こうしたことが起こる可能性は低い。それには理由がある。

オームには、どんな問いかけもない――それはやさしいタッチにすぎない。「私とは誰か?」には問いかけがあり、単なる軽いひと叩きではない。「私とは誰か」の後には疑問符があり、それがあなたを目覚めた状態に保つ。これは興味深い事実だが、マインドに疑問がある時は、眠ることができない。日中、やっかいな問題にマインドが巻き込まれると、夜の眠りも妨げられる。その疑問があなたを眠らせない。疑問符は不眠の配偶者だ。すこしでもマインドの中に疑問や心配事や好奇心があると、なかなか眠れなくなる。

私はオームの代わりに、「私とは誰か?」を勧める。なぜなら基本的にそれは問いかけであり、答えへの探求が本質として内包されているからだ。さらに、答えを求めるために醒めていなければならない。オームには問いかけがない――オームには鋭い角がないから、あなたを打つことがない。それは完全に丸く、どんな問いをも含まない。いつまでも続くやわらかなタッチは、往々にして空想的なものへの移行へと誘うにすぎない。

また、オームはメロディーに満ちているが、「私とは誰か？」には旋律がない。メロディーが素晴らしければ素晴らしいほど、あなたは眠りへと駆り立てられる。「私とは誰か？」は男性の体型のように不均衡で、オームは女性の体型のように均整がとれている――そのやわらかなタッチは、たちまちあなたを眠らせる。言葉にはかたちがあり、その衝撃《インパクト》は様々で、響き《レゾナンス》も様々だ。「私とは誰か？」には旋律がない。この言葉と共に眠るのは難しい。眠っている人のそばで「私とは誰か？　私とは誰か？」と繰り返せば、その人は目を覚ますだろう。しかし眠っている人のそばで「オーム、オーム」と繰り返しても、その人の眠りは深まるばかりだ。なぜなら衝撃が異なるからだ。だからといって、オームが役に立たないわけではない。繰り返しの背後に観る者、観照者として立っている者がいれば、可能性はある。しかし、私はオームを瞑想として使うのは勧めない。これには様々な理由がある。

瞑想にオームを使うと、第四身体との関わりは避けがたいものとなる。オームは第七の次元の象徴だが、その響きは第四の次元で体感される。いったんオームの瞑想を始めると、オームと第四身体の避けがたい結び付きが生じ、さらに道を歩むための障害となってしまう。だからこのオームという言葉には、やっかいな点がある。それは第四の次元で体感されるが、第七の次元のために使われるものだ。第七の次元を表す言葉は、他にはない。言葉の体験は、第四の次元を最後に終わる。

第四の次元の最後の言葉は、第七の次元の象徴として使われている。他に手段はない。なぜなら、第五の次元からは、言葉のない世界が始まるからだ——第六の次元には、まったく言葉がなく、第七の次元は究極的な空《くう》だ。第四の世界には、言葉の最終的な境界線があり、そこで私たちはすべての言葉を後にし、最後にオームという言葉を聞く。だから、オームは言葉の世界の最後の言葉であり、言葉なき世界の最初の言葉だ。オームは、言語の領域と言語を絶する領域の境界線上にある。この言葉は、そもそも第四の次元に属している。しかし、第七の次元にこれほど近い言葉は他にない——他の言葉はすべて、遥かにかけ離れている。この言葉が、第七の次元を表すのに用いられるのは、そのためだ。

だから、オームと第四身体を結び付けないでほしい。オームは第四の次元で体感されるが、第七の次元の象徴としてとどめておくべきだ。だから、それを瞑想に使う必要はない。瞑想としては、第四の次元と共に捨て去る手法を使うべきだ。たとえば「私とは誰か？」——これは第四の次元で用いようと、また捨て去ることができる。

オームの意味は、象徴的であり続けるべきだ。オームを手段として使わない理由は、まだ他にもある。究極的なものの象徴を、手段にしてはならない。——目標としてとどめておくべきだ。絶対的なものの象徴は、単に到達目標であり続けるべきだ。オームは成就すべきものだ。だから私は、どんな方法においても、オームを瞑想の手段として使うのには反対だ。かつてそれが使われ、有害な結果をもたらしたこともある。

オームの修行を積む瞑想者は、第四の次元を第七の次元と取り違えてしまう。なぜなら第七の次元の象徴は、第四の次元で体感されるからだ。第四の次元で体験を得ると、瞑想者は第七の次元に達したと確信し始める。彼はこの体験によって、旅が終わったと錯覚する――こうして、超常的《サイキック》な次元で大きな害が生じる。瞑想者は、ここで立ち止まってしまう。

ヴィジョンや、色や、内なる音を成就とみなす瞑想者は、たくさんいる。これは無理もない。究極なるものの象徴を、この次元の境界線上で感じとれるからだ。そして、自分が目的地に達したと感じる。だから私は、第四身体にいる人に対して、オームの修行をさせるのは好まない――この手法は、第一、第二、第三身体には影響を及ぼさないからだ。この瞑想の効果は、第四身体においてのみ、感じとれる。このため、第一、第二、第三身体に必要な衝撃を与えるには、別の言葉を使う。

a―u―mという基調音について、もうひとつ考慮に入れておくべきことがある。たとえば、聖書は、神が世界を創造したとは述べていない――神は、創造という行為を行なわなかった。聖書には、「神が『光あれ』と言うと、光が現れた」と書かれている。神は言葉を発したのだ。

聖書は、「はじめに言葉ありき」とも記している。――多くの古い聖典も、同じように証言している。いちばんはじめに言葉があり、他の一切はその後にやってきた。インドでも「言葉はブラフマンだ」と言う。しかし、これは途方もなく大きな誤解を生んだ。多くの人々が、ブラフマンを成就するには、言葉だけで充分だと信じる傾向を持ってしまったからだ。ブラフマンは、言葉のない領域においてのみ成就される。「言葉はブラフマンだ」の意味は、私たちが知るあらゆる音の中で、もっとも精妙な音はオームだということにすぎない。

世界の始まった地点にほかならない、その空なるものに至るまで、遥か宇宙の根源へと、ずっとずっと戻っていくなら、そこでもまた、オームの響きを聞くことだろう。第四の次元に入り、空なるものにいっそう近付けば、オームの音が聞こえてくる。私たちはこの地点から、始まりにあったにちがいないその世界へと落ち始めていく。私たちは、第四の次元から霊体《スピリチュアル》へ入っていく――そこから宇宙体《コズミック》へと入り、最終的には涅槃体《ニルヴァーナ》に入る。最後のふたつの身体にまたがって聞こえる最後の響きもまた、オームだ。

一方には、実体の世界と呼ばれる四つの身体の個別性があり、他方にはブラフマンと呼ばれる非個別性があり、このふたつの境界線で振動している響きがオームだ。この体験によって私たちは、ブラフマンから物質の世界が形づくられた時、オームの響きが常に鳴りわたっていたことを理解するに至る。だから言葉ありき、なのだ。だがこのために、あらゆるものは言葉から生じたという信じこみが存在するようになった。しかし、その言葉を基本的な構成要素に分けてみれば、a―u―mという三つの基調音を見出すだろう。この組み合わせがオームだ。

始めにオームがあり、終わりにオームがあると言われているのはこのためだ。終わりとは、始まりに戻ることだ。そうして円は完結する。それでも私はいつも、オームは瞑想の手法としてではなく、象徴としてのみ使われるべきだと感じている。手段としては、別のものを使うべきだ。オームのような純粋な音を、手法として用いて汚すべきではない。

多くの人々が、私を誤解している。彼らはやって来て言う。「なぜ、オームの復唱を禁じるのですか？」。おそらく彼らは、私をオームの敵だと思っているだろう。しかし真相は、彼ら自身こそ敵なのだ。このような純粋な音は、霊的成長の手段として使うべきではない。実のところ、人々の舌はそれを発声するのにふさわしくない――肉体によって発語されるには、この言葉はあまりに純粋だ。この言葉は言語が意味をなさなくなり、肉体が無用となる所から始まる。そこには響きがあり、その響きは、自ら振動している。それは体験できるが、創り出すことはできない。オームは体験すべきもので、声に出すべきものではない。

他にも危険がある。手法としてオームを使うと、存在からその言葉の基調音が湧き上がってきてもわからなくなる。なぜなら、あなた自身の発す音が、出しゃばってしまうからだ。あなたは、そのもっとも純粋な顕現を、目撃することはないだろう。オームを手法として使う人は誰しも、決して真正なるオームを体験することはない。オームが現れても、長きにわたる修行のせいで、その人自身のニュアンスを、実際の響きが湧き起こった時に重ね合わせてしまう。そうなると、オームの純粋な響きを聞くことはできない。自分の音でいっぱいになっているため、空なるもののありのままの響きを聞きのがす。それは当然だ。慣れ親しんだものは、私たちの内側にしっかり根付くからだ。だから私は、オームに親しまないほうがよい——オームは使わないほうがよいと言う。いつの日か、オームは第四身体において現れる。そうすれば意味がある。

　オームが第四身体に現れるのは、あなたが第四身体の限界に到達したという意味だ。今やあなたは、超常的《サイケ》な領域、言葉の領域を後にしようとしている。最後の言葉が訪れ、あなたは今、言葉が始まった地点——全世界が最初にあった地点、創造の戸口——に立っている。やがて独自の調べが流れ始める。そのかぐわしさは表現できない。描写する術もない。もっとも優れた音楽をもってしても、このとても小さなこだまには及ばない。どんなに一生懸命試みようと、決してこの沈黙の音楽を、外についている耳で聞くことはできない。だからそれに関しては、どんな先入観も持たないほうがよい。それに対して、どんな形も色も与えないこと。さもなければ自分のイメージにとらわれ、障害となってしまう。

男性と女性の生体《バイオ》電気の違いは、第四身体まで存続します。男性の媒体《ミディアム》と女性の媒体の影響は、男性と女性の瞑想者とでは異なるのでしょうか？　その理由もご説明頂けますか。

この件について、明らかにすべきことは大いにある。前に言ったように、男性と女性の違いは第四身体まで存在する。第四身体の後には、どんな違いもない。第五身体は、性のあらゆる違いを越えている。しかし第四身体まではまったく根本的に異なり、この基本的な違いが、様々な結果をもたらす。まず男性の体を理解し、次に女性に移ろう。

男の第一身体は男性、第二身体は女性、第三身体は再び男性、そして第四身体は女性だ。女性はその逆で、第一身体は女性、第二身体は男性、第三身体は再び女性、そして第四身体は男性だ。このため根本的な違いがある。この違いは、人類の全歴史や宗教に、根深く影響を与えてきた。また、ある種独特な秩序を文化にもたらしてきた。

男性の体には独自の特徴があり、女性の体にも独自の特徴や固有なものがある。それらは互いに補い合っている。事実、女性の体は不完全であり、男性の体もそうだ――だから生殖のためには、ひとつに交わらねばならない。この融合にはふたつの種類がある。もしAという男性がBという女性と外側で交われば、子供ができる。もしAという男性が、彼の内側でBという女性と交われば、ブラフマンへと向かう創造が起こる。これこそ神へと向かう旅であり、外側での融合は自然へと向かう旅だ。しかし、両方にセックスは含まれる――男性の体が女性の体と、外側で融合すれば性交が起こる。男性の体が、彼の内なる女性の体と融合しても性交が起こる。前者では、エネルギーが外側に放出されるのに対し、後者ではエネルギーが内側へと動いていく。これが、セックスエネルギーの上昇として知られているもの――内なる女性との融合だ。

起こっていることが体の外側であれ内側であれ、エネルギーはいつも男性から女性へと流れる。もし男性の肉体にあるセックスエネルギーが、彼の内なるエーテル的な女性の身体へと流れるなら、エネルギーは放散されない。そして、いわゆるブラフマチャリアが起こる。するとエネルギーは常に上方へと流れ、第四身体に至る。第四身体の後は、ブラフマチャリアなど意味はない。なぜなら、そこに性別はないからだ。第四の次元を越えると、瞑想者は男性でも女性でもなくなるのはこのためだ。アルダナリシュワールという概念――半男半女であるシヴァ――がマインドに生じたのも、第一身体と第二身体によるものだ。しかし、これは単なる象徴としてとどまっており、人々にまったく理解されることがない。シヴァは不完全であり、パールヴァティも同じだ。両者でひとつになれる。だから、シヴァの絵は半分男性で半分女性として描かれる。しかし現実の生では、このもう半分は外側からは見えず、私たち一人一人の背後に隠れている。あなたの片側は男性で、反対側は女性だ。このため、ときどき非常におもしろい事が起こる。

外側の世界では、どんなに怖いもの知らずで強い男性でも、どんな実力者でも――アレキサンダー大王やナポレオンやヒットラーであろうと、会社や店や市場で、一日中ライオンのようにふるまっていようと、夕方になり、家にいるたった一人の女性の元に帰ると、彼の威風堂々とした態度は消えてしまう。これはとても奇妙だ。その背後にある理由とは何だろう？　十二時間、十四時間、自分の男性身体を使い続け、その第一身体を疲れさせてしまったというのが真相だ。家に帰ると、第一身体が休息を求める。すると女性である第二身体が前面に出て、男性身体が二番目になる。

一方、妻は第一身体を一日中使っているので、夕方になると、背後の男性身体が表面に浮き出てくる。こうして女性は男性のように、男性は女性のように振る舞い始める。

覚えておきなさい。自分自身の内なる女性身体との交わりは、生命エネルギーを上方へと流す方法だ。この過程には、さらに細かい内なる事情があるが、今は話さないでおこう。

もう一点――エネルギーは常に、男性から女性へと流れる。男性身体のもっとも重要な特質は、受容的でないということだ――男性はいつも攻撃的だ。男性は与えることはできても、受け取ることはできない。電流は、女性から男性へは流れない――いつも男性から女性へだ。女性は受容的だ。受け取ることはできるが、与えることはできない。

ここから、ふたつの結果が生じる。両方とも知っておく価値がある。第一の結果は、女性は受容的なので、シャクティパットの与え手にはなれないという点だ――シャクティパットは、女性を通しては引き起こせない。世界に女性のマスターが、ごく少数なのはこのためだ。仏陀やマハヴィーラほどの、偉大な女性の導師《グル》はいない。というのも、エネルギーは女性を通して人々に伝達されないからだ。数多くの女性たちが、仏陀やマハヴィーラやクリシュナのまわりに集まったのは事実だ。しかし、何百万人もの男性が、そのまわりに集まるようなクリシュナ級の女性は、ひとりとして生まれなかった。この理由は、女性が受容的でしかありえないという事実にある。

これもおもしろい事実だが、クリシュナのような人のまわりには、男性はごくわずかだが、女性はとても大勢いる。マハヴィーラの場合も同じだ――一万人の男性の行者と僧侶と、四万人の尼僧がいた。その割合はいつも一対四だ。男性が一人いれば、そのまわりには四人の女性がいる。男性は、女性ほどにはマハヴィーラに深く心を動かされなかった。それは、彼らもマハヴィーラも男性だったからだ。マハヴィーラが伝えるものを、女性は吸収できた。しかし、男性には吸収できなかった――彼らの受容性はごく限られている。宗教の先導者は男性だが、それを常に守り、存続させていくのは女性だ――地球上の宗教を救うのは女性だ。男性は、宗教の開拓者にすぎない。

女性は受容的だ――女性の体の特質は受容性だ。女性は生物学的にも、この特質を持っている。女性は九か月のあいだ子供を孕み、しかもその後もまた、育てなくてはならない。だから女性は受容的である必要がある。自然はこのような仕事を、男性には課さなかった。男性はほんの少しは父親になるが、そのうち影が薄れていく。女性は精液を受け取り、それを保っていく。この事実はシャクティパットにおいてもあてはまる。つまりシャクティパットにおいて、男性は女性からは受け取れない。これは一般に言われていることだが、例外もあり得る。この稀なケースについては後で話そう。こうしたことはときどき起こるが、その理由は様々だ。

普通、シャクティパットは女性の体を通しては起こらない。これを女性身体が弱いためだと言うこともできるだろう。しかし、女性にはそれを補う特質――シャクティパットをすぐさま取り込む強さと力――がある。男性はシャクティパットを行なえるが、受け取ることはできない。このため、男性から男性へのシャクティパットも難しい。なぜなら、男性の瞑想者は受容的ではないからだ――それが男性の性格だ。最初の段階から、男性も始めなければならないのだが、男性には受容的でない男性性がある。男性が自分を女性だとみなすことによって、霊《スピリチュアル》的な修行を行なう宗教集団もある。これは男性を受容的にするための手法だ。それでも、男性は受容的にならない。女性は生まれながらに受容的なので、何の困難もなく受容的になれる。女性は生まれながらに受容的だ。だからシャクティパットにおいては、いつも女性は媒体《ミディアム》を必要とする。女性はなぜ、恩寵を直接受けられないのか、よく理解してほしい。

シャクティパットは第一身体から起こる。私がシャクティパットを行なうとしたら、それはあなたの第一身体に生じる。エネルギーは私の第一身体から出て、あなたの第一身体を直撃する。あなたが女性だったら、これはすぐさま起こる。あなたが男性だったら、まだまだ努力しなければならない――これは難しいだろう。内側の奥深い所で、男性はどうにかして、完全なる明け渡しの状態を学ばなければならない。そうして初めて、シャクティパットは可能になる――さもなければ不可能だ。男性は明け渡さない――どれほど一生懸命努力しても、明け渡すことはできない。彼が「私は明け渡します」と言ったとしても、それは攻撃的な態度でしかない。別な言い方をすれば、エゴが明け渡しの行為を宣言している。エゴは言う、「ご覧なさい！　私が明け渡しているのです」。背後に存在する「私」が消え去ることはない。

女性は明け渡す必要がない――女性は生まれながらに明け渡している。身をゆだねることが、女性の第一身体の特質だ。女性はとても受容的だ。だから男性からのシャクティパットが、女性の内側にたやすく生じるのだ。しかし男性から男性へはたいへん難しく、女性から男性へは、ほとんど不可能に近い。男性から男性へは、難しいことだが可能ではある。力強い男性がいれば、彼は他の男性を女性に近い状態にしてしまうことができる。女性を通してのシャクティパットは、現実的に不可能だ。なぜならシャクティパットが起こる瞬間、女性は生命エネルギーを自分自身で吸い取ってしまう傾向があるからだ。女性の第一身体はスポンジのようなもので、あらゆるものを吸収してしまう。

今までシャクティパットについて話してきたが、恩寵の場合でも事情は同じだ。恩寵は、第四身体を通して起こる。男性の第四身体は女性なので、恩寵を即座に受け取る。一方、女性の第四身体は男性なので、恩寵に関しては、男性の場合と同じような難しさを体験する――女性は恩寵を直接受けることができない。男性の第四身体は女性だ――だからモハメッド、モーゼ、イエスたちは、神との交わりを瞬時にして結んだ。彼らの第四身体は女性だったため、恩寵が降りてくるや否や、飲み干すことができた。

女性の第四身体は男性だ。この極が男性なので、女性は恩寵を受け取れずにいる。このため、女性は直接的なメッセージを持つことがない――つまり、ブラフマンを知った、と宣言できる女性は一人も現れていない。女性が第四身体において男性であることが、障害を生み出している。女性はその第四身体から、恩寵を受け取ることはできない。

男性は恩寵を直接受け取るが、シャクティパットの場合でも同じだったように、男性が誰かから恩寵を受け取るというのは難しい。そこでは彼自身が障害となる。しかし女性は違う。女性はどんな媒体からでも、シャクティパットを受け取れる。とてもか弱い人でさえ、女性にシャクティパットを授けるのは可能だ。だからごく普通の媒体でさえ、シャクティパットに成功する。シャクティパットは媒体自身よりも、受け手の受容性にかかっている。しかし、女性はいつも媒体を必要とする。媒体なしではとても難しい。何しろ、媒体なしでは何事も起こらないのだから。

一般的な状況の話をしてきたが、特殊な状況をつくり出すことも可能だ。女性の瞑想者の方が少なかったというのは、極めてあたりまえのことだ。これは、女性が神を経験しなかったという意味ではない――女性は神を経験したが、その中間にはいつも媒体がいた。どんなに取るに足らない媒体であろうと、その存在は常にあった。女性は媒体を通して経験を得た。もうひとつ――特殊な状況のもとでは、変わったことが起こることもある。たとえば、若い女性に恩寵が起こるのは難しいが、年老いてくると若干たやすくなる。

おもしろいことに、私たちの性は、生涯を通じて流動的だ――私たちの男性性と女性性の割合は、一生涯変わらないというわけではない。それは絶え間なく変化しており、割合は変わり続けている。このため、歳をとった女性の唇の上やあごに、毛が生えてくることがある。女性は五十になると声も変わり、どちらかというと男性のように太くなり、女性的な声は失われていく。割合が変化したためだ――男性的な要素が現れ、女性的な要素が減少する。事実、彼女の女性としての役割は終わる。女性の生物学的な終焉は四十五歳で起こり、もはや女性ではなくなる。彼女が自分の中の女性性に、もはや縛られることはない。だから、年老いた女性への恩寵の可能性はより高くなる。これは、彼女の第一身体で男性的要素が増し、第二身体でも女性的要素が減るためだ。また、第四身体では男性的要素が減り、第三身体の男性的要素が増す。だから、老女には恩寵を受け取る可能性がある。

ある状態においては、非常に年老いた女性は、若い女性の媒体として働くことができる。とても年老いた、およそ百歳近い女性で、マインドの中に自分が女性であると思う痕跡すらない者は、男性に対しても媒体として働くことができる。しかし、これはまったく異例のことだ。男性についても同じことが起こる――男性が年をとると、女性的特質が増し始める。年老いた男性は、おおかた女性のように振る舞う。多くの男性的特質が人格から抜け落ち、女性的特質が増してくる。

こうした一連のことから、恩寵を受ける人の第四身体における人格は、女性的特質を発達させていることがわかるだろう。たとえば、マハヴィーラや仏陀の体や人格を調べてみると、彼らは男性的というよりは、むしろ女性的だ。女性的な受容性と結び付いた柔和さや美しさが、彼らの中で成長している。攻撃性が消え去り、完全に非暴力で、慈悲と愛に満ち溢れている――暴力性や怒りは、永遠に消えている。

ニーチェは、イエスや仏陀を女性的であると非難し、それゆえ彼らを、男性のうちに数えるべきではないと言った。彼らには男性的な質も見られず、その世界のすべてを、見事に女性化してしまっている。ニーチェの苦情には、いくらかの真実がある。仏陀、マハヴィーラ、クリシュナ、そしてラーマたちが、顎髭や口髭なしで描かれてきたことを知ったら、あなたは驚くだろう。彼らに口髭や顎鬚がなかったというわけではない。しかし、彼らが描かれた頃には、その人格が女性的な質に満ち溢れていたために、顎鬚や口髭があっても、注意を払われなかったのだ。髭はもはや、彼らの女性的な物腰にそぐわなかったため、省かれてしまった。

ラーマクリシュナには、こんな出来事が起こった。この症例は、科学者にとってめずらしいケースになったことだろう。それはとても奇妙な出来事だった。——そんなことをどう話したらいいのだろう？　後年、彼の追従者たちは事実を隠そうとした。彼の胸はふくらみ、生理が始まったのだ。これはとても不思議な出来事だった——奇跡とも言えるだろう。彼の個性はあまりにも女性化し、女性のように歩き、女性のように話すほどだった。このような異例のケースでは、他にも多くの変化が起こり得る。たとえばそういう状況では、どんな人に対しても、シャクティパットを行なうことはできない。彼の人格は、完全に女性的になってしまった。

仏陀やマハヴィーラの瞑想法の助けを借りて、何百、何千もの人々が第四身体に到達した。第四の次元に達するとすぐ、人々の人格は女性的になった。それはつまり、人々の本性にある受動的な側面が発達したということだ。暴力と怒りは、攻撃性がなくなると共に消え去り、やさしさ、愛、慈悲、そして非暴力性が強まった。女性性が固有の性質として、この国全体に根をおろした。私は、これが原因となって、インドにおびただしい数の侵略が起こったのだと思う。隣国の男性的な国々は、女性的な性質のインドをまんまと征服している。

ある意味では、たいへん貴重なことが起こった——第四の次元のすばらしい出来事を体験したのだ。しかし、第一身体の次元においては、困難に直面している。そのために、あらゆるものが償われなければならなかったからだ。第四の次元の宝を捨て去る覚悟ができていた者は、第一の次元の富と王国を手にしたし、第四の次元の喜びを放棄する覚悟ができていなかった者たちは、第一の次元の様々な事柄をあきらめざるを得なかった。

仏陀とマハヴィーラの後、インドは攻撃的な衝動を失い、受容的になった。やって来る人すべてに対して、受容的になることを人々は重視していた——誰が来ようと、人々は自分の中に受け入れた。差別の問題は決して起こらなかったし、彼らを攻撃することもなかった。そういう問題は永久に失われた。なぜなら人々の人格が女性的になったからだ。インドはひとつの巨大な子宮となり、やって来た人すべてを庇護した。誰を拒絶することもなかった——決して、自分たちの中からどんな侵略者をも、排斥しようとはしなかった。戦いに必要な好戦的な気質は、もはや人々の中になかったからだ。偉大な人たちとともにそれはなくなり、一般大衆は彼らに従った。大衆は彼らに支配され続けざるを得なかった。普通の人々は、偉大な人物が非暴力や慈悲について語るのを聞き、しかも彼らがそのとおりに生きているのを目の当たりにすると、彼らの言葉を受け入れ沈黙を守った。戦うこともできたが、誰も指揮する者がいなかった。

もし世界史を霊的《スピリチュアル》な観点から記してみると——物質的な出来事だけを歴史とみなさず、意識の次元の出来事もまた、歴史と考えるようになれば——それこそ本物の歴史なのだが、国が霊的な方向に向かうと、女性的になることがわかるだろう。そして女性的になると、低い文化、ごく凡庸な文明がその国を打ち負かす。これは驚くべき事実だが、インドを征服した人々は、非常に後進的な文化に属していた。たいてい彼らは粗野な未開人——トルコ人、モンゴル人、またはムガール人だった。彼らは何の文化も持たない未開人ではあったが、ある意味では男性的だった。そしてインド人たちは、女性的で受け身であり、彼らを自分たちの中に取り込む以外に、なす術がなかった。

女性の体には、吸収していく力がある。だから、男性の体がエネルギーを送ることも、恩寵を受け取ることもできるのに対し、女性は媒体を必要とする。マハヴィーラのような人が、女性が最終的な成就を遂げるには、男性としてもう一度生まれなければならない、と言わざるを得なかったのはそのためだ。これは、他にも数多くある理由のうちのひとつだった。女性は恩寵を直接受け取れないが、死んで男性になる必要はない。人格の変容をもたらす手法はある。

第二身体を第一身体に、第一身体を第二身体の位置に置き代えることもできる。そのための手法として、確固たる意思の力による手法がある。この手法によると、まさにこの生において肉体的な変容がもたらされる。

ジャイナ教のティルタンカーラについて、おもしろい話がある。ジャイナ教のティルタンカーラのひとりに、マリバイという名の女性がいた。シュベーターンバラ派(白衣派)は彼女をマリバイと呼ぶが、ディガンバラ派(裸行派)はマリナスと呼ぶ。彼らは、彼女を男性とみなしている。なぜなら、ディガンバラ派のジャイナ教徒は、女性はモクシャ――解放――を達成する資格がないと思っているからだ。だから一人のティルタンカーラも、女性ではあり得ない訳だ。彼らはマリバイをマリナスと呼ぶ。ひとりの人物についてこれほど論議をかもしたことは、今だかつて人類史上、類を見ない。他にも様々な論議、たとえばある人物が五フィート六インチか五フィート五インチなのかとか、いつ生まれいつ死んだのかなどといったものはあった。しかし、人の性別が論議の対象となった論争は、かつてなかった。ひとつの宗派はマリバイが男性であると信じ、他の宗派は女性であると信じている。

私は、マリバイが霊《スピリチュアル》的な探求を始めた頃、彼女は女性だったに違いないと思う。しかし第一身体を男性の体に変えられる手法はある。そして彼女がティルタンカーラになったのは、こうした変化が起こった後だ。だから彼女を女性だと考える第一の宗派は、彼女の最初の状態を崇拝し、彼女を男性だと考える第二の宗派は、彼女の第二の状態を崇拝している。両者は共に正しい。彼女は女性だったが、男性に変容したに違いない。マハヴィーラの道は、それを行くどの女性も男性になっていく道だった。彼の道は献身ではなく、知識の道だった。だから完全に攻撃的だ。彼の道は受容の道ではない。

もしミーラのように、何年も続けて歌い踊ったり、自分がクリシュナの恋人であると思い、クリシュナの像を胸に抱いて眠るといったことを始める男性がいたら、彼は名目だけの男性であるにすぎない。彼の意識は完全に変容をとげる。第一身体は女性に変わり、第二身体は男性に変わる。変容が非常に深いものだったら、身体に肉体的な変化でさえも起こる——深くなければ肉体はそのままだ。しかしマインドは同じではなくなる——彼は女性の意識を発達させる。これらの特別なケースにおいていろいろな事、たとえばシャクティパットが起こり得る。それも何の困難もなく。しかしこれは、一般則ではない。

シャクティパットは男性を通して起こり、男性はまた、恩寵も受け取ることができる。しかし女性にとって、直接恩寵を得ることは難しい。シャクティパットを通してのみ、女性への恩寵の扉は開かれる。これは事実であり、評価している訳ではない。高い低い、あるいは優劣の問題でもない。それが事実なのだ。男性が射精し、女性が受け取るのと同じように、動かしようのないことだ。女性が男性に射精できるかと尋ねる人がいたら、私たちはノーと言わざるを得ない。こういう自然の法則などないからだ。ある存在に優も劣もない。しかしこの事実から、評価の習慣が生まれた。女性は受け手であるがゆえに劣るとみなされるようになり、与える者の価値が上がったのだ。

全世界における男女の地位の違いは、男性が自分を与える者、家族を養う者であると考え、女性が自分を受け取る者と考えていることから生じる。しかし、受け手が必ず劣っていなくてはならないなどと、誰が言ったのだろう？　もし受け取る者がいなければ、与える者の必要性はどこにあるだろう？　そして逆もまた真だ――もし与える者がいなければ、受け取る者の必要性はどこにあるだろう？　そこには優劣などない。事実このふたつはお互いに補足し合い、他方から一方だけが独立するわけにはいかない。お互いに依存し、お互いに結びついている。ふたつの別の存在というよりは、むしろ一方が与え、他方が受け取るという、コインの両面だ。

しかし普通には、与える者という概念そのものが、私たちのマインドの中に優越の図を抱かせる。なぜ受け手が劣るのかについては、何の根拠もない。様々な事柄がこれには絡んでいる。しかし、女性は男性の下の地位に甘んじてきた。男性だけでなく女性でさえも、この地位を甘受してきた。事実、両者は共に、男性は男性として、女性は女性として尊重すべき第一番目に価する。両者は共に補い合うものであり、二番目の地位などどこにもない。

今この概念は、広範囲に渡り広く社会的な通念となっており、すべての文明や文化に浸透している。だから、男性が狩りに行ったのもそういう所からきている。男性は攻撃的なものなのだ、と。そして女性は、男性を待ちながら家で子守をしていた。女性は自然に男性を受け入れていた。男性は野に出かけ、穀物を収穫し、店で働き、飛行機に乗り、月に行き、こうしたあらゆることをするために、男性は外へ出かけていった。その攻撃性ゆえに。女性は男性を待ちつつ、家で子守をしていた。女性もまた、ありとあらゆることを行なったが、攻撃的ではなく、受容的だった。女性は家をきれいに整え、物を揃えてはまとめ、すべてをきちんと片付けた。どの文化においても、安定性の源を握っているのは女性だ。

女性がいなければ、男性は行方も定まらぬ放浪者だったろう。男性は決して家に座っていられない。女性は杭の働きをする。男性はあちこちさまようが、杭に戻らねばならない。もし状況が違っていたら、男性は決して定住しなかっただろうし、町や都市もなかっただろう。都市文化が生まれたのは、女性が一箇所に住居を構えることを望んだからだ。女性はいつも男性にせがむ――「もう充分だわ！　止まって休みましょう。少しぐらいは面倒もあるかもしれないけれど、もうこれ以上遠くに行くのはやめましょう」。女性は土を掴み取り、そこに根を下ろす。男性は女性のまわりに、ひとつの世界を作ってあげなければならない。こうして、町や都市が生まれた。こうしてあらゆる文化、文明、家庭が作られ、女性はそれを美しく浄化していった。女性は、外の世界で男性が獲得し、かき集めてきたものを蓄えていった。

男性は、蓄えることにまったく興味を持たない。男性は稼ぎ、それで事は終りだ——もはや何の興味もない。男性は世間と格闘し、世間に挑戦している間は情熱的で、熱烈だ。男性の関心は、常にどこか他の土地への征服に向けられる。彼が何を持ってきても、面倒をすべてみてくれる者がおり、すべてを蓄えてくれる者がいる。この女性という個性には、女性なりの場があり、女性なりの価値がある。女性はどんな状況においても、補う役割を果たす。しかし外に稼ぎに行かず、蓄財をせず、創造も行なわないため、女性は自分が遅れをとっているかのように感じてきた。この感じは些細な事柄にまで入り込み、女性はあらゆる所で、まったく根拠のない劣等感を感じるようになってしまった。

この劣等感はよくない結果をもたらした。女性が無学なうちは、この劣等感を受け入れていたが、今は違う。女性はこの劣等感を打ち破るため、男性とまったく同じことに取り組み始めた。こうした行為は、女性にとって有害になるだろう。女性は自分の基本的な人格を踏みにじることもあり得るし、精神の奥深い部分にまで、破壊的な影響を及ぼしかねない。今、女性は男性と対等でありたいと望んでいるが、まるっきり男性のようになることは不可能だ。せいぜい、二流の男性になれるだけだ——一流の男性にはなれない。女性にできるのは、選択によってだが、女性の中で一流になることだ。

これにはどんな価値判断があるわけでもないが、これは私の言わんとしている、四つの身体の事実だ。

その場合、男性と女性とでは霊的《スピリチュアル》な修行に違いがあるはずですが。

違いはある。しかしその違いは霊的な修行にではなく、マインドの状態にある。たとえば同じひとつの手法でも、男性は攻撃的に行ない、女性は受動的に行なう。男性は挑み、女性は明け渡す。手法が同じでも、行なう態度が異なる。男性が霊的な修行を始めると、彼はいわゆるその首根っこを掴む。しかし女性が霊的な修行を始めると、彼女はその足元に額づく。

この態度の違いは自然であり、両者の間にはこれ以上の違いはない。女性の態度は明け渡しだ──女性は到達しても、神を成就したとは言わないだろう。むしろ、幸運にも神が自分を引き寄せてくれたと言うだろう。男性は究極なるものに到達しても、神が自分を迎え入れてくれたとは言わない──彼は、自分が神に至ったのだと思う。違いは彼らの理解にある。この違いは第四身体までは当然あるものだ。それから先は、男女の区別はない。

オームの詠唱の修行も、ナーダ──内なる音──をもたらすとおっしゃいました。それは自然に訪れることもあるのでしょうか？　本来のナーダはどちらなのでしょうか？

内なる音が自然に訪れるのなら、そのほうがいっそう価値がある。オームの繰り返しによって起こったものは、空想の産物である傾向がある。ひとりでに起こったものはまぎれもない本物の、価値あるものだ。ナーダが始まったなら、観照者であるべきだ。その中に溶け入ってはならない。それは第七の次元の世界だからだ。第七の次元に到達する前に、ナーダの中で自分を失ってしまうと、そこであなたは停止してしまう——それがブレーキとして働いてしまうからだ。

この内なる音が微妙になるにつれ、観照もさらに微細なものになっていかねばならない。音が完全に消えるその最後まで見続けなさい。

シャクティパットは、どの次元で瞑想者に起こるのでしょうか？　恩寵は、どの次元で起こるのでしょうか？　瞑想者の第一、第二、第三身体が完全に育っていない場合、シャクティパットやクンダリーニの目覚めは、どのような影響を及ぼしますか？

シャクティパットは第一身体に起こり、恩寵は第四身体に起こることはすでに話した。クンダリーニが目覚めていない場合にシャクティパットが第一身体に起こると、クンダリーニが目覚める——それもすさまじい勢いでだ。だから充分注意しなくてはならない。なぜならシャクティパットでは、ふつう数か月かけて起こることが、数秒のうちに起こるからだ。だからシャクティパットの前には、最初の三つの身体を充分に準備しておかねばならない。まったく準備のできていない人——トムでもディックでもハリーでもいいが——への突然のシャクティパットは有害になり得る。だからシャクティパットの前には、ちょっとした準備が必要だ。入念な準備はいらない——三つの身体に注目するだけでいい。これがまず第一だ。

次に、エネルギーがどこにも妨げられないよう、三つの身体の間にはつながったラインが必要だ。シャクティパットが第一の次元でひっかかると危険だが、三つの次元すべてに広がれば害はない。第一の次元で止まると、相当な害を及ぼす。

それはちょうど、地面に立っている時に、電気的なショックを受けるようなものだ——これは有害だ。しかし木枠の上に立っているなら、まったく安全だ。電流は、体を通って循環していく。回路ができてしまえば危険はない。回路がとぎれる時だけが危険だ。あらゆるエネルギーはこれと同じ法則に従っている——エネルギーは円を描いて回る。回路が途中でとぎれると、人はショックを受ける。木の上に立っていれば、どんなショックも受けることはない。

これを知ったら驚くだろうが、瞑想に木製の台を使うのは、それが絶縁体であるためにほかならない。鹿皮や豹皮も同じ理由で使われる——瞑想によって解き放たれたエネルギーが、ショックを与えないようにするためだ。これらの絶縁体は、台座《シート》として使われたのだ。人は電気的ショックによって死ぬ可能性もある。だから瞑想者は木製のサンダルを履き、木製の台で眠った。彼は、なぜそうするのか知らなかったかもしれない——単に、教典にある決まりに従っていただけかもしれない。おそらくこの修行をした瞑想者は、体には快適さを与えるべきではないから、体を痛めつけるのだと思ったことだろう。これは正しい理由ではない。危険性はまったく違うところにある。あらゆる瞬間に、未知なる源泉から瞑想者の内側に何かが起こるかもしれない。彼は完璧に準備しておく必要がある。

最初の三つの身体の準備が完全なら、瞑想者が受け取るエネルギーは彼の中で回路を作る。準備ができておらず、エネルギーが第一身体で阻まれると危険だ。だから回路を作れるよう、瞑想者は最低限の準備をしなければならない。この準備は簡単で、時間はかからない。極めて簡単だ。

シャクティパットは神聖なるものの一瞥を得るのに、ある程度役立つ——しかし、前もっての準備が必要だ。さもなければ、準備のできていない初心者には有害となる。

クンダリーニは、シャクティパットを通して強烈な激しさで上昇するが、それも第四身体までだ。しかしこれだけの一瞥でも、満足に余りある。そこから先の旅は、完全に個人的なものだ。暗夜の雷光のひらめきが、道を照らし出してくれるだけでも充分だ。道を目の当たりにすれば、すべてが変わる。あなたはもはや、以前のあなたと同一人物ではない。このように、シャクティパットは少しでも、前に横たわっている道程を見るために使うことができる。しかし最初の準備は必要だ。一般大衆に直接シャクティパットを与えるのは有害となる。

そしてもっとも驚くべきは、シャクティパットなどの類を望むのは、いつも一般大衆だということだ。普通の人は、何かをただで手に入れることを望んでいる——しかし、ただで得られるものなど何もない。私たちは後になってから何度も、ただほど高いものはないことを思い知る。ただで何かを得ようとしてはいけない。いつも支払う用意をしておきなさい。事実、支払う用意を示せばそれだけ、自分の価値が増す。私たちが支払う中でもっとも高価なものは、霊的成長への努力によって支払われるものだ。

二日前、ある婦人がやって来て私に言った。「私はここ数年かなり老けてきており、死が間近に迫っています。いつ光明を得られるでしょうか？　死ぬといけないので、どうぞ急いでどうにかしてください」。私は彼女に二、三日瞑想に来て、その後で何をすべきか、みてみようと言った。

彼女は言った、「私は瞑想などにかまけてはいられません。私が光明を得られるように、何かをしてくれませんか」

さて、このご婦人は支払わずして、手に入れられるものはないかと探している。こうした探求は危険だ。そうしたところで何も得られない——逆に失うだけだ。瞑想者は、そのような期待を抱いてはいけない。受け取る用意ができたものしか、人は受け取れない。物事とはそういうものだということに、信頼を置きなさい。

事実、人は受け取るにふさわしいものを受け取る。これは存在の法則、宇宙の法則だ。あなたは自分が準備しただけのものを受け取る。受け取れなくても、それは不公平ではなく、むしろあなたの準備が欠けていたのだと了解しておきなさい。しかし私たちのマインドはいつも、不当に扱われていると信じこませることで、自分をなだめようとする。私たちはいつも、自分の価値に確固とした信念を持っていて、存在に不平を言う。

私たちは常に、自分自身の価値に見合ったものを受け取る。価値と達成は、同じ事柄をさすふたつの名前だ。しかしマインドは多くを望むが、ほんのわずかな努力しかしない。期待と努力の間には、大きな隔たりがある。この隔たりはまったく自滅的だ。これは大いに害になり得る。このために、どこからか、何かを手に入れようと望みながら、私たちはあちらこちらをさまよう。このような人が増えると、彼らを利用しようという、小賢しい人物が前面に出てくるのは確実だ。彼は、人々が求めているものをただで与えようと持ちかける。こうした人間は、ほとんど何も知らない。彼はどこからか決まり文句を持ち出してきて人々にはたらきかける。その影響はそれほど深くはないが、それでも害を及ぼしかねない。

たとえば、シャクティパットを知らない人がいたとする——彼もまた、体の磁力の助けを借り、少しばかりシャクティパットの練習をすることができる。しかし彼自身は、他の六つの身体について何の知識も持っていない。体はそれ自体、磁力を持っている。もし何らかの状況によって設定がうまく整えば、あなたはそれを通してショックを受ける可能性がある。このため古代の瞑想者たちは、どちらの方角に頭を向けて寝るかに注意していた。彼はある方向には頭を向けなかったし、またある方向には足を向けなかった。

地球は磁力を持っており、瞑想者は常にそこから磁気をもらえるよう、それに合わせて向きを調整することを、いつも心に留めていた。この力に対して角度をつくって寝ると、体の磁力は小さくなり、この流れにそって寝ると、地球に磁力を与える力と地軸を作る力が、あなたの体を磁石に変える。それは磁石の前に鉄片を置くと磁化されるのと同じように、あなたの体は磁化される。磁化された後は、ピンや針のような小さな物体を引き寄せることができる。

体はそれ自体、磁力を持っている。地球の磁力と向きが正しく合致すれば、たいへん有益だ。星にもまた磁力がある。ごく稀に、ある種の星が特別に磁力を帯びることがある。これは確かめられる——それに必要な情報は入手されている。だからある特定の瞬間に、あなたがある状態のもとに、ある姿勢をとって座っていると、特定の星があなたの体を著しく磁化する。そうなれば、あなたは磁気的なショックを人に与えることができ、人々はそれをシャクティパットとして受け取る可能性もある。しかし、これはシャクティパットではない。体はそれ自体、電気を持っている。これが適切な方法で生み出されるなら、あなたはただ手で持つだけで、五から十ワットの電球を灯すことができる。こうした実験は成功してきた。掌の上に電球を持つだけで、明りを灯せる人々がいる。しかし、体内のエネルギーはさらに無限にある。

二十年前、ベルギーの女性が図らずも充電されてしまった。誰も彼女に触れることができなかった——触れた人はショックを受けた。彼女の夫は離婚した。その理由は、彼女に触れる度に電気的なショックを受けたからだった。この離婚は、世界中にセンセーションを巻き起こした。多くのテストの結果、彼女の体は過剰な電気を作り出し始めたことが、明らかになった。体には多くの電池があり、それが順調に動いていれば私たちは何も感じないが、秩序が乱れると、大量のエネルギーが作られ放出される。

あなたは食べ物からエネルギーを取り込み、このエネルギーは体中の電池を充電する。だからあなたは、電池を再充電する必要性をしばしば感じる。人は夜になるころには疲れ、使い果たしているが、夜充分に眠ることで、再び充電される。しかし睡眠中、何によって再び充電されているのか、人は知らない。睡眠中にはある影響が作用している。多くの超自然に関する研究がなされ、睡眠中にどんな種類の力が作用するのかがわかってきた。もし望むなら、起きている状態でもこの影響を利用できる。そうなれば、あなたにエネルギーの衝撃を与えることができる。それは磁気的なものではない生体電気だ。これは、シャクティパットと間違えられやすい。

まがいもののシャクティパットのやり方は他にもいろいろあるが、これもまた偽りだ。それらは、真に神聖なエネルギーの伝達とは、まったくつながりがない。体の磁力や生体電気についてどんな知識も持っていなくとも、体の電気的回路を壊す秘密を知っている人なら、エネルギーの衝撃を与えることができる。体の電気的回路を壊す方法はいくらでもあり、この回路が乱されると、あなたはショックを受ける。他人から何かを受けなくても、ショックを感じる。それは、妨害を受けたあなた自身の生体電気のショックだ。

私はすべてのことについて、事細かに話すことはできない。というのも、話すこと自体適切ではないからだ。私の言うことは、みな不完全だ。偽りの手法について話すとしても、完全には説明できない。なぜなら、それらについて詳細に、徹底的に話すのはとても危険だからだ。話せば試してみたいという誘惑におそわれる。私たちの好奇心は大変浅はかだ。ある神秘家は、好奇心は罪だとまで言っている。人にはひとつだけ罪がある——好奇心という罪だ。他に罪はない。人はすべて好奇心から罪を犯す。私たちは気付いていないが、人に様々な犯罪を犯させるのは好奇心なのだ。

聖書には、神がアダムにどんな木の果物でも食べていいが、ひとつだけはだめだと言った逸話がある。このひとつの好奇心のせいで、彼はやっかいなことになった。原罪とは好奇心という罪だった――彼は困ってしまった。秘密とは何だろう？　おいしそうな果樹でいっぱいのこんなに大きな林の中で、何の変哲もないように見えるこの木の実が、なぜそんなに特別なんだろう？　一本の木が彼にとって意味を持ち始め、他の一切は意味がなくなってしまった。彼のマインドはこの一本の木のまわりをさまよい、もはや禁断の果実を味見せずにはいられなくなり、好奇心が彼に打ち勝ってしまった。キリスト教は、これを人間が犯した原罪と呼ぶ。さて、果物の味見のどこに罪があるのかね？　原罪とは彼の好奇心のことだ。

私たちのマインドは好奇心でいっぱいだ――しかしそれを覗き込むことはめったにない。好奇心を越えて成長した人には、探求心が芽生える。覚えておきなさい。好奇心と探求心には根本的な違いがある。好奇心でいっぱいの人は、決して探求はしない――彼はただあらゆることに対する好奇心でいっぱいで、ひとつの物事の全容を見ない。彼は他の十の事柄に注意をひかれ、ひとつの物事を見られない。となると、彼は決して真実を見出せない。

誤った手法についての私の話は完結していない。これらの手法の重要な部分は、意図的に伏せてきた。そうする必要があったのだ。なぜならマインドは、それを試そうとする好奇心をそそらせるからだ。こうした実験を行なうのは簡単だ。偽の探求者たちが力《パワー》の探求、神の探求へと向かうと、彼らは偽のパワーを与える者にも出会う。それは盲人が盲人をリードするようなものだ。盲目のリーダーというものは崩壊していく運命にあり、その背後の長い盲人の列もまた同じ道をたどる。そして害は一生涯だけでなく、何生にも及ぶ。物事を壊すのは簡単だが、元通りに直すのはとても難しい。

だから、好奇心からこの件について明らかにしようと試みてはいけない。正しい方向へと、自らを方向づけなさい。そうすれば、あなたに必要なことはあなたの途上に訪れる――きっと必ず。

KUNDALINI:
THE DICIPLINE OF
TRANSCENDENCE

第七章

クンダリーニ：超越の法則

昨日、シャクティパットとクンダリーニの目覚めが、始めの三つの身体が準備できていない人へ及ぼす影響について話してくださいました。第二、第三身体が準備できていない場合、どんな影響があるのかについて、もう少しご説明ください。また、瞑想者はこの出来事に対して、いかに肉体、エーテル体、そしてアストラル体を準備すべきなのですか？

この関連についてまず理解すべきは、第一、第二、第三身体の間には、完全なる調和が絶対不可欠だということだ。この三つの身体の間に調和のとれた関係がなければ、クンダリーニの目覚めは有害になり得る。この調和や繋がりのためには、どうしても必要なことがいくつかある。

第一に、自分の肉体について無自覚で鈍感であるかぎり、肉体は他の身体と調和を保てない。鈍感とは、体について充分に目覚めていないという意味だ。歩く時、私たちは歩いていることについて、ほとんど意識していない。立っている時、立っていることをほとんど意識していない。食べている時、食べていることをほとんど意識していない。私たちは体のどんな活動も、すべて無自覚に行なっている。まるで夢遊病者のように。体に無自覚なら、他の内的な身体に対しては、倍も無自覚に違いない。それは、さらに微妙なものだからだ。この目に見える粗大身《グロスボディ》に無自覚だと、目に見えない微細身に自覚的であるかどうかは問うまでもない。それに気づいているのは不可能だ。自覚なしに調和はありえない。気づいた状態においてのみ、調和は可能だ。気づいていない状態では、あらゆる調和は損なわれる。

だから、まず体に気づくことだ。体のどんなにささいな行為でも、覚えておくことは絶対に必要だ。自分の行為すべてに目一杯気を配っておかなくてはならない。仏陀が言っていたように、「道を歩いている時は、自分が歩いていることに気づいていなさい。右足を上げる時、マインドは自分の右足が上がったという事実を意識しているべきだ。夜眠る時は、自分が寝返りを打つのを知っておくべきだ。」

仏陀の生涯に、ある出来事があった。彼がまだ、探求者だったころのことだ。彼は仲間と共に、ある村を通り過ぎようとしていた。二人が話していると、ハエが仏陀の首にとまった。ハエを払いのけるために手を上げた時、彼は議論の最中だった。それは飛び去った――だが、仏陀は突然止まった。「私はとんでもない間違いをしてしまった」仏陀は友人にそう言うと、もう一度手を上げてハエを追う動作をした。

仲間の探求者は驚いて、声高に言った。「そんなことをして、何をしているのですか？　ハエはもういませんよ」

仏陀は「今私は、そうすべきであった通りにハエを追っているのだ。今、私は自分のしていることに充分気づいている。今、手が上がる時に手が上がりつつあること、ハエを追うために首の方へと向かっていることに充分気づいている。あの時、私はあなたに話していた。だから私の行動は機械的だった。私は、私の体に罪をおかした」と答えた。

もし私たちが、身体活動のすべてを充分に自覚し始めたら、肉体への同化は破られるだろう。充分な注意をもって、一方の手を上げるならば、自分は手から離れていると感じるだろう――上げているのと、上げられているのは異なるからだ。肉体的な体から離れているという感覚は、エーテル体の自覚の始まりだ。そして私が先に言ったように、あなたはこの第二の身体にも、充分に目覚めているべきだ。

オーケストラが演奏しているとする。オーケストラではいろいろな種類の楽器が演奏される。聴衆の中に、音楽を一度も聴いたことのない人がいたら、太鼓だけを聞くだろう。太鼓はいちばん騒々しい音をたてる楽器だ。他の楽器のもっと柔らかな音色は、捉えられないだろう。だが音楽に目覚め始めると、より柔らかな音もだんだん捉え始める。気づきが高まるにつれ、もっともデリケートで微妙な音も捉えはじめる。気づきがさらに高まると、音を捉えるだけでなく、ふたつの音の隙間に気づくようになる――ふたつの音の間の沈黙に。そして彼は、音楽を完全に理解するだろう。合間、隙間は最後に理解するものだ。音楽の理解とは、そうしてはじめて完成したと言える。合間、ふたつの音の合間の沈黙には、それ自体に意味がある。実際、音とはただ、この沈黙を際立たせるためのものだ。音楽とは本当のところ、どれほどこの沈黙を働かせられるかにかかっている。

日本や中国の絵を見たことがあるなら、絵がいつも片隅に描かれていることに驚くだろう。画布の残り部分は、空白のままだ。こういう描き方は、世界のどこにも見あたらない。これほどの瞑想性をもって描いた芸術家は、他のどこにもいないからだ。実際、中国と日本を除いて、瞑想者が絵画に取り組んだ所はない。もしその芸術家に、そのサイズの八分の一の画布を使えば簡単なのに、なぜそんなに大きな画布を、こんなに小さな絵のために無駄にしたのかと尋ねたら、八分の七の空いた空間をかもし出すため、特にその残りの部分を仕上げたのだと答えるだろう。現実に、これが割合だ。

通常、開かれた空間に立っている木を描く時は、キャンバスが目一杯使われる。本当は、木は片隅にあるべきだ。広大なる空に比べれば、木はちっぽけだ。これが実際の割合だ。木は、その正しい空間的な割合で画布に描かれてこそ、初めて生きてくるだろう。あなたたちの描く絵はみな、釣り合いがとれていない。もし瞑想者が音楽を創るなら、音は少なく、より沈黙があることだろう。音はそれらを結びつける沈黙に比べ、遥かに小さいからだ。音の役目はただひとつ——空なるもの、沈黙の暗示を与えては、去って行くことだ。音楽の中に深く入って行けば行くほど、あなたの沈黙の感覚は深まってゆく。

肉体の目的はひとえに、より微細な身体への認知を与えることにある。しかし私たちは、決して肉体をこの目的のためには使わない。目覚めることのない肉体への自己同化のせいで、私たちは肉体だけに固執し続ける。私たちは眠っている――だから、非常に無意識な態度で、体の中に暮らしている。もし、肉体のひとつひとつの行為すべてに気づくようになれば、あなたは第二身体の存在を感じるようになる。第二身体にも、独自の働きがある。しかし、完全に肉体の動きに気づかないうちは、エーテルを知ることはない。それは、エーテルがさらに微細だからだ。完全に肉体の行為に気づくようになれば、第二身体の動きを感じるようになる。すると、エーテルの振動《バイブレーション》が内側にあり、いつも活動していることに驚くだろう。

人は怒る。怒りはエーテル体に生じるが、第一身体に現れる。基本的に、怒りは第二身体の行為だ――第一身体は、表現の媒体として使われる。だからあなたが望めば、怒りが第一身体に到達しないようにすることもできる。これが抑制の中で行なわれていることだ。私が怒りでいっぱいだとする。あなたを棒で殴りたいと思うが、私は自制できる。殴るのは第一身体の行為だ。基本的に怒りがあっても、今のところ怒りは現れていない。私は殴るという行為を自制できる――そうしたいと思えば、あなたに微笑みかけることさえできる。しかし内側では、第二身体中に怒りが広がっている。だから抑制することで、表現しようとする第一の次元を背後に控えさせておく、ということが起こる。しかし、怒りはすでに源泉に存在している。

肉体の一連の作用に気づき始めると、内側の愛や怒り、そして憎しみの動きを理解するようになる――あなたは、それらの存在に気づき始める。第二身体から湧き起こる、こうした感情の動きを把握するまでは抑制しかできず、それから自由にはなれない。なぜなら、それが第一身体に現れてやっと、あなたは気づくからだ――それも、いつもというわけではない。しばしば、それが他人の体にまで及んで、初めて気づく。私たちはあまりにも鈍感なので、相手を平手打ちしてやっと自分の行為に気づく。何かが起こったことを知るのは、平手打ちの後だ。

あらゆる感情は、エーテル体から湧き起こる。だから私は、第二身体、つまりエーテル体を感情体《エモーショナル》と呼ぶ。それは独自の局面を持っている――怒りや愛、憎しみ、不安に対して、独自の動きをする。あなたは、これらの波動を理解するだろう。

恐れるとエーテル体は縮む。怖くて身の縮む思いがする一連の作用は、第一身体のものではない。第一身体はまったく同じままで、どんな変化もない。しかしエーテル体の収縮の影響は、歩いている姿や座り方の中にはっきりと現れる。彼はいつもおどおどして見える。真っ直ぐには立てず、話せば吃り、歩くと足が震え、書けば手が震えている。

さて、男性と女性の筆跡は、誰にでも識別できる。ちっとも難しくはない。女性の筆跡は決して真っ直ぐではない。対称的なバランスがとれており、美しく書かれていても、そこには必ず揺れのしるしがある。これは非常に女性的な性質であり、女性の体からやってくる。女性はいつも恐れている――女性の人格というものは、恐れに圧倒される。だから女性と男性の筆跡を見分けるのは、ちっとも難しいことではない。また筆跡から、その人物がどれだけ恐れているかがわかる。男性と女性の指が違うわけでもなく、ペンの持ち方が違うわけでもない。第一身体に関するかぎり、両者に違いはない。しかし第二身体の次元では、女性は恐れている。

現代の女性でさえ、内側に恐れのない状態はありえない。まだ私たちの社会、文化、そして通念は、女性を恐れなくさせてくれるまでに至っていない。女性は常に恐れており、恐れの波動は、彼女の人格全体に広がっている。男性の場合も、恐れのなさ、あるいは恐れの度合いを、筆跡から判断できる。恐れの状態は、エーテルの次元にある。

私は、粗大身《グロスボディ》で起こっていることのひとつひとつに気づいているようにと言った。しかし同じように、エーテル体の一連の作用にも、気づいていなければならない。愛の中にいる時は、まるで自分が広がったかのように感じる。愛の中で体験する自由は、この広がりのためだ。さて、その人の前では、恐れる必要などなくなってしまうようなことがある。愛する人のそばでは、どんな恐れも生じない。本当のことを言うと、愛するとは、ある人の前にいると、恐れから自由になるという意味だ。そういう人の前では、その人が何者かに関係なく、自分の才能が最大限まで花開く。だから広がる感覚は、愛の瞬間に体験される。肉体は同じままでも、内なるエーテル体は花開き、広がっていく。

瞑想中には、いつもエーテル体の体験がある。ある瞑想者は、自分の体がとてつもなく広がり、部屋いっぱいになったように感じるかもしれない。しかし、彼の肉体は同じままだ。目を開けると、彼はショックを受ける——体はまったく同じままだ。しかし、体験した感覚は残っており、自分の感じたことは偽りではなかったことを悟る。彼の体が部屋全体を満たしたという、その体験は明らかだ。これはエーテル体での出来事だ。エーテル体の広がる可能性は果てしない。エーテル体は感情によって広がったり、縮んだりもする。地球を満たすまで広がることもできれば、原子の中に収まってしまうほど、縮むこともできる。

あなたはエーテル体の動き——拡大と収縮、どんな状況で縮み、どんな状況で広がるか——に気づくようになる。瞑想者が、エーテル体の拡大の流れの中で生き始めると、調和がつくりだされるだろう。収縮させてしまうような状態の中で生き始めると、ふたつの身体の間に調和はつくれない。拡大は、もとから備わった性質だ。エーテル体が最大限まで広がり、完全に花開いた時、それは掛橋によって第一身体と結びつく。エーテル体が怖れて縮むと、第一身体との結び付きはすべて壊れ、隅の方に離れてしまう。

もうひとつ、別の方法でわかる第二身体の他の作用もある。たとえば、申し分なく健康で、まったく普通の人をあなたが見ているとする。さて、もし誰かが彼に、あなたは死の宣告を受けていると告げたら、彼はたちまち真っ青になるだろう。彼の第一身体は変わらないが、エーテル体には急激な変化が生じる。エーテル体は、まさに肉体を離れんばかりになっている。彼が家を引き払わねばならないことを家主が知れば、たちまち喜びや陽気さも、すべてふっとんでしまうだろう。あらゆるものが掻き乱される。ある意味で、第二身体が第一身体とのつながりを壊してしまったのだ。死刑はいつの日か執行されるかもしれないし、あるいは執行されずにすんでしまうかもしれないのだが、その人の第一身体とのつながりは壊れる。

人にピストルで襲われたり、ジャングルでライオンに襲われたりすると、肉体にまだ何も起こらぬうちからエーテル体はすぐに肉体を離れる支度を始め、ふたつの間には大きな距離が生じる。このように第二身体の働きは、子細に観察できる。これは難なく行なえる。ここで難しいのは、肉体のプロセスを同時に観察できないという点だ。もしできれば、第二身体の動きを感じ始めるだろう。両者の働きをはっきりと理解すると、まさにそれがふたつの間に調和をつくりだす。

次に第三身体――アストラル体がある。その動きは、さらに極めて微妙なものだ――恐れ、怒り、愛、そして憎しみよりもさらに微妙だ。第二身体の理解が完璧でないと、その動きを把握するのは難しい。第一身体から第三身体を理解するのは、ずっと難しい。というのも、今度は隔たりがずっと大きいからだ。第一の次元について、私たちは無意識だ。第二身体は第一身体により近いので、いくばくかの理解は得られる。第二身体は、ちょうど私たちの隣人のようなものだ――隣から、時たまポットのカタカタいう音や、子供の泣き声が聞こえてくる。しかし第三身体は、隣のまた隣だ。その家からは、物音などまったく聞こえてこない。

第三身体の現象は、さらにずっと微妙だ。それは感情を完全に理解するようになって、初めて把握できる。

感情が凝縮されると、行動になる。アストラルの霊的波動は、感情の波動よりも細かい。だから、あなたが怒りを表さなければ、私にはあなたが怒っていることがわからない。怒りは行為となって、初めてわかるからだ。しかしあなたには、あらかじめそれを、よく見てとることができる。あなたは、怒りがエーテル体に湧き起こるのがわかる。さて、この湧き起こった怒りには、エーテル体から生じてくる固有の原子がある。もしこれらの原子が生じなければ、怒ることはできない。

アストラル体は、波動の集合体と呼んでもさしつかえない。例を挙げれば、この身体の様々な様相をより理解できるだろう。私たちは水を見ることができるし、水素と酸素を別々に見ることもできる。酸素には水の痕跡はなく、水には酸素の痕跡がない。酸素も水素も水の特性を持ってはいないが、ふたつが結び付くと水が生じる。それぞれが隠された特質を持っており、結び付くとそれが現れる。アストラル体には、怒りも愛も見当たらなければ、憎しみや恐れも見当たらない。しかしそれらには、第二身体に結び付くと現れる波動がある。あなたが完全に第二身体に気づいている時、また、怒りに対して完全に油断がない時、その前にある反応が生じるのがわかるだろう。別の言い方をすれば、怒りは始まりではない。怒りは、他の所ですでに生じた事象の第二段階だ。

泡が湖底から生じ、上の方へと浮き上がり始める。湖底の砂の中から泡が生じた瞬間、それを見ることはできない。湖の深さの半分まで来てもまだ見えない。湖面からわずかな距離になると、とても小さいが見え始める。そして湖面に近づくにつれ、次第に大きくなっていく。なぜなら水の重量と圧力は、上の方にいくと減少するからだ。また、泡は私たちの目にもっとはっきり見えてくる。深い所では水圧によって泡は小さくなるが、上の方に浮き上がってくるにつれて水圧は次第に低くなるため、水面に到達するころには泡は最大になる。しかし、最大に達した所で、泡ははじけてしまう。

泡は長い道のりを移動してきた。私たちには見えない所もあったが、それでもやはり、砂の下に隠れていた。泡はそこから立ちのぼるが、水に圧力をかけられるため、依然として目には見えなかった。水面に近づいてくると目に見えるが、それでもまだ、とても小さかった。やがて表面に浮かび、全体を見ることができた——しかし、そこでそれははじけた。

怒りの泡は、第一身体に達するころには、最大となってはじけてしまう。表面にやってくると、本性を顕すのだ。望めば第二身体で止められるが、抑圧になるだろう。エーテル体を覗き込むと、驚くことにすでにいくらか先へと動き出しているのがわかるだろう。しかし、その本来の場所では、怒りは振動するエネルギーのかたちで存在する。

以前話したように、物質のタイプはみな同じだ。もっと正確に言えば、同じエネルギーの粒子が、様々に組み合わされているにすぎない。石炭とダイヤモンドは同じであり、違っているのはエネルギーの粒子の組み合わせだけだ。どんな物質でも、構成要素に分解したら、究極的に残るものは電気エネルギーだ。これらのエネルギーの振動の様々な組み合わせが、異なる物質を形づくる。これらの物質は、すべて表面的には異なるが、奥深いところではみなひとつだ。

エーテル体に目覚め、感情の根源へとたどっていくと、突然自分が、アストラル体にいることに気づくだろう。そこであなたは、怒りは怒りでなく、寛容さは寛容さでないことを知る。つまり両者の中で振動しているのは、同じエネルギーだ。愛と憎しみの中で振動しているエネルギーは同じだ。違いはただ、振動の性質だ。

愛が憎しみに変わり、憎しみが愛に変わる時、ふたつの正反対の感情がお互いにどう変わるのか、私たちは不思議に思う。たとえば、昨日まで私の友人と呼んでいた人が、今日は敵になってしまう。私はたぶん、自分が間違っていたのだ――彼は決して友人ではなかったのだと、自分を慰める。友人が敵に変わることなど、どうしてあり得るだろうか？　友人関係と敵対関係の中で振動するエネルギーは同じだ。違いは振動の構造だけだ。違いは波動の構成にある。私たちが愛と呼ぶものは、朝のうちには愛だが夕方には憎しみとなる。日中には愛があり、夕方になると憎しみへと変わる。これは厄介な状況だ。朝のうち愛していた人を、夕方になると憎んでしまう。

フロイトは、人は憎む者を愛し、愛する者を憎むという考えを抱いていた。彼が示した理由は、ある程度正しい。しかし彼には、人間の他の身体についての知識がなかったため、研究をさらに進めることができなかった。彼が示した理由は、非常に表面的だ。彼は、子供が最初に体験する関係は、母親との関係だと言っている――子供が初めて愛する対象は母親だ。母親が子供を大切に世話し、すべての注意を向ければ、子供は母親を愛する。そして小言を言われたり、罰せられたりすると、その同じ母親を憎む。だから子供の心の中は、同じ相手――母親――に対するふたつの感情でいっぱいになる。子供は母親を愛すると同時に憎む。時に子供は母親を殺したいと思い、またある時は、母親なしでは生きられない――自分の呼吸のひとつひとつに母親がいるとまで思う。このふたつの思いによって、母親は子供にとって、愛と憎しみの最初の対象となる。そして後年、この心の関連性によって、愛する人をみな、憎むようになる。

これは実に表面的な発見だ。泡が、ほとんどはじけようとする水面でとらえられている。子供が母親を愛し、憎みもする場合、愛と憎しみの違いは量的なものであり、質的なものではない。愛と憎しみは、両方同時には現れない。もし両者が存在するなら、可能な状態はひとつだけ――つまり、それらは変換されるということだ。波動はふたつの間を行き来する。だから瞑想者だけが、なぜ第三身体では矛盾した感情で心がいっぱいになるのかを知る。朝、人がやってきて私の足に触れ、私のことを祝福された者、愛するマスターと呼んで迎える。同じ人が夕方やってきて、罵声をあびせる、「こいつは根っからの悪魔だ」。翌朝、彼は再びやってきて、私のことを祝福されたマスターと呼び、足に触れる。すると他の者が来て、あの人はあなたのことを時には神と呼び、時には悪魔と呼ぶのだから、彼の言葉は気にとめないほうがいいと忠告する。

私は、彼こそ信頼するにふさわしい人物だと言う。口を開いた人間は、非難されるべきではない。彼は矛盾したことを言ってはいない。むしろ彼の言ったことは同じ領域に属している。それは同じ梯子の段々であり、違いはただ量的なものだ。実のところ、「愛するマスター」と言うや否や、彼は一部を抑えている。

マインドは、相反するもので成り立っている。となると、第二の部分はどこに行くのだろう？それは第一の部分が力尽きるのを待ちわびつつ、その下に潜んでいる。最終的に、第一の部分は疲れてしまう。この人はどれだけ長いこと、「愛するマスター」と言い続けられるだろう？疲れると第二の部分が起き上がり、彼を刺激して「こいつは根っからの悪魔だ」と言わせる。さあ、これらはふたつではなく、ひとつだ。

すべての矛盾する感情は、同じエネルギーの様々な形なのだと理解できる時まで、私たちは人間の問題を解決できないだろう。私たちが直面するもっとも大きな問題は、愛する時は憎みもするということだ。私たちには、その人なしでは生きられないと思う人を、殺す用意がある。内側の深いところでは、友人は敵でもある。これが私たちの最大の問題であり、関係性すべてにおいて、大きな問題を引き起こしている。ひとつよく理解すべき点は、異なる感情の根底にあるエネルギーは、同じだということだ――そこには何の違いもない。

普通私たちは、光と闇をふたつの相反するものと捉えているが、これは間違いだ。科学的な見地からすると、闇は光が最小である状態だ。試みれば、闇の中にも光を見出せる。光のないところには闇もない。調査する機器がそれを認識できないとしても、それはまた別の問題だ。私たちの目は、闇の中の光を識別できないかもしれないが、光と闇は同じ次元に存在する。ひとつのエネルギーの異なる形であり、異なる振動だ。

別な例だと、理解しやすいだろう。私たちは、光と闇を相反するものと信じている。しかし、冷たさと熱さは、さほど相反するものとは思っていない。実験してみるとおもしろい。一方の手をストーブにかざして暖め、もう一方を氷の上に置く。今度は両方の手を、室温の水の入ったバケツにつける。その水が熱いのか冷たいのか、判断しかねるだろう。一方の手は熱いと言い、もう一方の手は冷たいと言う。両方とも自分の手なので、判断に戸惑う。実際、冷たさと熱さはふたつの異なる事象ではなく、相対的な体験だ。

何かを冷たいと言う時には、単に自分の方が比較的暖かいという意味だ。暖かいと言う時は、自分が比較的冷たいという意味にすぎない。私たちは、対象と自分自身の量的な温度差を表現しているだけであり、それ以外の何ものでもない。熱いものも冷たいものも存在しない――またば、熱いものを冷たいとも言える。「熱い」「冷たい」は、まぎらわしい言葉だ。温度を言うべきであり、それこそ正しい表現だ。科学者も「熱い」「冷たい」は使わない。科学者は、その物質にはこれだけの温度があると言う。「熱い」「冷たい」は詩的な言葉だ。何の意味も伝えないため、科学にとっては危険だ。

人が部屋に入ってきて寒いと言っても、彼の意味するところはわからない。この人に熱があって、部屋はまったく寒くないのに、寒く感じるのかもしれない。だから、彼が自分の体温の状態を知るまで、室温に関する彼の評価には意味がない。私たちはこうも言える。「部屋が暑いとか、寒いとか言ったりしてはだめだよ。ただ、この部屋の温度が何度かを言うんだ」。温度は、暑いとか寒いといった証明などしない。ただ、気温が何度なのかを伝えるだけだ。気温が体温より低ければ寒く感じ、高ければ暑く感じる。同じことが光と闇にも当てはまる。それは、私たちの見る能力次第だ。

私たちにとって、夜は暗く見えるが、フクロウにとっては違う。フクロウは、昼間をとても暗く感じる。フクロウはきっと不思議がっているだろう、「人間は、なんて奇妙な生き物なんだ！夜に起きているなんて」。人はおおむね、フクロウが愚かだと考える。しかし、人は自分に対するフクロウの意見を知らない。フクロウにとって昼にあたるのが夜で、夜にあたるのが昼だ。フクロウは人間の愚かさを、いぶかしんでいるに違いない！　フクロウは「人間の中には賢い人がたくさんいるのに、夜に起きて昼間は眠る。起きて活動すべき時間に、この哀れな生き物は眠るのだ」と思う。というのもフクロウの目は、夜でも物が見えるからだ。フクロウにとって夜は暗くない。

愛と憎しみの波動は、闇と光のそれと似ている。それらには独自の割合がある。第三の次元に気づき始めると、あなたは奇妙な状態の中にいるだろう。愛したり憎んだりすることは、もはやあなた自身の選択ではなくなる。今あなたは、それらは同じ事柄のふたつの名前だということを知るだろう。

あなたが一方を選べば、自動的に他方も選ぶことになる。第二の選択は避けられない。第三の次元にいる人に愛を請い願えば、憎しみへの用意もできているかと、彼は尋ねるだろう。当然あなたは、「いいえ、愛だけが欲しいのです。愛を下さい！」と言う。彼は、愛は憎しみの波動のひとつの形だから、それは不可能だと答えるだろう。実のところ、愛はあなたにとって喜ばしい形であり、憎しみは愛と同じ波動の、不愉快な形だ。

第三の次元が目覚めた人は、一対となった相反するものから解放されるようになる。ふたつの相反するものだと思っていたものは、ひとつであり同じだということを、彼は初めて知る。二本の向かい合った枝は、同じ木の幹の一部となった。彼は、一方を保つために他方を駄目にしようとしていたことの愚かさを笑うだろう。しかしそれは不可能であり、深いところで木は一緒だということを、彼は知らなかった。第三の次元がわかるのは、第二の次元に目覚めた後でだけだ。なぜなら第三身体は、非常に微妙な霊的波動を持っているからだ。そこに感情はない —— ただ霊的波動だけがある。

第三身体の波動を理解するようになったら、稀有な体験をするようになるだろう。人を見ると、そのまわりを取り巻く波動を、すぐさま語れるようになる。自分の波動に気づいていなければ、他人の波動は認識できない。第三身体から発せられる霊的波動は、すべての人の頭のまわりに集まる。仏陀、マハヴィーラ、ラーマ、そしてクリシュナの絵に描かれた後光は、彼らの頭の回りに見られたオーラだ。それらには特別な色があり、それは見抜かれている。第三身体の正しい体験を得ると、こうした色が見えるようになる。これらの色を見始めると、自分自身だけでなく、他人の色も見るようになる。

実のところ、自分自身をより深く見始めるにつれ、同じ程度までだが、他人の内面もより深く見えるようになる。なぜなら、私たちは自分の肉体しか知らず、他人に関しても、その肉体しか知らない。いつの日か自分のエーテル体を知るに至れば、他人のエーテル体にも気づき始めるだろう。

怒る前には、自分が怒りだすことが、あらかじめよくわかる。愛の表現の前には、愛の準備をしているのが容易に予見できる。だから、いわゆる他人の気持ちがわかるというのは、結局さほど大したことではない。自分の感情体に気づき始めれば、他人の気持ちを把握するのは簡単になる。なぜなら私たちは、感情体のあらゆる波動を見始めるからだ。第三の次元に目覚めると、物事はとても明らかになる。なぜなら、人格の色合いをも見られるようになるからだ。

サドゥーやサニヤシンの服の色は、第三身体に現れている色によって選ばれた。どの身体が強調されるかによって、選択はそれぞれ異なった。たとえば仏陀は第七身体を強調したため、黄色を選んだ。第七の次元に到達した人のまわりのオーラは黄色だ。だから仏陀は、比丘《びく》たちに黄色の服を選んだ。仏教徒たちがインドに留まりづらくなったのは、この色のせいだ。黄色は死に結び付く。そして実際、それはまさしく死の色なのだ。第七の次元は、究極的な死の次元だ。黄色は、私たちの内側の奥深いところで死と直結している。

オレンジ色は、生の印象を与える。だから、オレンジ色のローブをまとったサニヤシンは、黄色のローブをまとったサニヤシンよりも魅力的だ ── 彼らは生き生きと見える。オレンジ色は血の色であり、第六身体のオーラの色だ。それは上昇する太陽の色だ。

ジャイナ教は白を選ぶ。これは第五身体 ── スピリチュアル体の色だ。ジャイナ教は神を孤立させておくことに固執する ── 神や、涅槃《ニルヴァーナ》を議論の対象とはしない。というのも、科学的な議論が可能なのは、第五身体までだからだ。マハヴィーラは、科学的なマインドを持った人だった。だから彼は、正確に解明できる事柄に限って話をし、それを越えると、話すことを拒んだ。

彼は自分の言葉が誤りを犯しそうな分野については、話したがらなかった。だから彼は、神秘論についての詳しい説明を拒否した。それについては語るまい、中に踏み込んで体験しよう、とマハヴィーラは言った。だから、第五の次元の後については語らなかった。このため、マハヴィーラは白を選んだ。白は第五の次元の色だ。

第三の次元から、あなたは色を見始める。これは、内なる微妙な波動の影響によるものだ。ごく近い将来、その色の写真を撮れるようになるだろう。裸眼で色が見えているのなら、当然カメラの眼にとらえられるのも、そう遠くはないだろう。そうなると私たちは、人の性質や人格を評価する、すばらしい能力を発展させるだろう。

何百万人もの人々について、色の及ぼす影響を研究した、ルスヒェフというドイツの思想家がいた。ヨーロッパとアメリカの多くの病院が、彼の実験を利用している。あなたが選ぶ色は、あなたの人格を色濃く表している。ある種の病気の人は特定の色を好み、健康な人はまったく違う色を選ぶ。物静かな人はまた違う色を好み、野心家はそうでない人とはまったく違う色を選ぶ。第三身体の中で何が起こっているかは、あなたの選択によって暗示される。さて、これは興味深い事実だが、あなたの第三身体から発せられた色を把握してみると、あなたの色の好みについてテストした結果と同じ色になる。あなたは、自分の第三身体から発せられる色と同じ色を選ぶ。

色には、不思議な意味と利用法がある。以前は、色が外部にもあなたの人格を伝えるほど、意味深いものだとは知られていなかった。また、色の影響が、内面の人格に作用し得るとは知られていなかった。あなたはそれから逃れられない。たとえば、赤はいつも革命と関連がある。赤は怒りの色であり、逃れるのは難しい。だから革命家は赤旗を携えている。激怒したマインドのまわりには、赤いオーラがある。赤は血の色、殺人の色、怒りと破壊の色だ。

非常におもしろいことだが、部屋にあるものすべてを赤く塗ると、ここに座っているすべての人の血圧は上昇する。赤い色と共に生活し続ければ、血圧は決して正常にはなり得ない。青い色は血圧を低下させる。青は空の色であり、究極の静寂の色だ。あなたのまわりに青があれば、血圧は下がるだろう。

人間についてはさておき、もし青い瓶に水を満たして日光のもとに置くと、水の化学構成は変わる。水は青い色を吸収し、構成を変える。この水は、血圧に影響を及ぼす。同じように、黄色い瓶に水を満たして日光のもとに置くと、その性質は異なる。青い瓶の水は何日間か新鮮さを保つが、黄色い瓶の水はすぐ腐ってしまう。黄色は死の色であり、物事を崩壊させる色だ。

あなたは、自分のまわりを取り巻くあらゆる色の輪を見始めるだろう。これは第三の次元で起こる。三つの身体に気づいている時、まさにその気づきが、それらの間に調和をもたらす。そうなると、シャクティパットといった類のものが、有害な結果をもたらすことはあり得ない。シャクティパットのエネルギーは、調和のとれた最初の三つの身体の層を通り、第四身体に入る。これがシャクティパットのエネルギーが通っていく高速道路《ハイウェイ》だ。もしこの通路が準備されていなければ、様々な危険があるだろう。このため、最初の三つの身体は強靭で健全でなければならない。そうして初めて、成長は何の滞りもなく起こっていく。

第四、第五、第六、そして第七のチャクラの完成した人が死ぬと、次の生ではその人のチャクラはどんな状態になるのでしょうか？　死後、体のない高次の存在の領域にとどまるのは、どの次元にいる人ですか？　体のない高次の存在は、最終的な成就のために、人間として再び生まれなければならないのでしょうか？

いくつかの点は、遥か彼方から理解しなければならない。私は七つの身体の話をした。このことを心にとめ、存在をさらに七つの次元に分けることができる。全存在の中には、七つの身体すべてが永久に存在する。目覚めていても眠っていても、活動的でも休止状態でも、醜かろうが美しかろうが、それらは常にそこにある。金属の断片を例にとろう——たとえば鉄片だ。七つの身体すべてはその中に存在するが、七つはみな、眠っている。七つとも休止状態で、活性化していない。だから、鉄片は死んでいるように見える。

植物を例にとろう。植物の第一身体は活性化している。だから私たちは、植物の中に生の最初の一瞥を見る。

次に動物がいる。動物の第二身体は活性化している。動物には動きが芽生える。それは植物には存在しないものだ。植物は根を下ろし、常に同じ場所にとどまる。植物は移動しない。動きのために必要な第二身体――あらゆる動きが生じる元であるエーテル体――が活性化されていないからだ。第一身体が目覚めただけでは動くこともなく、固定化したままだ。植物は固定化した動物だ。少しばかり動く植物がいくつかあるが、それは植物と動物の中間の状態だ。アフリカに数多くある泥土地帯には、一年間に二十から二十五フィートほど、横にずれていく植物がある。それは根を使って、土を掴んで押しやるようにして動く。これは植物と動物の革命的な結合だ。


動物においては、第二身体も動き始める。これは第二身体が目覚めに到達したわけではなく、ただ活性化したという意味だ。動物は、それに関するどんな知識も持ち合わせていない。第二身体が活性化されると、怒りを体験し、愛を表現し、走り、身を守り、恐れを体験し、攻撃したり、隠れたり、動いたりできる。

人間においては、第三身体――アストラル体が活性化されている。だから体が動くだけでなく、マインドも働き、マインドによって旅もできる。未来だけでなく、過去へも旅をする。動物に未来はない。動物は決して心配したり、緊張したりはしない。すべての懸念は、未来のものだからだ。明日何が起こるかは、私たちの最大の心配事だ。しかし動物に明日はない。今日がすべてだ。ある意味では、今日すら存在しない。なぜなら、明日さえ気にしないものにとって、今日はどんな意味があるというのだろう？　在るものだけが、ただ在る。

人には、より微妙な動きが生まれた――マインドの働きだ。それは第三身体、つまりアストラル体からやって来る。さて、人はマインドの助けを借り、未来について考えることができる。死後についてすら、心配できる――どこへ行くのか、どこへは行かないのか。また、生まれる前はどこにいたのかについて、思いを巡らせたりもする。

すべての人ではないが、何人かの人は第四身体が活性化している。第四身体が活性化した後に死んだ人は、デヴァ、すなわち神の次元に生まれる。そこでは、第四身体が活性化する可能性が数多くある。第三身体が活性化していて初めて、人は人として生き続ける。第四身体からは、高次の次元の誕生が始まる。

第四の次元については、理解すべき相違点がある。第四身体が活性化すると、再び肉体を得る可能性は減り、体のない存在になる可能性が高くなる。しかし私が言ったように、活性化と意識の違いを心にとめておきなさい。第四身体が単に活性化しても、無意識であれば、それはプレータの次元、悪霊と呼ばれる。活性化しているだけでなく、完全に意識的であるなら、デヴァの次元、聖なる霊と呼ばれる。プレータとデヴァの違いは、この点だけだ。悪霊は自分の第四身体が活性化しているのに気づかないが、聖なる霊は気づいている。だからプレータは、その第四身体らすだろう。意識だけが有益なものになり得る。

第五身体が活性化した者は、デヴァの存在を越えていく。第五はスピリチュアル体だ。第五の次元では、活性化と意識はひとつであり、同じものだ。覚醒なしには、誰も第五の次元に辿り着けない。だからここでは、活性化と覚醒が同時に起こる。第四までは、覚醒がなくても到達できる。もしあなたが目覚めれば、旅は異なる様相を呈するだろう――それはデヴァの次元、すなわち神の次元へと向かう。覚醒しないままだったら、あなたの旅は悪霊の領域に入る。

第五の次元では、活性化と覚醒は同時だ。なぜならそれはスピリチュアル体であり、自己が関係するかぎり、非覚醒は意味がないからだ。アートマンとは意識のこと――アートマンの別名は意識だ。ここでは無意識は意味がない。

第五身体からは、活性化と意識はひとつの同じものとなる。しかしそれ以前は、ふたつの道に分かれている。男女の違いは第四身体まで存在し、眠りと覚醒の違いも第四身体まで存在する。事実、二元性と葛藤が存在するのは、第四身体までだけだ。第五身体からは不二なるもの――分かたれていないもの――が始まる。第五からは合一が始まる。これ以前には、多様性と相違が存在する。第五の次元の可能性は、プレータの次元から来るのでも、デヴァの次元から来るのでもない。この点を理解しておきなさい。

第五身体に至るのは、プレータには不可能だ。というのも、プレータは無意識の存在だからだ。それには覚醒に必要な体がなく、覚醒への第一歩となる第一身体がない。このため、プレータは人間の形に戻らねばならない。だからある意味では、人間の存在は十字路に位置している。デヴァの次元はその上に存在しているが、それを越えてはいない。なぜなら、越えるには人間の存在に立ち戻らねばならないからだ。プレータはその非覚醒を打破するために、立ち戻らねばならない。このためには、人間の形が不可欠だ。デヴァも立ち戻る必要がある。その存在の中には、まったく苦しみがないからだ。実際、それは目覚めた存在だ。しかしそういう存在の中には、瞑想への切望を生み出す、痛みや苦しみはありえない。苦しみなきところには、変容や成就への思いもない。

だからデヴァの領域は、進歩のない静的な存在だ。これは幸せの特性だ。幸せはさらなる進歩を、すべて妨げてしまう。痛みや苦しみの中には、成長への切望がある。苦しみは、痛みや悲しみから解放されるための方法と手段を見出すことを鼓舞する。幸せの中では、あらゆる探求は止む。これはまったく奇妙な事態であり、人はたいてい、これを理解できない。

マハヴィーラや仏陀の生涯には、教えを受けるために、デヴァが彼らを訪れたという記述がある。しかしこれは、非常に例外的な出来事だ。デヴァは、人間存在の上部にある存在なのに、人類を訪れなければならないとは奇妙だ。それは不思議に思えるが、そうではない。なぜなら、天上の存在は静的な存在であり、何の成長もないからだ。先に進みたいと望むなら、ジャンプする前には一歩後退するように、人間の存在に立ち戻らねばならない。そしてジャンプする。

幸福とは、もうこれ以上の動きはない、という意味で一種独特だ。そしてもうひとつ、幸福は飽きる。幸福ほど、退屈を引き起こす要因は他にない。不幸は飽きない。不幸なマインドは、決して退屈しない。だから、不幸な人間は決して不満を抱かないし、苦痛と惨めさがはびこる社会にも、不満を抱かない。不満を抱くのは幸せな人間、幸せな共同体だけだ。インドは、アメリカほど不平に満ちてはいない。その理由は、アメリカ人は豊かで幸せだが、私たちは貧しく、惨めだからというこの一点だけだ。アメリカには、何ひとつ待ちこがれるものはない。さらなる成長へとせきたてる苦しみもない。それに、幸福は同じことの繰り返しだ。何度も何度も繰り返される、同じ喜びと楽しみは、無味乾燥なものとなる。

デヴァの領域は、退屈の極みだ。宇宙のどこにも、これほど退屈な場所はない。そこは倦怠にあふれている。しかし倦怠が進展するには、時間がかかる。また、それは各自の感受性にも依存する。感受性豊かな人ほどすぐに飽き、感受性の乏しい人ほど、なかなか飽きがこない。そういう人は、まったく退屈しないこともあり得る。バッファローは、毎日同じ草を食べても飽きない。

感受性とは、非常に稀有なものだ。退屈さは、人の感受性に比例する。感受性は、いつも新しいものを探している――日増しに、さらにもっと新しいものを探している。敏感さは、一種の落ち着かないものである反面、一種生彩でもある。だからデヴァの領域は、ある種の死んだ存在であり、それはプレータの領域も同様だ。しかしデヴァの領域は、もっと死んでいる。なぜならプレータの世界には、多くの苦しみや苦しみを負わせる傾向があるだけでなく、それと共に自分と他人を苦しめる喜びもあるからだ。そこには休む間もなくなるよう、充分な手配がしてある。だから、まったく退屈しない。

デヴァの領域は、実に平安に満ちている。いかなる妨げもない。だから最終的に、デヴァの領域からの帰還は、退屈さからの脱出にすぎない。覚えておきなさい。それは人間の生を越えている――そこでは感受性が増す。何年にもわたる身体に囚われた生活の中では、退屈しないような楽しみも、いったんデヴァの領域で楽しんでしまえば、陳腐で退屈なものとなる。

神が人間として生まれることを切望した、とプラーナに記されているのはこのためだ。さて、これはとても驚くべきことのように思える。なぜならこの地上では、私たちがデヴァの領域に行きたいと望んでいるからだ。何人かのデヴァが地上に降りて来て、女性と恋に落ちるという物語さえある。こうした話はマインドの世界を暗示している。それが現しているのは、その領域には幸せがある、しかし痛みや苦しみを少しも伴わない喜びや楽しみなので、退屈だということだ。

だから飽きてしまう。もし、少しも悲しみのない永遠の幸福と、永遠の悲しみと苦悩のどちらかの選択を与えられたら、賢い人は後者を選ぶだろう。私たちは、デヴァの領域から戻らねばならない。そしてまた、プレータの領域からも戻らねばならない。

人間の存在は、十字路に位置している──そこからは、あらゆる旅が可能だ。しかし第五身体に到達した者は、どこにも行く必要はない。彼は、もう子宮を通しての誕生はありえない段階へと入った──彼は、どの母親の子宮からも、再び生まれはしない。

自己を成就した人は、ある意味では旅を終えたと言える。第五身体の世界は、解放の世界だ。しかし内側で満足を感じてしまうと、この次元に無限の歳月の間、とどまることもあり得る。なぜなら、痛みも喜びもなく、束縛も苦しみもないからだ。だが自己の実存があるだけで──すべてである、宇宙的実存は存在しない。だから人は、すべてを知ることへの興味が育つまで、この状態の中で限りない歳月の間、生き続けてしまうことがある。

探求の種は、内側にある。だからこそ、それは湧き起こる。瞑想者が、ごく初期からすべてを知ることへの興味を養えば、第五身体にはまり込んでしまう危険から、免れられる。

だから、七つの身体の科学の全容を知れば、探求はまさにその始まりから、完璧で究極的であるべきだと理解するだろう。仮に、途中で立ち止まる地点を、目標として始めるとする。すると第五の次元に到達すれば、最終地点、目的地に着いたと感じ、要点を見逃してしまう。第五身体にいる人は、誕生する必要はない。彼は自己の内側へと向かう。彼はすべての人から離れるが、自分自身には縛られたままだ。彼のエゴは取り除かれたが、「私は在る」という感覚は除かれていない。エゴとは、他人に対する要求だ。

このことをよく理解しなさい。私が「私」と言う時は、「あなた」たちを支配するためのものだ。だから、「あなた」の支配に成功すると、エゴは勝ち誇ったように感じる。「あなた」が他の「私」に支配されると、惨めになる。「私」はいつも、「あなた」を圧倒しようと努めている。エゴは常に、他者との対比で存在する。

ここ第五身体にはもはや他者はおらず、もうどんな競争もない。この「私性《アイ・ネス》」すなわちアスミータの状態とは、自己の内包ということだ。これが、エゴとアスミータの唯一の違いだ。もはや、「私」と「あなた」は何の関係もない。「私」には、何の要求もない。しかし、依然として私の実存はある。「私」はもう、他者と対立する必要はない。しかし、比較する「あなた」がいないにも関わらず、「私は在る」。

エゴは「私」と言い、実存は「在る」と言う、と語ったのは、この理由からだ。これには違いがある。「私は在る」の中には、ふたつの概念がある。「私」はエゴであり、「在る」は実存だ。「私性」の感覚は、誰とも対立しない。「私性」はそれ自身の味方だ。その感覚は、「私は在る」というものだ。だから、この世に誰も存在しなかろうが、それでいい。第三次世界大戦も起こるがまま、みな殺しにするなら、するがままにさせておく。しかし、「私」はきっと生き残る。だから私の中にエゴはないが、「私性」の感覚は依然としてある。他人に対して「私」と言わなくとも、私は自分が在ることを知っている。「私」にとって「あなた」と呼べる人は、もはや存在しない。だから、あなたが完全に独りで他者がいない時、その時点でも、あなたは在る——実存の現存という意味でだ。

第五身体でエゴは消え去り、もっとも強かった束縛の鎖の繋がりが壊れる。しかし、「私性」の感覚は残る——それは自由で、独立した、無限で無執着なものだ。だが「私性」にも限界がある。「私性」以外の、あらゆる限界は消え去る。第六の次元では、これもまた落ちる。もしくは超越される。第六はコズミック体だ。

子宮の中に生まれるという問題は、第五身体で終わる。しかし、誕生はまだなされなければならない。この違いは、正確に理解すべきだ。一方は母親の子宮からの誕生であり、もう一方は自分自身からの誕生だ。だからこの国では、ブラーミンのことをドゥヴィジャ、二度生まれた者と呼ぶ。この言葉は、実際にはブラフマ・ギャニ、すなわちブラフマン——宇宙の真理——を知った者に対して使われた。光明を得ていない人を、ブラーミンと呼ぶ必要はない。まったく別物の誕生である、第二の誕生を経験した時、人はドゥヴィジャ——二度生まれた者と呼ばれ、一方、光明を得た人はブラーミンと呼ばれた。

ひとつは他人の子宮からの誕生であり、もうひとつは自分自身からの誕生だ。いったん第五身体に到達したら、他のものに生まれることはない。今やあなたは、第五身体から第六身体へと生まれなければならない。これがあなたの旅であり、あなた自身の内なる妊娠であり、あなた自身の内なる誕生だ。もう外的な子宮や、いかなる外的な生殖の営みとの関わりはない。もはやあなたには父親も母親もいない。あなたが父親であり、母親であり、子供でもある。これは完全に単独の旅だ。だから、第五身体を通って第六身体に入ると、彼は二度生まれた者と呼ばれる。それ以前にではない。彼は、外的な生殖の営みなしに、外的な子宮の助けなしに生まれる。


ウパニシャッドのある見者《リシ》は、「おお神よ、真実の秘められたる、この内なる子宮の黄金の覆いを開けたまえ」と祈った。覆いはまさしく黄金色だ。その覆いは、横に投げ捨てるのではなく、とっておきたいと切望するような物だ。「私性」は、私たちにかぶさっている、もっとも安っぽい覆いだ。私たち自身も、それから離れたいとは思わないし、私たちを止める、外的な障害物もない。私たちは、その覆い自体に愛着があるから離せない。だから見者は、「黄金の覆いを取り払い、人を二度生まれさせる子宮を開けたまえ」と言ったのだ。

ブラフマ・ギャニは、二度生まれた者と呼ばれた。また、ブラフマ・ギャニという言葉で、第六身体に到達した者を意味した。第五から第六への旅は、二度生まれる旅だ。子宮は異なり、生まれ方も異なる。もう、すべてが子宮なしだ。子宮は自分自身のものであり、今私たちは、自分で生まれるのだ。

第五から第六へは誕生があり、第六から第七へは死がある。だから後者を体験した人は、二度生まれた者とは呼ばれない。それには意味がない。わかるかね？　もう簡単に理解できるだろう。第五から第六へは、自分自身からの誕生があった。第六から第七へは、自分自身を通しての死がある。私たちは他者から――他者の体から生まれた。そして、それに続く死も、他者と関わるものだ。この点を説明しよう。

あなたが他者から生まれたのなら、どうして死も、あなただけのものであり得るだろうか？　どうして、そんなことがあり得よう？　ふたつの端は、関連がなくなってしまう。他者が私に誕生を与えてくれたのなら、死は私のものではあり得ない。他者から誕生がもたらされる時、死もまた、他者からもたらされる。違いはこうだ。まず、私はある子宮から現れ、次に他の子宮へ入っていく――しかし、私は気づいていない。私がこの誕生を受けた時、それは明らかだった。しかし今、私が去っていくのは、はっきりしない。死は誕生につながる。あなたがどこかで生まれる前、あなたはどこかで死んでいたのだ。誕生は明らかだ。しかし死について、あなたは意識していない。

今あなたは、母親と父親から生まれた。あなたは体、すなわち七十年から百年間、機能するような器官を得た。百年経つと、この装置は働かなくなる。働きを止める日は、誕生の瞬間にあらかじめ定められている。体がいつ果てるのかは、さほど重要ではない。重要なのは、体は果てるものだという点だ。誕生と共に、あなたが死ぬことについては決められている。誕生をもたらした子宮はまた、あなたに死をもたらす。あなたはそれらを、一緒に携えてきた。実際、死は誕生を与える子宮の中に潜んでいる。百年の合間があったにすぎない。

この百年のうちに、あなたは一方の端からもう一方の端への旅を完結させ、まさに正確に、あなたがやって来た次元に戻るだろう。あなたの体の死は、誕生の際に他者から受け取られる。だから死もまた、他者からやってくる。だから生まれるのもあなたではなく、死ぬのもあなたではない。誕生の際には媒体があったが、死に際しても、同じ状況があてはまるだろう。第五のスピリチュアル体から、第六のコズミック体に入って、初めてあなたは生まれる。あなたは自ら生まれる。あなたの誕生は、子宮なしのものだ。しかし同時に、次は自らの死があなたを待っている。子宮なしの死が、あなたを待っている。この誕生が、あなたをどこへ連れていくにしろ、そこからは死が、遥か遠くへとあなたを連れていくだろう。誕生はブラフマンに、死はニルヴァーナへとあなたを導く。

この誕生をずっと引き伸ばし、終わりなきものにすることも可能だ。もし留まるなら、そのような人は神になるだろう。そのような意識が長く旅を続ければ、何百万もの人に崇拝され、祈りを捧げられるだろう。私たちがアヴァターラ、イシュワラ、神の子、ティルタンカーラと呼ぶ人々は、第五から第六身体へと入った人々だ。彼らは自分が望んだだけの期間、その次元に留まれる。そして彼らは、人々を大いに助けることができる。彼らから害が及ぶ懸念はない。彼らは偉大な指標になれる。そのような人々は、他の人々がこれからの旅を進んでいけるようひたすら努力し、働きかける。第六の次元にいる人の意識は、様々な方法でメッセージを伝えることもできる。そしてそういった人の香りを微かでも持つ人々を、バグワン、祝福されたる者より下に位置づけることは不可能だ。彼らこそ、まさしくバグワンだ。彼らがバグワンであることに、何の不足もない。なぜなら彼らは、第六、コズミック体に到達しているからだ。

まさにこの生のうちに、第五を通り第六の次元へと入ることができる。この生で、誰かが第六の次元に入った時、私たちはその人を仏陀、マハヴィーラ、ラーマ、クリシュナ、またはキリストと呼んだ。そして彼らをそのような人として理解できた者は、彼らを神とみなした。理解し得ない者には、そういうことは問題にもならなかった。

村のある男が、仏陀をイシュワラと認めた。他の人にとって、仏陀は何者でもなかった――まったく普通だった。仏陀は私たちと同じように風邪をひき、病気になり、同じように食事をし、眠り、歩き、話をする。死ぬのさえ、私たちと同じだ。「それなら、彼と私たちとに、どんな違いがあるというんだ?」彼らはそう議論した。理解しなかった人のほうが、理解した人よりも断然多い。だから理解した人は、気違いやいかさま師に見える。なぜなら彼らには、証拠として示せるようなものがなかったからだ。

実際、証拠は何もない。たとえば私の前にマイクがある。そこにいるあなたにそれが見えないとしたら、マイクがそこにあることをどうやって証明できるだろう？　私がマイクがあると言っても、あなたに見えなければ、私は気違いと思われるだろう。他の人には見えないものを見るのは、マインドが不健全だという証拠だ。

私たちは、光明も過半数の投票によって判断する。ここにも投票のシステムがある！　仏陀が神のように感じられた人もいたし、感じられなかった人もいた。彼を神とみなせなかった人は「これはなんという狂気の沙汰だ。彼はシュドーダナ王の息子で、母親は誰それで、妻は誰それだ。彼はあの同じゴータマで、誰か他の人間ではない」と言う。彼の実の父親でさえ、ゴータマが完全に違った人間になったことが、わからなかった。父親は、彼が自分の息子であると思って言った。「なんという馬鹿げたはめに陥ったのだ？　宮殿に戻りなさい。いったい何をしているのだ？　王国は没落しようとしており、私も年老いてきた。戻って、すべての面倒を見なさい」。哀れな父親は、仏陀が永遠なる王国の主になったことを、理解できなかった。見る目のある者は、そのような人々をティルタンカーラ、バグワン、または神の子とみなした。彼らはそのような言葉のいくつかを用いて、第六身体にいる人々を呼んだ。

第七身体は、この身体の中では決して到達できない。この身体においては、せいぜいこの第六身体の境界線の上に立ち、第七身体を眺められるだけだ。その飛躍、その空、その深淵、その永遠は、その地点から見ることができ、そこになら私たちは立てる。だから仏陀の生涯には、ふたつのニルヴァーナが記されている。ひとつのニルヴァーナは、ニランジャナ川の岸辺の菩提樹の元で成就された。それは、彼が死ぬ四十年前だ。これがニルヴァーナと呼ばれる。その日、彼は第六身体の際に立った——そして彼は、四十年の長きにわたってそこに留まった。彼が亡くなった日は、マハパリニルヴァーナと呼ばれる。その日、彼は第七の次元に入った。だから人が「死後、タターガタ(如来)には、どんなことが起こるのですか」と尋ねると、彼は「タターガタはないだろう」と答えた。

しかしこれは、マインドを満足させなかった。何度も何度も、人々は尋ねたものだ。「マハパリニルヴァーナの中で、覚者《ブッダ》には何が起こるのですか?」これに対して仏陀は答えた。「あらゆる行為が止み、あらゆる事象が止む所、それがマハパリニルヴァーナと呼ばれる」。何かが第六身体で起こり続けているかぎり、それは存在だ。これを越えるものが非存在だ。だから仏陀が存在しなくなる時、残るものは何もない。ある意味では、彼は決して存在しなかったとも言える。彼は夢のように、砂の上に描かれた線のように、描かれては消えゆく水面に描かれた線のように、消え去ってゆく。彼は消え去り、何も残らない。しかしこれは、私たちのマインドを満足させない。どこかに、あるレベルに、どこかの片隅に、たとえどんなに離れていようと、彼は存在するはずだと私たちは言う。しかし第七の次元では、彼はただ空《くう》、形なきものになる。

第七身体を越えた所に、新しい形をもたらす術はない。境界線に立ち、第七身体 —— その深淵を見る人々はいる。だから、第七の次元について知られていることはすべて、境界線に立った人から伝えられたことだ。そこに行った人々の報告ではない。なぜなら、いかなる説明を伝える手段もないからだ。ちょうど、パキスタンとの国境に立って眺めた人が、そこには家や店、道路や人々、木々や日の出があったと報告するようなものだ。しかしこの人は、インドの国境に立っている。

第六から第七へ入っていくことは、究極の死だ。これを知ったらあなたは驚くだろうが、アチャリアとは、古くは最後の死を教える者という意味だった。「教師《アチャリア》は死だ」という格言がある。だから、ナチケタが死の神に至った時、彼はアチャリアに至った。死の神は死の事以外、何も教えられない。アチャリアとは、ただ、死滅、崩壊、消滅だけをを説くことができる者への名称だ。

……しかし、この死の前に、あなたは生まれなくてはならない。今現在において、あなたは存在していない。自分自身だと考えているものは、借り物だ。それは、あなたの真の実存ではない。たとえそれを失おうとも、あなたは決して、その所有者にはなり得ない。それはちょうど、私が何かを盗み、慈善のために寄付するようなものだ。自分の物ではないのに、どうして私の寄付にできるだろう？　自分の物でない物は、与えられない。だから、いわゆる世捨て人という人は、まったく何も放棄していない。というのも、自分の物でない物を、放棄しているからだ。どうしたら、自分の物でない物を放棄する人間になれるのかね？　自分の物でない物を捨てたと言い張るのは、気違いだ。

第六から第七に入る時に、放棄は起こる。そこではあなたというものを投げ捨てる――なぜならあなたには、それ以外に何もないのだから。あなたはまさに、自分の実存を捨て去る。

唯一、意味ある放棄は、第六から第七の次元に入ることだ。それ以前では放棄について語ろうと、すべて子供じみている。「これは私のものだ」と言う人は愚かだ。「私は自分の物をすべて捨てた」と言う人も愚かだ。彼は、依然として所有者だと主張しているのだから。ただ自分自身だけが、自分のものだ――しかし、人々はこれを理解していない。

だからあなたは、第五から第六にかけて自分が誰かを知り、第六から第七へは、自分であるものを放棄できるようになる。自分であるものを放棄した瞬間、もはや成就すべきものは何も残らず、放棄されるものも何もない。そして、どんな問いすらも残っていない。そこには限りなき静寂、永遠の沈黙がある。その後は、至福や平和があるとも言えない。真実や偽りがあるとも、光や闇があるとも言えない。語り得ることは何もない。これが第七の次元の世界だ。

肉体において第五の次元に到達すると、人は死後、どんなかたちで再び誕生するのですか？

第五身体に到達することと、目覚めることはひとつであり、同じだ。もはやあなたは、最初の身体を必要としなくなる。今やあなたは、第五の次元から働きかけられるようになる――もうあなたは、目覚めたる人となった。だから何の困難もない。最初の身体が必要なのは、せいぜい第四身体までだ。第四身体が活性化し目覚めると、人はデヴァ――神々しい魂になる。第四身体が働かず眠っていたら、人はプレータ――悪霊――の領域に入る。この両方の状況から、あなたは人間の形に戻らねばならないだろう。なぜならあなたは、自分自身《アイデンティティ》について、まだ見当もつかないからだ。そして自分自身《アイデンティティ》を知るには、あなたはまだ他者を必要とする。他者の助けを借りて初めて、自己を知ることができる。

今の時点で、自己を知るには他者が必要だ。他者なしには、自己認識はできない。他者は境界を作り、そこからあなたは自己を知る。だから第四の次元までは、いかなる状況においても誕生を得なければならないだろう。第五の次元から先は、他者は不要だ――他者は意味がない。第五の次元では、始めの四つの身体なしでもいられる。しかし第五身体と共に、まったく新しい種類の誕生のプロセスが始まる。そしてそれは、第六身体への入口だ。これはまったく別の事柄であり、最初の四つの身体は巻き込まれない。

第四から第五の次元に入っていった人は、死後、再び肉体を得ることはないのですか？

ない。

ティルタンカーラが再び人間として生まれたいと望めば、彼は肉体を得られますか？

さて、これはまったく別の問題だ。もしティルタンカーラが再び生まれたいと望むと、非常に興味深いことをする。つまり、死の前に彼は第四身体を放棄しない。これが再び誕生するための方法であり手法だ。そしてそれは、ティルタンカーラでありたいという、欲望を持つことによる。第四身体が落ちようとする時、第四身体が落ちないように、ひとつの欲望が存続していなければならない。第四身体が落ちてしまうと、肉体の形で生まれるのは不可能だ。

そうなると橋、すなわち、あなたがやって来るために、通ってきた繋がりが切れてしまう。ティルタンカーラになりたいという欲望は、第四身体においても持ち続けていなければならない。ふさわしい人がみな、ティルタンカーラになるわけではない。ティルタンカーラにならず、彼らは自分の道をまっすぐ進んでいく。そのような師《マスター》になれるのは、ごく少数の人だけだ。そして、そうした人の数は、あらかじめ決まっている。数があらかじめ決まっているのには、理由がある。それは、ある時代の多くの人々に対して、ティルタンカーラが充分いるようにするためだ。

だから、ティルタンカーラになりたいと思う欲望は、とても強いものでなくてはならない。それは最後の欲望であり、もししくじれば、事は終りだ。「私は他の人々を導きたい」という欲望の種子は、非常に堅固であるべきだ。「私は人々に道を示す。人々に教えを説く。私は人々のために、きっと戻ってくる」と念じなければならない。そうすれば、ティルタンカーラは肉体に降りて来れる。しかしこれは、第四身体がまだ捨て去られていないことを意味する。彼は第五身体に足を踏み入れるが、第四身体に杭を固定している。この杭はすぐに抜けやすい。だからそこに留めておくのは、非常に難しい業だ。

ティルタンカーラを養成する過程がある。彼らはミステリースクールで養成される。それは個人的な出来事ではない。学校の機能と同じようなやり方で、探求者のグループは瞑想をする。すると彼らの中から、ティルタンカーラとしての充分なきざしを示す人物が見つかる。彼は自分の知っていることを表現できる。知っていることを印象づけることができ、人々に伝えることができる。するとスクール全体が、彼の第四身体に働きかける。彼は、第四身体が消滅しないよう、それに集中するようにと教えられる。なぜならその第四身体は、将来役に立つからだ。こうして彼は、自分の第四身体を保つ方法と手段を教えられる。この身体を保つには、消滅させるよりも大変な労苦があり、並々ならぬ働きかけが必要だ。

なるがままに身をまかせ、第四身体の消滅を許すのは簡単だ。すべての錨が引き上げられ、帆は張られ風をはらみ、あたり一面に至福に次ぐ至福が広がり、広大なる大洋が呼びかける時、一個の小さな杭を守るのが、どれだけ難しいか想像できるだろう。私たちがティルタンカーラを呼ぶ時、「もっとも慈悲深き君よ」と言うのは、こうした理由からだ。

これ以外に、ティルタンカーラがそう呼ばれる理由はない。彼の慈悲の偉大な点は、出発の準備がすべて整っていながら依然として岸辺に滞り、いまだ航海のための船の準備もできずにいる人々のために、引き留まったことだ。彼の船は完全に用意ができている。しかし彼は、こちら岸での苦しみを背負い、石や罵倒に堪え忍ぶ。彼にはいつでも去ることができた。彼の船は航海へと出るばかりになっていた。しかし、自らのためでないにも関わらず、自分にいやがらせをしたり、殺そうとさえしかねない人々の、まっただ中に留まる方を選んだ。彼の慈悲は、それほどまでに限りを知らない。しかし、この慈悲への欲望は、ミステリースクールで教えられるものだ。だから、個人的に勤んでいる瞑想者は、ティルタンカーラにはなれない。なぜなら、杭が失われても彼らにはそれがわからないからだ。船が走り出して初めて、彼らは浜辺を遥か後にしてしまったと気づく。

第六の次元に到達した人――イシュワラと呼ばれている人――もまた、ときどきティルタンカーラの出現を助ける。ふさわしい人物を見つけると、岸辺から離れないよう、彼らは何千ものやり方で彼を引き留める。私が言ったように、善行を助けるデヴァでさえ、こういうことに手を貸している。彼らは、ひとつの杭を守ろうとする人に、影響を与え続ける。彼らは言う、「あなたには見えない杭が、私たちには見える。でもあなたは、それを守らねばならない」

だから、世界は無秩序でも、乱れてもいない。そこには無限の計らいがある――秩序の中の秩序が存在している。ありとあらゆる類の努力が、何度となくなされている。クリシュナムルティの場合のように、時には計画がうまくいかないこともある。杭につなぎとめるための、彼への力の注がれようは並大抵のものではなかったが、失敗に終わった。彼の第四身体の杭を守るため、探求者の全スクールが計り知れぬ努力をしたが、すべての努力は失敗に帰した。他の人もこの努力に手を貸した。その背後には、高次の魂の手もあった――つまり第六、第五の次元にいる人、そして第四の次元の目覚めた人の手だ。それには、何千という人々が参加していた。

クリシュナムルティは、ティルタンカーラになる徴候を示した、他の数名の子供とともに選ばれた。しかし、機会は実を結ぶことなく流れてしまった。杭は固定できず、世界はクリシュナムルティから受けられたであろう、ティルタンカーラの恩恵を失った。しかしそれはまた別の話だが……。

THE ESOTERIC DIMENSIONS OF TANTRA

第八章

タントラの秘法的側面

男性と女性の違いは第五身体で終わる、とのお話でした。最初の四つの身体において、電気の陽極と陰極は、この現象のためにどう調整されるのでしょうか？　どうぞ詳しくご説明ください。

男女の体の話の中で、女性の第一身体は女性だが、第二身体は男性であり、ちょうど逆が男性にもあてはまるという話を聞いたはずだ。女性の第三身体は再び女性で、第四身体は男性だ。前にも話したが、女性の体は不完全であり、男性の体も同様だ。ふたつが一緒になって完全な体になる。この合一は、ふた通りの方法で可能だ。外側の男性が外側の女性と結び付く時は、ひとつの融合体がつくられる。生殖の営み、自然の営みは、この融合体によって行なわれる。もし、男性または女性が内側に向かい、内なる女性または男性と合一するなら、また異なった旅が始まる。それは、神聖なるものへと向かう旅だ。一方、外側の合一は、本性へと向かう旅だ。

男性の第一身体が第二身体——女性的なエーテル体——に出会うと、ふたつは融合体をつくる。女性の第一身体が第二身体——男性的な要素を持つエーテル体——に出会うと、このふたつもまた融合体をつくる。これはすばらしい合一だ。外側の合一は、束の間のものにすぎない。

ほんの短い間、幸福の時をもたらすが、別離の悲しみは限りなく広がっていく。そしてこの悲しみが、同じ歓びへのさらなる切望を引き起こす。しかし、この歓びもまた束の間だ――そして再び、長くてつらい別れがある。外側の楽しみは、束の間のものでしかありえない。しかし内なる合一は永遠に続き、いったん起こってしまえば、二度と壊れることはない。

内なる合一が起こらぬかぎり、悲しみと苦痛はある。内なる合一が起こると、たちまち幸福の電流が内側に流れ始める。この歓びは、愛の営みの最中に起こる外側での合一――持続時間があまりに短いので、ほとんど始まる前に終わってしまうような合一――の時に、一瞬体験されるものと似ている。たいていの場合、それは体験すらされない――あまりに瞬時に起こるため、まったく体験されないのだ。

ヨーガの観点からすると、内なる交わりが可能になると、外的な交わりへの本能はたちまち消え去る。これは内なる合一に、完全な満足感と充足感があるためだ。寺院の壁に彫られた男女の交合像は、この方向性を暗示している。

内なる交わりは瞑想の一過程だ。このため、内側と外側の交わりの概念の間に対立が生じた。いったん内なる交わりに入っていった者は、外側の交わりへの興味を、すっかり失ってしまうというのは、当然のことだった。

これも覚えておきなさい。女性が自分の男性的なエーテル体と合一すると、その融合体は女性となり、男性が自分の女性的なエーテル体と合一すると、その融合体は男性となる。これは第一身体が第二身体を吸収する、つまり第二身体が第一身体に溶けていくためだ。しかしそれらはもはや、まったく違った意味での男性と女性だ。私たちが目にするのは、外側の男性や女性ではない――外側の男性は不完全なため、くつろいでも、満たされてもいない。外側の女性もまた不完全なため、落ち着きがなく、満ち足りていない。

地球上の生命の発達を調べれば、原始的な有機体の中には、両性が備わっているのがわかるだろう。たとえばアメーバは、半分オスで半分メスだ。世界にこれほど満足している生物はいない。アメーバには、欲求不満など起こらない。アメーバが発達しなかったのは、そのせいでもある――アメーバはずっとアメーバであり続けてきた。生物学的な発達の中で、ごく下等な生物は、オスとメスの体が分かれていない。ひとつの体に、オスとメスの両方が含まれている。

女性の第一身体がエーテル体の男性と合一すると、新しい女性が生まれる。彼女は、完全な女性だ。私たちの知っている女性は、すべて不完全なので、完全な女性の人格とは、想像もつかない。また、知っているあらゆる男性も不完全なため、完全な男性を思い描くことすらない。彼らはみな半分だけだ。この融合体が完成されると、瞬時にして、究極の充足感が広がる――その充足感の中で、あらゆる欲求不満は治まり、ついには消えてしまう。もはやこの完全な男性や女性にとって、外側の関係性を築くのは難しい。なぜなら外側には、中途半端な男性や女性しかおらず、彼らの人格は誰とも調和を感じないからだ。しかし、始めのふたつの身体が内側で合一した完全なる男性は、始めのふたつの身体が内側で合一した完全なる女性と、関係性を結ぶことができる。

タントラはこの関係性について、様々な実験を行なってきた。このためタントラは、非常に多くの攻撃や誤解を受けてきた。人々には、タントリカの行為が理解できなかった——理解を越えていたのも、無理はないのだが。内側の、もう片方の体と合一している男女が、タントラの状況のもとで愛を交わしていても、私たちにとっては普通の性交以外の何ものでもない。起こっていることの価値は、人々には決して理解されなかった。

しかし、これはまったく別の出来事であり、探求者の大きな助けとなった。探求者にとっては、大きな意義があった。完全な男女の外側での合一は、新しい出会いの始まり——新しい合一への旅だった。ひとつの旅はすでに終わった——不完全な女性と男性は、完成に至った。欲望の想念はもう存在せず、充足感に対してある種の満腹感ともいうべき状態に至っている。

完全な男女がこのように出会う時、彼らは初めて、至福、歓び、そしてふたつの全存在の合一を経験する。そして、こうした完全な合一が内側で起こり得るなら、限りない至福の奔流もあり得ることを理解し始める。半分の男性が、半分の女性との合一を楽しみ、そして次に彼が自分の内なる半分の女性と合一し、限りない至福を体験した。そして、その上に、完全なる男性が、完全なる女性と合一したのだ。論理的には、次に彼は、自分の内なる完全な女性の達成を目指すべきだ。彼は、内なる完全な女性の探求を始め、第三と第四身体との出会いが起こる。

男性の第三身体は再び男性で、第四身体は女性だ。女性の第三身体は女性で、第四身体は男性だ。タントラは、最初の完全なる体が達成されても、男性の成長が止まらないようにと気を配ってきた。私たちの中には様々な成就がある。成就は決して妨げにはならないが、数多くの成就はその先のさらなる成就に比べると不完全だ。しかしそれらは、以前の不完全さに比べれば成就ではある。以前の不完全さは消えたかもしれないが、前方のさらに大きな成就については、まだ見当もつかない。これは障壁をつくりだす恐れがある。

このためタントラは、すぐには理解できないような、驚くべき手法をたくさん編み出した。たとえば、完全な男女の間に性交が起こる時は、エネルギーの損失はない——ありえない。なぜならふたりとも、それぞれの内側で完結する円環《サーキット》を作るからだ。パートナーからエネルギーが放たれることはない。初めて彼らは、エネルギーを失うことなく、歓びを体験する。

肉体的な交わりでの、オーガズムで体験される歓びには、決まって苦痛の体験が伴う。エネルギーの損失に伴う憂鬱さ、苦悩、疲労、悔恨は避けようがない。歓びは一瞬のうちに過ぎるが、エネルギーの損失を取り戻すには、二十四時間あるいは二十八時間以上かかる。エネルギーが取り戻されるまで、マインドは苦悩に満ちる。

タントラは、射精せずに交わるための一風変わった、驚くべき手法を発展させた。タントラはその方面において、実に勇敢に試みてきた。このテーマについては、時を改めて個別に話さねばならないだろう。というのも、タントラの修行は、それ自体で完全な連環をつくり上げているからだ。だがこのつながりが破られたため、タントラの科学の全容は次第に難解になった。また、タントラの修行を、明らさまにそのまま話すのは難しい。私たちの道徳的信条が、それをとても難しくするからだ。それに、何も知らないのに口が達者という、愚かな「賢い」人間のせいで、貴重な知恵はひとつも存続できなくなってしまっている。こうして、タントラの修行は断念するかもしくは隠すしかなく、タントラの実験は水面下に潜らせるしかなくなった。このため、タントラの知識の流れは、もはや私たちの生では明確に流れてはいない。

完全な男女の交わりは、まったく違った質を持っている。それは、エネルギーの損失がない交わりだ。まったく新しいことが起こるが、表面的にはわからない。不完全な男女が出会うと、両者ともエネルギーを失い、性交後のエネルギーの量は、前よりずっと少なくなっている。

完全な男女が融合する場合は、まったく逆だ。交わりの後のエネルギーの量は、その前より多くなる。両者のエネルギーは増える。このエネルギーは彼らの内側に留まり、相手に近づくとエネルギーは目覚めて、活性化する。最初の普通の性的行為では、男性と女性がひとつになることによって、射精が起こる。次の、完全な男性と完全な女性の場合においては、相手の存在によってそれぞれのエネルギーが目覚め、活性化する――両者とも、内側に隠されていたものが、すべて現れる。そしてこの出来事の中には、完全な男性と完全な女性の合一が、内側で起こり得るかどうかの暗示がある。始めの合一は、ふたつの不完全な存在の合一だ。第二段階の試みは、もはや第三と第四身体との結び付きに向かい始める。

男性の第三身体は再び男性で、第四身体は女性だ。女性の第三身体は再び女性で、第四身体は男性だ。さて第三と第四の合一において、男性の内側には男性だけが残り、男性の第三身体は傑出する。女性の内側には、女性だけが傑出して残る。するとふたりの完全な女性が、ひとつに溶け合う。ふたつを分け隔てるどんな境界線も、もう存在していないからだ。隔てるには、男性の身体が必要だ。同じように、ふたつの男性の身体の間には、それらを隔てる女性の身体が必要となる。

第一と第二身体の女性が、第三と第四身体の女性に出会う時、まさに出会った瞬間に、ひとつに溶け合う。すると女性は、完全な女性らしさを二重に達成する。これより優れた女性は存在し得ない。どんな女性らしさの成長も、これより先にはないからだ。これが完全な女性の在り方だ。この完全なる女性は、完全な男性に出会おうとする欲望すら抱かない。

第一の完成においては、第二の完全なる人物との出会いへの魅惑があった。その出会いは、より多くのエネルギーを生み出した。今やそれも終わった。ある意味では、もはや神に出会うことさえ無意味だ。男性の内側でも、ふたつの男性がひとつに溶け合う。四つの身体が合体した時、男性の中に残るのは男性であり、女性の中に残るのは女性だ。第五身体から先は、男性も女性もない。

このために第四の次元の後、男性と女性の中で起こることには違いがある――違ってしかるべきだ。現象は同じでも、彼らの姿勢が異なる。男性は依然として攻撃的で、女性は依然として明け渡している。第四身体を成就した後、女性は完全に自己を委ねる。女性の明け渡しの中には、ひとかけらも抑制されるものがない。この明け渡し、自己を委ねる《レット・ゴー》ことが、第五の次元の旅へと女性を連れて行く。第五の次元では、女性はもはや女性ではない。女性であり続けるためには、何かを抑える必要があるからだ。

実際の話、人々は変わっていない。というのも、私たちは自分で自分を少しばかり押さえぎみにしているからだ。もし完全に自己を解き放っているなら、以前の自分とはまったく違う自分になっていただろう。しかし人の実存の中には、常に抑制がある。女性が完全に明け渡すなら、相手がいかに凡庸な男性であっても彼女の内側は結晶化され、女性は第四身体を越えて行く。ごく平凡な男性への愛によって、女性が何度も第四身体を越えていったのはこのためだ。

サティという言葉には、特に秘教的な意味合いはない。サティとは、他の男性に目移りしなくなった女性という意味ではない――サティとは、他の男性に目をとめるといった女性的な要素が、もはや内側に存在していない女性のことだ。

相手がいかに凡庸な男性であろうと、女性が彼への愛の中に完全に明け渡すなら、この長い旅路を歩んでいく必要はない。四つの身体はすべて結び付き、彼女は第五身体の戸口に立っている。だから、この体験を経た女性は「夫は神だ」と言った。これは、彼女が本当に夫を神と考えているという意味ではなく、夫という媒体を通して、第五身体の扉が開かれたという意味だ。彼女たちの言ったことに、間違いはなかった――彼女たちが言ったことは、まったく正しかった。他の瞑想者がたいへんな努力をして得るものを、女性は愛を通して、いとも簡単に得る。たったひとりへの愛が、女性をその世界へと連れていく。

シータ（インドの古典叙事詩ラーマーヤナのヒロイン）の例を挙げよう。彼女は、いわゆるサティと言われる範疇に属している女性だ。さて、シータほどの明け渡しは他に例を見ない。明け渡しという観点からすると、彼女は完璧だ。彼女の明け渡しは全一《トータル》だ。ラーバナ（十頭二十手のシータをさらった魔王）は不完全な男性だが、シータは完全な女性だ。不完全な男性にとって、完全な女性の輝きは、あえて彼女に触れる勇気が持てないほどのものだ。男性は彼女を見ることさえできない。不完全な女性だけが、性的な意味合いを持って、彼の目にとまる。

男性が女性に性的に近付く場合、責任は全面的に男性にあるわけではない。女性の不完全さもまた、責任をまぬがれない。人混みの中で、男性が女性に性的に触ったとしても、彼には半分しか責任がない。それを招いた女性にもまた、等しく責任がある。彼女は彼を刺激し、事を招いた。彼女は受け身なため、その攻撃性は気づかれない。男性は能動的なので、彼女に触ったのが明らかになる。しかし私たちには、それを招いたもう一方の側が見えない。

ラーバナはシータに対して、目を上げることすらできなかった。シータにとって、ラーバナは取るに足らないものだった。にも関わらず、戦争の後、ラーマ（シータの夫）はシータの純潔を試すため、彼女に炎の試練を強要した。シータは拒否しなかった。もしこの試練を拒否していたら、彼女はサティとしての地位を失っていただろう。彼女は、自分とラーマの両方が、炎の試練を受けることを主張もできた。もし彼女が他の男性と一緒にいても身を守っていたら、ラーマのほうが、ひとりで薪の上をさまよわねばならなかっただろう——それに、彼がどんな女性たちに会っていたかは、誰にもわかったものじゃない！

しかしこの疑問は、まったくシータの心には浮かばなかった。彼女は毅然として、炎の試練に挑んだ。もしラーマの真正さへの疑いが、一度でも頭によぎっていたら、彼女はその地位から失墜していただろう——そうであれば、明け渡しは全一《トータル》ではなくなるからだ。その明け渡しの中には、何かがわずかに欠けていただろう。また、もし一度でも疑問を抱いて炎をくぐり抜けていれば、彼女は炎に焼かれ、無傷では通り抜けられなかっただろう。しかし彼女の明け渡しは全一だった。彼女には他に男性がいなかった。それにしても、彼女が無傷で炎をくぐり抜けたことは奇跡的に思える。

もし、内側がある特殊な状態にあれば、普通の人が炎の中を通り抜けようが、焼かれることはない。もし催眠状態の時に、お前は炎には焼かれないと告げられると、炎の上を歩こうとも焼かれはしない。

内側のエネルギーの回路《サーキット》が完全なら、ごくありふれたファキール（スーフィの修行者）でも、マインドがある状態にあれば炎の上を歩く。エネルギーの回路は疑念によって壊れるものだ。一度でも疑いがマインドをよぎり、自分は焼かれるかもしれないと思ってしまうと、回路は壊れ、その人は焼かれてしまう。二人のファキールが炎に飛び込んだのを見て、「このふたりが飛び込んでも無傷なら、私だって焼かれはしないだろう」とあなたが思ったとする。そうやって炎の中へ飛び込めば、あなたにもまた、炎の影響はないだろう。このようにすれば、人々が列をなして炎をくぐり抜けたとしても、焼かれることはない。疑う者は、あえて炎の中に入ろうとはせず、そばに立っているだろう。しかし何人もの人が、無傷のまま通り抜けるのを見て、「こんなに多くの人が無傷なら、どうして私が炎に襲われるだろう？」と思ったなら、この思いゆえに、炎を通り抜けても、炎に触れられることはなくなる。

内なる回路が完全なら、炎でさえも私たちに触れる術がなくなる。だからシータに炎の影響が及ばなかったのは、もっともなのだ。最初の試練の後、ラーマはシータを国外に追放した。が、その時でさえ、彼女は尋ねなかった。彼女は炎の試練をくぐり抜け、貞操を証明した。しかしシータの明け渡しはあまりに全一で完全であり、彼女には問う理由すらまったくなかった。

完全な女性が、ひとりの人への愛の成就に至ると、霊的な修行の最初の四つのステップを飛び越える。男性にとって、それはとても難しい。男性には明け渡しのマインドがないからだ。しかしおもしろいことに、攻撃性ですら成就に結びつくことがある。しかし攻撃性が成就へと至るには、あなたひとりでなく、様々なものを巻き込む。一方、明け渡しでは、成就に責任があるのはあなたひとりだ。他の物事は一切関係がない。誰かへの明け渡しを望むのなら、その人に何も告げることなく明け渡せばいいことだ。しかし、誰かに対して攻撃的になる時には、相手もまた、最終的な結末へと巻き込まれる。

シャクティパットの話を聞いて、あなたは女性にはわずかに何かが欠けているため、シャクティパットに関しては、女性に少し不利な点があると感じたかもしれない。生には代償の法則がある、と私は話したが、女性の場合、その短所は明け渡しの能力によって埋め合わされる。

男性は誰かをいかに愛そうとも、完全に愛することはできない。これは男性が攻撃的であり、あまり明け渡しの能力がないためだ。もし、女性の最初の四つの身体が完全になり、ひとつの融合体へと溶け合えば、第五身体においていとも簡単に明け渡しができる。女性がこの第四の世界で、内なる交わりのふたつのステップを経て、完全な女性となれば、地上のどんな力も彼女に及ぶことはない。彼女には、神しか存在しなくなる。実際、彼女が最初の四つの身体で愛した者もまた、彼女の神となる。しかし今や、存在するものすべてが神だ。

ミーラの生涯には、美しい出来事がある。かつて彼女はブリンダヴァンに出かけたことがある。そこの名高い寺院の僧侶は、女性に目を向けないため、女性は寺院の中に入ることを許されなかった。しかしミーラは手に鐘を持ち、クリシュナへの想いに身も心も奪われたまま、中へと入っていった。寺院にいた人々はあわてて彼女に駆け寄って、こう言った。僧侶たちは女性には目を向けないので、この寺院は女人禁制なのだと。これに対して、ミーラは言った。
「それはとてもおかしいですね。この世界には、たったひとりの男性しかいないという想いを、私は抱いていました――クリシュナ様だけしかいないと。他の男性とは、いったい誰のことですか？　他に男性などいるのですか？　お目にかかりたいものですね」

人々は僧侶のもとに駆け込み、ミーラのことを話した。皆が語ったことをすべて聞き終えた僧侶は、ミーラのもとへと走り寄り、足元にひれ伏し、言った。「ひとりの男性しか目に入らない女性を、女性と呼んでも意味がありません。そのような女性にとって、男女の問題など終わってしまっています。私はあなたの足に触れ、許しを請いたい。普通の女性を見ると、私は自分が男性であることを自覚します。しかし、あなたほどの卓越した女性の前では、私が男性であることなど、何の意味もありません」

男性が第四身体に到達すると、完全な男性になる。この成就を達成するには、ふたつのステップを経る。その成就を境に、男性にとって女性は存在しなくなる。女性という言葉も、意味がなくなる。今やその男性は、単なる攻撃的な力にすぎない。それはちょうど、第四身体において完全なる女性を成就した女性が、ただ明け渡しのエネルギーになるのと同じようなものだ。もはや男性も女性も、それぞれ攻撃性のエネルギー、または明け渡しのエネルギーにすぎない。もはや、男性または女性といった名前すらない——ただのエネルギーとなる。

男性の攻撃性は様々なヨーガの訓練へと発展し、女性の明け渡しはバクティ、献身の様々な道へと花開いた。明け渡しはバクティとなり、攻撃性はヨーガとなる。男性も女性も同じとなり、もはや違いはない。今や男女の違いは単に外見的なものにすぎず、違いは肉体だけだ。今となっては、滴が大洋に落ちたにしろ、大洋が滴へと流れ込んだにしろ、最終的な結果は同じだ。男性の滴は大洋に飛び込み、溶けていく。女性の滴は底知れぬ淵となり、すべての大洋を呼び寄せ、その淵を満たす。女性が明け渡すと、あらゆる大洋が女性の中へと流れ込んでいく。

今でも、女性は消極的だ。女性は消極性そのものだ。女性は、すべての大洋を内側にはらむ子宮だ。宇宙の全エネルギーが、女性へと入っていく。男性はこの段階においてさえ、受容的になれない。男性にはまだ力の質が保持されているため、自らジャンプして大洋へと落ちていく。実存の深みなる、その根底において、それぞれの人格がこのような男女の差異をもたらす。だがそれは、きっかり第四身体の終わりまでだ。

しかし、第五の次元の領域は完全に違ったものだ。そこには魂だけが残る。もはや性別は存在せず、これから先の旅は、すべての人にとって同じものになる。第四の次元までは、違いがある。とは言っても、それは滴が大洋に落ちたのか、大洋が滴に流れ込んだのかといった違いにすぎない。最終的な結果は同じだ。滴が大洋に落ちたにしろ、大洋が滴に流れ込んだにしろ、違いはない。しかし、第四身体の最終地点までの違いは明らかだ。第四身体において、もし女性が大洋に飛び込みたいと望めば、自ら困難な状況を招く。また、もし男性が明け渡したいと望めば、自らをトラブルへと追いやる。だから、こうした過ちを犯す危険性には、注意するべきだ。

ある講話の中で、性交を長引かせれば、男女の間に電気的な回路《サーキット》がつくられるとおっしゃいました。この回路とは何でしょうか？　それはどう作られ、最初の四つの身体との関連で、どのように使われるのでしょうか？　また、純粋に瞑想だけに関するかぎり、今おっしゃったことは、どんなかたちで起こるのでしょうか？

以前言ったように、女性は半分であり、また男性も同様だ。両者ともエネルギーであり、両者とも電気だ。女性は陰極、男性は陽極だ。電気の陰極と陽極が出会い、回路をつくる時はいつも、光が生じる。この光の種類は様々だ――まったく見えないこともあれば、ときどき見えることもあり、またある人には見え、他の人には見えないこともある。しかし、それでもやはり回路は作られる。男女の融合はほんの一時なので、回路はできてもすぐ壊れる。このため、性交を長続きさせる方法や仕組みがある。性交が三十分を越えると、カップルを取り巻く電気的な回路が見えるようになる。この写真はたくさん撮影されてきた。原始的な民族の中には、性的な融合の時間が長続きするものが多い。それゆえに回路が作られる。

一般に、文明化された世の中では、このエネルギーの回路を見つけるのは難しい。マインドが緊張にのっとられるに従い、性交時間はますます短くなる。マインドが緊張していると早漏になる。緊張が増すにつれ射精が早まるのは、緊張にのっとられたマインドは、性交ではなく放出を望むからだ。西洋では、セックスの目的は、くしゃみ程度にしかすぎない。緊張はほぐれ、心の荷はおろされる。エネルギーが放出されると、心労は解かれる。エネルギーが放出されると、気が晴れた感じがする。だが、リラックスと気晴らしは、まったく別のものだ。リラックスとは、エネルギーが内側にありながら、安らいでいること。気晴らしは、エネルギーが投げ出され、力尽きて横たわることだ。エネルギーを失って弱っているのを、あなたはリラックスしていると考える。

このため西洋では、緊張が増すにつれ、セックスは緊張からの解放、内的なエネルギーの重圧からの解放となった。西洋の思想家にはまだ、セックスの価値をくしゃみ以上のものだとは考えられない者がいる。鼻がむずむずしてきてくしゃみをすると、マインドは楽になる。西洋人にはまだ、セックスとはこんなものだとしか認められない。彼らは正しくもある。というのも、彼らがセックスでしていることは、せいぜいこんなことだからだ。

東洋は、ゆっくりとこの地点に近付いている……東洋も緊張し始めている。どこか、遠く離れた山の洞穴でなら、緊張のない人を見つけられるかもしれない。その人は山や渓谷、木々や森に囲まれた世界に住み、文明にいまだ染まっていないような人だ。そこでは今でも、性交の最中にエネルギーの回路が作られる。

タントラには、誰もがそういうエネルギーの回路を作れるような手法もある。この回路の体験はすばらしい。なぜなら、エネルギーの回路が作られて初めて、人はひとつあることの感覚を得るからだ。このひとつあることは、回路が作られるまでは決して体験できない。回路が作られるや否や、性交中のカップルは、もはやふたつの別個の存在ではなくなる。ふたりは、ひとつのエネルギー、ひとつの力の流れとなる。何かが行き来し、巡っていくのを体験し、別々だったふたつの存在は消え去る。

この回路の強烈さで性交への欲望は弱まり、次に性欲が訪れるまでの期間は長くなる。いったん回路が作られると、まる一年間、再び繰り返したいという性欲がまったく起こらないこともあり得る。なぜなら充足感が生じるからだ。

または、こう考えてごらん。食事を食べて、それを吐くとする。すると食事からは何の満足も得られない。満腹感は食べることではなく、食べ物の消化によって生じる。私たちはたいてい、食べる行為が満腹感をもたらすと考えているが、それは違う。満腹感は、食べ物が消化された時に訪れる。

性交にはふたつのタイプがある。ひとつはただ食べるだけのもの、もうひとつは消化するものだ。一般に性交として知られているものは、単に食べては吐き出すことにすぎない――何も消化されない。もし何かが消化されれば、長い間深い満足感に満たされる。しかし吸収できるのは、エネルギーの回路が作られた時のみだ。エネルギーの回路は、ふたりのパートナーのマインドが溶け合い、お互いの中に吸収されていくことの表れだ。もはやふたりは存在しない。彼らはひとつになる。体はふたつでも、それぞれの内なるエネルギーはひとつになる。エネルギーが飛び移り、混ざり合う。

この性的な吸収の状態は、深い満足感を残す。これが私の言わんとするところだ。これは大いにヨーガや瞑想者の役に立つ。もし、そのような内なる交わりが可能なら、瞑想者にとって性交の必要性はとても少なくなる。そうなると、内なる旅のために、自由に費せる時間が残せる。いったん内なる旅が始まり、男性または女性の内側に内なる性交が起こるなら、外側の女性も、外側の男性も必要でなくなる。

所帯を持つ者に対するブラフマチャリア、すなわち禁欲という言葉は、性行為があまりにも充足感に満ちているため、両者間に何年ものブラフマチャリアがあるという意味だ。いったんこのブラフマチャリアの期間が達成され、探求者たちが内なる旅に向かうと、外側の性交の必要性は薄れていく。

これは所帯を持つ者の場合だ。出家《サニヤス》へと得度した者——伝統的なサニヤス——にとって、あるいは在家の人生を受け入れなかった者にとって、ブラフマチャリアの意味はアンタール・ミトゥン——内なる男性と女性の性的な合一——となる。彼らには、内なる交わりが必要だ。そのような人は、内なる交わりの手段を、すぐにでも見つけなければならない。さもなければ、彼は外部の女性を、マインドでは追いかけ続けているのに、ただ女性であるがゆえに避けるようになる。彼は性交で失う以上のエネルギーを、外部の女性から離れる努力のために奪われるだろう。

伝統的なサニヤシンの道は、少し違う。違いはこれだけだ――在家の者にとって、外部の女性との性的な合一は、最初のステップだ。第二のステップで、彼は内なる女性と出会う。一方、伝統的なサニヤシンは自分の内側において、彼の内なる女性と直ちに合体する。最初のステップはない。

したがって、サニヤスの伝統的な概念からすると、どんな人をもすべてサニヤシンにするのは、愚かなことだ。実際、伝統的なサニヤスへと得度できるのは、第一身体が女性である第二身体と出会う用意ができた状態にあるかどうかが、その人の内側で見定められた時だけだ。もしそうなら、その時初めて、ブラフマチャリアへの得度が認められるべきだ。さもなければ、ただ狂気以外の何物も、もたらさないだろう。

しかし、無差別にサニヤスを授け続ける者もいる。千人のサニヤシンを擁する導師《グル》や、二千人を擁する導師がいる。彼らは、自分が何をしているのかわかっていない。彼らがサニヤスを授ける人々は、瞑想的な段階において、内なる交わりの用意ができているだろうか？　それを行なうにふさわしいだろうか？　まったくそうではない――彼らは、内なる交わりがあることすら知らない。私のところに来る伝統的なサニヤシンが必ず、セックスがもっとも根深く、奥深い問題となっているのはこのためだ。私が出会った所帯を持つ在家の者は、さらにまた違う問題も抱えている。しかし、出会ってきた伝統的なサニヤシンの問題は、セックスだけだ。

所帯を持つ在家の者にとって、セックスは多くの悩みのうちのひとつだ。しかし伝統的なサニヤシンにとっては、セックスが唯一の煩悩だ。このため彼の全マインドは、この一点のまわりに据えられる。彼の導師は、外側の女性から身を守る方法をいろいろ教える。しかしその導師が、瞑想者がいかに内なる女性と出会えるのかを知らないのだ。だから、外部の女性を放棄するのは不可能だ。彼はただ、女性を避けるふりができるだけだ——だがそれは、千万無量に難しい。

生体エネルギーは、どこかに動く必要がある。それは内側へと向かう時にだけ、外側へ漏れていくのを防げる。内側へ向かわなければ、外側へ流れ出していく。女性が実体としての存在だろうと、想像上のものだろうと違いはない。想像上の女性の助けを借りても、生体エネルギーは流れ出ていく。同じことが女性にも起こる。しかし、またもや男女の間には若干の違いがある。これを心にとめておきなさい。

女性の探求者にとってセックスは、男性の探求者ほど問題にはならない。私はジャイナ教の尼僧をたくさん知っているが、彼女たちにとって、セックスは大きな問題とはなっていない。これは女性のセックスが受動的であるためだ。いったんそれが目覚めると問題になるが、目覚めなければ、女性は生涯を通じて決して問題だとは思わない。

女性は伝授されることを求める――セックスにおいてさえそうだ。いったん男性が女性をセックスへといざなうと、女性の内側ではエネルギーが急激に上昇する。しかしそれが起こらなければ、女性は生涯処女のままだ。女性は生まれながらに受動的なので、こうしたことは、ごくたやすく起こりやすい。女性の本来のマインドは非攻撃的だ。女性は待って、待って、ひたすら待ち続けられる。だから私は、内なる男性との合一を教えられないかぎり、既婚の女性の入道を受け入れるのは危険だと感じる。

処女の得度は可能だ。彼女は少年よりも恵まれた位置にいる。彼女には攻撃性がないため、セックスにいざなわれるまで、ひたすら待ち続けられる。外部からの攻撃を受けなければ、次第に内なる男性が外側の女性と合一し始める。彼女の第二身体は、攻撃的な男性の身体だ。

男性よりも女性の方が、簡単に内なる交わりを行なえる。私の言う意味がわかるかね？　女性の第二身体は男性で、この身体は攻撃的だ。だから、たとえ外部の男性を見つけられなくても、何の問題もない。外部の源からセックスを体験しなくても、内なる男性が攻撃的になり始める。エーテル体は、彼女を侵略し始める――そして彼女は内側に向かい、内なる交わりに没頭するようになる。

男性にとって、内なる交わりは難しい。男性の攻撃的な身体は第一で、第二身体は女性だからだ。この身体は、第一身体の上まで入り込めない。第一身体が第二身体に向かった時にしか、第二身体が第一身体を受け入れることはない。

違いはこういう所にある。いったんそれを理解すれば、これまで賄ってきたことのすべてを変えざるを得なくなるはずだ。在家の者が、性交で電気的な回路を作り出せれば、大いに彼の助けとなるだろう。内なる交わりの場合も、同じエネルギーの回路が作られる。エネルギーの回路が凡人を取り巻くのは、普通の性交の一時だけだが、第二身体と合一した人の場合には、同じエネルギーが彼を一日二十四時間取り巻く。エネルギーの円環は、各次元ごとに、ますます大きくなっていく。

没後五百年の間、仏陀の像は作られなかった。こうした現象は、歴史を通じて何度も起こってきた。菩提樹の形は寺院に刻まれ礼拝されているが、仏陀が座っていたと思われる菩提樹の根元は、何もなされないままだった。歴史と神話学を研究してきた人々は、なぜ仏陀の姿が彫られなかったのかについて、強い興味を抱いている――なぜ仏陀は、樹によって象徴されたのだろうか？　なぜ五百年経ってから、彼の姿が彫られたのか？　なぜ樹の根元は、長いこと何もないままにされてきたのか？　これは、歴史家にも神話学者にも解けない謎だ。

実のところ、仏陀をするどく注視した人は、注意を一点に集中させて見つめると、仏陀を見ることはできないと語った——樹とエネルギーのオーラだけが残っていると。仏陀の肉体は消えてしまった。たとえば今、あなたが私をするどく注視すれば私もまた消え去り、椅子だけが残るだろう。だから、仏陀を深く見つめた人々は、仏陀は見えなかったと語った。しかし、深く見つめたことがなかった人々は、仏陀は見えたと語った。しかし前者の証言の方が、より真正だ。仏陀は決して目に見ることができない、ただ、樹とその根元の空っぽの空間があるだけだと言った人々の言葉は、五百年の間尊重された。しかしこの考え方は、深く見ることのできる人々がいた間だけしか、行き渡らなかった。見る目のある人々が減っていくにつれ、仏陀のいない樹だけを礼拝するのは難しくなり、仏陀の没後五百年して、彼の偶像が据えられた。これはとても興味深い事実だ。

キリストを深く見つめた者もまた、彼を見ることができなかった——彼らには、ただただ光しか見えなかった。マハヴィーラを深く見つめた者もまた、ただ光だけを見た。クリシュナの場合も同様だ。見る目のある人が、全感覚をとぎすまして見つめると、エネルギーの光だけが目に見える。そこにはどんな人の姿も見えない。

生命エネルギーはふたつの身体ごとに大きくなり、第四身体の後に、そのエネルギーは最大に達する。第五身体になると、エネルギーしか存在しなくなる。第六身体において、このエネルギーは星や空と分かたれることのない、ひとつのものとして現れる。そして第七の次元では、このエネルギーさえも消え去る。始めに物質が、次にエネルギーが消えていく。

瞑想者は、どの次元において、無思考の状態に達するのですか？　意識が対象に同化しないまま、思考することはできるのでしょうか？　それとも、意識の対象への同化は思考に絶対必要なのでしょうか？

完全な無思考の状態は第五身体で成就されるが、そのちょっとした一瞥は、第四身体から始まる。思考は第四身体でも続いているが、人はふたつの思考の隙間《ギャップ》を観察し始める。第四身体以前は、思考に次ぐ思考、思考しかない――思考の隙間を見ることがない。第四身体になると、合間が現れ、強調点が変わる。ゲシュタルトの絵を見たことがあれば、このことがわかるだろう。宙に浮いた階段の絵があるとする。それは注意して見ると、上へ向かっているかのように見えるが、二度目に見る時には、下へ向かっているように見えるように描かれている。もっともおもしろい点は、上へ向かう階段と下へ向かう階段を、同時には見られないことだ。ふたつのうち、一方しか見えない。第二の絵を見る時、第一の絵は消えてしまう。

しっかりと鼻や目や髭のあるふたつの顔が、向かい合っている絵を描くとしよう。最初、ふたりの男性がお互いに向かい合っているように見える。さて顔を黒く塗り、中間の部分は白いままにしておく。そうなると、あなたは中間の部分に花瓶があり、鼻も目も花瓶の輪郭になったと言うだろう。花瓶とふたつの顔を同時に見ることはできない。ふたつの顔が見えると花瓶は見えなくなり、花瓶が目に入る時には、ふたつの顔は消え去る。ふたつを同時に見ようといくら頑張ってみても、形態が強調点を変えてしまう。あなたの強調点が顔に向けば花瓶は消え、花瓶が強調されると顔が消える。

第三身体まで、マインドの形態としては思考に強調点がある。ラーマがやって来る。その時ラーマが目に入り、ラーマが着くのも見える。ラーマとその到来までの間にある空っぽの空間、またはラーマがやって来る前と去った後の空っぽの空間は、私たちには見えない。ラーマの来訪が強調され、間にある空間は目に入らない。変化が始まるのは、第四身体からだ。あなたは突然、ラーマの訪れは、もうさほど重要ではないということに思いあたる。ラーマが訪れる前には、そこに空っぽの空間があった。ラーマが行ってしまうと、そこには空っぽの空間がある。空っぽの空間が、あなたのマインドの焦点の中に入って来始める。顔が消え、花瓶が見えてくる。そして注意が空っぽの空間に向けられる時、あなたは考えることができない。

あなたにできるのは、次のふたつのどちらかだ。思考を見ているかぎり、あなたは考えるだろう。しかし空っぽの空間を見るなら、内側は空っぽになるだろう。しかし第四身体において、これは交互に起こり続ける。ふたつの顔を見る時もあれば、花瓶を見る時もある。つまり、ある時は思考を見つめ、ある時は隙間を見る。沈黙も訪れるが、思考もやって来る。

沈黙と空《くう》の違いは、この点だけだ。沈黙とは、思考はいまだ止まないが、強調点が変わることだ。思考に向かっていた意識は、沈黙の中で喜びを得る方へと向きを変える。しかし思考は依然として居残っている。それは意識が移行し、注意が思考からそれたに過ぎない。その注意は沈黙へと向かう。しかし、ときどき思考は戻ってくる――そして思考があなたの注意をひくと、再び沈黙は失われ、思考が始まる。

第四身体の最後の瞬間においても、マインドはふたつの間を行きつ戻りつし続ける。第五の次元では、あらゆる思考は失われ、沈黙だけが残る。これは究極の沈黙ではない。この沈黙は、思考や言葉に比較した時に存在する沈黙だ。沈黙とは、話さないという意味だ。空《くう》とは、沈黙も言葉もない世界のことだ。顔も花瓶も残っておらず――ただ白い紙だけがある。そうなってしまえば、顔があるのか花瓶があるのかと尋ねられても、あなたはどちらもないと答えるだろう。

無思考の状態は、第五身体において完全なかたちで生じる。第四身体では、この状態を垣間見るだけだ――ふたつの思考の間の有・無を見ることだろう。第五身体では、無思考の状態がだんだんとはっきりしてきはじめ、思考は消え去る。

さて、質問の第二点は「思考をかたち作るのに、意識の対象への同化は必要ですか？　それとも、同化なしに、思考は起こり得るのでしょうか？」というものだ。第三身体まで、自己同化と思考は同時にやって来る。自己同化があると、思考の訪れがある――ふたつの間に合間はない。あなたの思考とあなたはひとつだ――ふたつではない。そうなると、あなたが怒っている時、「あなたが怒っている」と言うのは誤りだ。「あなたは怒りになった」と言う方がより正確だ。なぜならあなたが怒るためには、あなたが怒らないことも、可能性としてあるべきだからだ。たとえば「私は手を動かしている」と私が言ったとしよう。するとあなたは、「では、その手を止めなさい」と言い、私は「それはできない。手は動き続けている」と言ったとする――すると、「私は手を動かしている」と私が言ったのは、どういう意味だったのかと、あなたが尋ねても当然だ。私は「手が動いている」と言うべきだ。私が手を動かしているなら、止められてしかるべきだからだ。自分の手を止められなくても、持ち主に不平は言えない。言っても意味がない。なぜならあなたは、自分の思考を止められないからだ。第三身体まで、あなたは完璧なまでに思考と自己同化している。その地点までは、あなたそのものが思考だ。

第三身体までは、ある人の思考を批判すると、その人自身を批判してしまうことになる。そのような人に「君の言うことは間違っている」と告げたら、彼は自分の言うことが間違っているとは決して思わないだろう――彼は自分が間違っているのだと思う。喧嘩や争いは言ったことに原因があるのではなく、「私」によって起こる――なぜならそこには、完全な自己同化があるからだ。あなたの思考を攻撃するのは、あなたを攻撃することだ。あなたが「君が私の考え方に賛同しなくてもかまわない」と言ったとしても、内側では自分が反対されたのだと感じるだろう。問題となったその意見はそっちのけで、ただ自分の見解を押し付けるために、他の理由など一切ないにも関わらず、争いだすのはよくあることだ。あなたがその意見を支持するのは、単に自分の見解として主張するためだ――それを自分の教典、原則、意見として宣言したからだ。

第三身体まで、あなたとあなたの思考の間には微塵の隙間もない。あなたは思考だ。ゆらめきは第四身体で始まる。あなたは、自分と思考はまた別々のものだという事実を、一瞥するようになる。しかしここまで来ても、思考は止められない。というのも、根っこの奥深い所に、まだつながりが存在しているからだ。上方の枝についていては、違いが感じられる。あなたはある枝に座り、思考はまた別の枝の上にある。あなたには、それが自分ではないことがわかる。しかし内側深くでは、あなたと思考はひとつだ。つまり思考は別なもののように見えたり、自分とのつながりが切れたら、思考は止まるようにも思えるが、思考が止まることはない。ある深いレベルにおいて、思考とのつながりは続く。

変化は第四の次元から始まる。思考は別なものであり、自分は別であるという、おぼろげな認識を得るようになる。しかしあなたは、まだそれをはっきりとは示せず、思考のプロセスもまだ機械的だ。自分の思考を止められなければ、思考を生じさせることもできない。もし私があなたに「怒りを止め、あなたが主《あるじ》であることを見せてごらん」と言える時には、「怒りを引き起こし、あなたが主であることを証明してごらん」と言うこともできる。あなたは尋ねるだろう、「そんな事をどうしたらできるのですか？　怒りを引き起こすことなど、できません」。それができた瞬間、あなたはその主となる。そうなってしまえば、どんな時でも怒りを止められる。あなたが主人であるなら、怒りを起こしたり止めたりする一連の過程は、両方ともあなたの手の内にある。怒りを引き起こせるなら、止めることもできる。

これもまた注目すべきおもしろい事柄だが、怒りを止めるのは少し難しいが、表すのは簡単だ。だから主人になりたいのなら、まず怒りを引き起こすことから始めなさい。その方が簡単だからだ。怒りを起こす状況の中では、冷静でいられる。しかし怒りを止めなければならない状況の中では、すでに怒っているため、自分自身についてさえ、覚めていない。となると、どうやって怒りを止めるつもりかね？　だから怒りを止めるより、起こすことから実験を始める方が、ともかく簡単だ。たとえば笑い始めると、もう笑いを止められなくなる。止めるのは難しい。しかし笑っていない時に笑おうと思えば、たちまち笑い出せる。すると笑いの秘訣——それはどこから、どのようにして起こるのか——がわかるだろう。また、笑いを止める秘訣もわかり、笑いを止めることが可能となる。

第四の次元で、あなたは自分と思考が別個であること——自分は思考でないこと——を理解し始める。だから私が前に言ったように、無思考の状態が起こる時は、観照も必ず訪れる。思考がある時は、必ず観照は失われる。思考の合間、つまり思考と思考の合間の中で、あなたは思考から切り離された自己を悟るだろう。もうあなたと思考の間に、どんな繋がりもない。しかしその時ですら、あなたは頼りない観察者にすぎない。あらゆる努力は第四身体でこそなされるべきだが、あなたには大したことはできない。

私は第四身体の、ふたつの可能性について説明した——ひとつはすでに備わっているもの、もうひとつは瞑想によって得られるものだ。あなたはこのふたつの間を、行ったり来たりするだろう。最初の可能性は思考、第二の可能性は理解だ。第四身体の第二の可能性——ヴィヴェーク、または理解——に到達すると、意識のマインドとの同化だけでなく、第四身体そのものも落ちる。第五身体に到達すると、ふたつのことが落ちる——すなわち第四身体、そしてこの同一化だ。

第五身体では、思考を起こすも起こさないも思うがままだ。ここで初めて、思考が自己同化に左右されることのない、ひとつの手段となる。怒りを引き起こそうと思えば、引き起こせるし、愛を起こそうと思えばそうできる。何も起こそうと思わなければ、自由にそうできる。半ば起こりかけた怒りを止めようと思えば、止まるようにと命令できる。どんな思考であれ、引き起こしたいと思えば何でもやって来るし、望まざる思考は、マインドに押し入ってくる力もなくなるだろう。

グルジェフの生涯には、そういう実例がたくさんある。人々は、彼を一風変わった人間だと思っていた。ふたりの人間が彼の前に座っていたとすると、彼は最大限の怒りを持ってひとりの方を、最大限の愛を持って、もうひとりの方を向く。彼はあまりにも目まぐるしく、その雰囲気を変えるので、ふたりは彼について異なる話を伝えた。一緒に彼と会ったにも関わらず、ひとりは「彼は危険な男のようだ」と言い、ひとりは「何と愛に満ちた人なんだ」と言ったものだ。これは、第五の次元ではとても簡単なことだ。グルジェフは、彼のまわりの人々の理解を越えていた。彼は即座に、あらゆる種類の表情を表現できた。彼にとって、このくらいのことはまったく難しくはなかったが、他の人々には難しかった。

その背後には、第五の次元において人は自分自身の主《あるじ》になる、というからくりがあったからだ。あなたは、自分の好きな感情を引き起こせる。怒り、愛、憎しみ、寛大さといったあらゆる思考は、単なるおもちゃになる。楽しんでいる時、あなたはリラックスできる。遊びの後にほっと一息するのは簡単だが、生そのものから気を抜くのは難しい。私がただ怒って遊んでいる場合には、怒った相手が部屋を出ていってしまえば、怒りにはまったままではないだろう。私が話すゲームをしている場合には、あなたが去ってしまえば、もうそれ以上話し続けることはない。しかし、私の話が自分の生そのものである呼吸に相当するのなら、あなたが行ってしまおうが、私は話し続けるはずだ。たとえ誰も聞いていなくても、私が聞いている。私が話し続けるのは、それがまさに、私の生そのものにほかならないからだ――それは終わると、ほっとできるような遊びではない。それはまさに私の生であり、私をがっしりとつかんでいるものだ。そのような人は、夜になっても話し、夢の中でも、聴衆を集めては話すだろう。彼は夢の中でも喧嘩をし、戦い、昼間やっていたあらゆることをし、二十四時間こうしたことをやり続ける。なぜなら、それが彼の生であり、まさに彼の存在そのものだからだ。

自己同化は、第五身体で崩壊する。そして初めて、あなたは穏やかになり、空っぽになる。――しかも自分の自由な意思に基づいてだ。しかし必要があれば、考えもする。だから第五身体で初めて、あなたは考える力を利用できるようになる。第五身体の前では、思考にあなたは駆使され、第五身体の後では、あなたが思考を利用すると言った方がいいだろう。それ以前の段階で、「私は思う」と言うのは適切でない。あなたもまた、第五身体になれば、思考が自分自身のものではないということを知るだろう。それはまわりの人々の思考も、マインドの中に入ってくるからだ。しかし、自分のものと思っている思考が、他の誰かのものであり得るとは気づきもしない。

ヒトラーが生まれ、全ドイツが彼の思考に賛同した——しかしドイツ人はみな、それは自分自身の考えだと思っていた。実に精気溢れるこの傑士は、自分の思考を他の人々のマインドに吹き込んでしまう。すると、人々は同じことを繰り返し始める。この力学は、根深いがゆえに深刻だ。たとえば、イエスが死んで二千年になるが、彼が世界に残した思考の波は、今なおキリスト教徒のマインドを掴んでおり、しかも彼らは、それが自分自身の考えだと思っている。同じことが、マハヴィーラ、仏陀、クリシュナといった人々にもあてはまる。強靭な精力を持つ人の思考は、それが善人や悪人の思考であろうと、どんなものであれ人の心を掴む。ティムールやチンギス・ハーンの影響力は、私たちのマインドから消え去ってはいない。クリシュナやラーマについてもそうだ。彼らの思考の波は、私たちのまわりを永遠に動き続け、あなたはそれを捉えられる。またそれは、あなたのマインドがある特定の状態の時に伝わりやすい。

朝のうちは非常にいい人だった人が、昼には悪人になるのはよくあることだ。朝、彼はラーマの波動で行動し、午後になるとチンギス・ハーンの波動にのっとられるのかもしれない。受容性と時間帯が違いを引き起こす。乞食が物乞いにやって来るのは、決まって朝だ。太陽が昇る頃は、悪い波動の影響が最小になるからだ。時が経つにつれ、空の長旅の果てに太陽が疲れてくると、悪い波動の影響は優勢になる。だから夕方は、乞食が人々から施しを受ける望みはない。朝早くに乞食が二ルピーの施しを求めても、人はすぐには拒絶できないだろう。だが時間が経ってくると、ますます乞食に「いいよ」とは言いにくくなる。夕方になると人は日中の仕事に疲れ、もはや完全に拒絶する心構えになっている。人のマインドの状態は、今やまったく違う。そして、彼のまわりを取り巻く全体的な雰囲気も、違っている。だから自分のものだと思っている思考もまた、自分には属していない。

こうしたことは、第五身体でのみ体験される。思考が行き交う様を見ると、あなたは驚くだろう。思考がやって来ては、去っていく——あなたをとらえては、あなたをひとり残して去っていく。何千もの思考があり、ひどく矛盾した思考もある——だから、マインドの中は混乱している。どの人も、それぞれ混乱している。思考が完全にあなたのものなら、混乱という問題はない。片手でチンギス・ハーン、片手でクリシュナを掴まえるから混乱するのだ。この対をなす思考の波は、あなたを待ち伏せしている。すきを見せるや否や、あなたの中に入ってくる。それらはすべて、あなたのまわりに存在している。

思考との自己同化が完全に崩壊した時、あなたはこうしたことすべてを知るに至る。もっとも大きな変化は、その時までのあなたには思考があったが、今は考えるという行為を手にしているということだ。このふたつには違いがある。思考は原子だ――やって来ては去るそれらは、常に異邦人だ。思考はいつも異邦人だというのは、まったく正しい。考えるという行為は自分自身のものだが、思考は異邦人だ。あなたの内側で、この考えるという行為が始まるのは、第五身体の後だ。その後になれば、考えられるようになる。もはや単に、他人の思考を集めているだけではない。第五身体においては、考えるということが、まったく重荷にならない。自分自身のものだからだ。第五身体で生まれたこの考えについては――好きなように、どう呼んでも構わないが――英知や理解と呼べるだろう。

第五の次元で、あなたは独自の直感、独自の理解、独自の知性を得る。第五の次元で外側のあらゆる思考の影響は終わり、その意味であなたは、自分自身の主人となる。あなたは自己の実存に到達し、自分自身となる。今やあなたは独自の考え、独自の考える力、独自の目、独自の視界を持つ。ここから先は、望むことだけがあなたの元に訪れ、望まないことはまったく近づいて来なくなる。望むことだけを考え、他の思考に押し入られることはない。もうあなたは主人だ。ここでは、自己同化の問題は生じない。

第六身体では、考えるという行為さえも必要とされない。思考は第四身体まで付き物であり、思索と英知は、第五身体ではなくてはならないものだ。第六の次元では、こうしたことさえ終りを告げる。そこでは、そういうものはまったく必要とされない。あなたは宇宙的になり、ブラフマンとひとつになる。もう他者は存在しない。

実のところ、あらゆる思考は、常に他者と関わっている。第四身体以前の思考は、他者と無意識的につながったものだ。第五身体における思考は、意識的なつながりだが、まだ他者との関わりがある。結局、なぜ思考が必要なのだろう？　それはひとえに、他者との関係性を築くためだ。第四身体までの思考は無意識的なつながりだが、第五身体ではそれが意識的なものとなる。しかし第六身体では、つながりを結ぶ「他者」は存在しない。あらゆる関連性は終わり、宇宙的なものだけが残る。私とあなたは、もはやひとつだ。もう思考が存続する場所もなければ、理由もない。

第六の次元はブラフマン――一切の思考がない、宇宙的真実だ。ブラフマンには思考が存在しないため、ブラフマンには知がないと言われる。第四身体まで存在している思考は、実は無意識の思考であり、深い無知をはらんでいる。これは、自己の無知と闘うために、思考が必要とされているということを物語る。第五身体では、内側で自己知を得るが、まだ他者のものについては無知のままだ――他者は依然として存在する。だから、第五身体では考える必要がある。第六身体では、内側も外側も、私もあなたも、これもあれもまったく存在しない。もはや、思考を正当だと判断するための相違というものが、一切存在しない。ただ、あるがままに在るだけだ。だから第六身体には、ただ知のみがあり、思考は存在しない。

第七身体には、知すら存在しない。知る者も、知られるものも、もはや存在しないからだ。だから第七の次元には、知さえも存在しない。第七の次元は知が欠けているのではなく、知を越えている。知なき世界と呼んでも構わない。だから、究極の意識を持つ人と、まったく無知な人が、同じように見えることがよくあるのだ。何しろ彼らは、よく同じような振る舞いをする。子供と光明を得た老人には、いつも大きな類似点があるのもこのためだ。彼らは実際に同じではないが、表面的には似ているように見える。ときどき光明を得た聖人は、子供のような行動をし、また子供の振る舞いの中に、しばしば聖なるものが垣間見える。時折、光明を得た人は、まったく無知な人間、完全な白痴のように見え、その様は誰も、彼ほど愚かにはなれないだろうと思えるほどだ。しかし聖人は知を越えているが、子供はいまだ知に至っていない。類似点は、両者とも知の外側にいるということだ。

あなたがサマーディとおっしゃるものは、どの身体で得られるのですか？

実のところ、サマーディにはいろいろなタイプがある。あるサマーディは、第四と第五身体の間で起こる。覚えておきなさい。サマーディは、ひとつの次元の中での出来事ではない。それはいつもふたつの次元の狭間、黄昏時《たそがれどき》に起こる。黄昏は昼に属すのか、夜に属すのかと尋ねるのももっともだが、黄昏は昼にも夜にも属さぬ、その狭間の出来事だ。サマーディも同じだ。最初のサマーディは、第四と第五の次元の間で起こる。このサマーディは自己実現、アートマ・ギャンへと導く。あるサマーディは、第五と第六の次元の間で起き、今度はブラフマ・ギャン、宇宙的英知へと導く。第六と第七の次元の間で起こるサマーディは、涅槃《ニルヴァーナ》へと導く。だから一般的に、三つのサマーディが起こるのは、最後の三つのシャリール――最後の三つの身体――の間だ。

理解しておくべき、見せかけのサマーディもひとつある。それは第四身体で起こり、サマーディのように見えるが、そうではない。日本の禅僧の言葉によると、それは「さとり」だ。これは見せかけのサマーディだ。それは、画家や彫刻家や音楽家が、完全に芸術の中に没頭している時に到達する状態だ。彼らは大いなる至福を体験する。これは第四身体――サイキックな次元――で起こる。朝の太陽を眺めたり、メロディーに耳傾けたり、ダンスを見たり、花が咲くのを眺めたりしている時、マインドが完全に出来事の中に引き込まれると、見せかけのサマーディが起こる。こうした見せかけのサマーディは、睡眠や偽りのシャクティパットによっても、引き起こされる。アルコールや、マリファナ、ＬＳＤ、メスカリン、ハッシシなどの麻薬によっても引き起こされる。

だから、四種類のサマーディがある。実のところ、三つの真正なサマーディがあり、それは段階を経て起こる。四つ目はサマーディのように見えるが、まったく見せかけの体験だ。その中には、実際に起こった体験がまったくない――ただ、誤って導かれたサマーディの感覚があるだけだ。多くの人々が、「さとり」によって惑わされている。この見せかけのサマーディは、第四身体――サイキックな次元――で起こる。それは、第四と第五の次元の間の、過渡的な作用ではない――第四身体の中でよく起こることだ。三つの真正なサマーディは、ある次元から次の次元へと移行してゆく過渡期に、第何身体にも属さぬ所で起こる。サマーディは扉であり、通路だ。

第四と第五身体の間で、最初の真正なサマーディが起こる。人は自己のくつろぎを得る。ここで行き詰まることもあり得る。ふつう、人は第四身体の見せかけのサマーディで、立ち止まる。それはとても簡単だからだ。エネルギーをほんの少ししか費さずに、まったく努力をしなくても、それらしきものが得られる。このため、大多数の瞑想者が、ここで停滞する。最初の本物のサマーディを得るのは、第四から第五身体への旅の途中に起こるが、これを得るのはとても難しい。しかしもっとも難しいのは、第六から第七身体への過程で起こる、第三のサマーディだ。第三のサマーディに付けられた名前はヴァジラブド――耳をつんざくような落雷だ。

これはもっとも難しい。なぜなら、それは実存から非実存への移行であり、生から死へのジャンプであり、存在から非在へ飛び込むことだからだ。

実際には、三つのサマーディがある。最初のものはアートマ・サマーディ、二つ目はブラフマ・サマーディ、最後のものはニルヴァーナ・サマーディと呼んでもいいだろう。ごく最初の見せかけのサマーディは、さとりと呼んでもいいだろう。それはとても簡単に達成できるがゆえに、用心すべきものだ。

他にも、サマーディの真正性を試す方法もある。それは、もしある次元の中で起こったのなら、それは偽りだ。サマーディは、ある次元とある次元の間で起こるはずだ。それはドアであり、部屋の中にあっても何の用もなさない。それは部屋の外にあり、次の部屋に結びつながっていなくてはならないものだ。

クンダリーニの象徴《シンボル》として、ヘビが選ばれたのはなぜですか？　その理由をすべて説明してください。神智学で使われるシンボルには、自分の尾を口にくわえ、とぐろを巻いたヘビが描かれています。ラーマクリシュナ教団のシンボルでは、ヘビの尾がその張り出した頸部に触れています。これらの意味をご説明ください。

ヘビがクンダリーニのシンボルとなったのは、非常に適切で意味深いことだ。おそらく、これ以上のシンボルはないだろう。クンダリーニだけでなく、ヘビも、シンボルの形の中で様々な変遷を経てきた。世界のあらゆる宗教で、ヘビがどこかしらに描かれている。これは、ヘビにはクンダリーニと一致する、様々な性質があったためだ。

ヘビについてまず頭に浮かぶのは、すべるような動き――這う動きだ。クンダリーニの最初の体験は、何かが内側で動いているといったものだ。まるで何かが、内側で動いたかのように感じる――ちょうどヘビが動くように。その他、ヘビについて思い浮かぶのは、足がなくても動くことだ。ヘビは動く手段を持たないのに、移動できる――それは、まったく純粋なエネルギーだ。三つ目に頭に浮かぶのは、ヘビがじっとしている時、とぐろを巻くということだ。クンダリーニが内側で眠っている時も、同じ形で休んでいる。

長いものを狭い場所に収めなくてはならない時は、とぐろを巻く必要がある。それ以外に方法はない。非常に大きな力を、非常に小さなセンターに収めてしまうには、とぐろを巻くしかない。さて、ヘビは目覚めると、とぐろをひとつひとつ解いていく。ヘビが起きるにつれて、とぐろは解かれていく。同じように、クンダリーニ・エネルギーが内側で起きる時には、クンダリーニが内側で解かれていくような気がする。

ヘビはときどき、ふざけて自分の尾を口にくわえることがある。口で尾をくわえる行為もまた、意味深い象徴だ。これは価値ある象徴であり、多くの人々もそう認めている。価値がある理由とは、クンダリーニが完全に目覚めると円環になり、その中で独自の回路をつくり始めることを、示唆しているからだ。ヘビの張り出した頚部は、自分の尾をしっかり掴まえ、ヘビは円になる。さて、男性のサダーナ――霊的《スピリチュアル》な修行――を表す象徴をつくると、それは自分の口で尾をくわえるものになるだろう。それは攻撃的だ。女性のサダーナ――女性の霊的な修行――の象徴が現れると、ヘビの尾は張り出した頚部にただ触れている。これは明け渡しをしている尾――口でくわえられていない尾だ。違いはこの点だけだ。他にはない。

ヘビの張り出した頚部にも、また意味がある。尾はとても細いが、頚部はとても太い。クンダリーニが完全に目覚めると、サハスラーラに到達する。サハスラーラは、開いてヘビの張り出した頚部のように広がる――とてつもなく広がる。まるでその中で、たくさんの花が開くかのようだ。そして尾は、とても小さくなる。

ヘビが立ち上がると、すばらしい光景をつくり出す。ヘビは、尾の先端だけで直立する。ほとんど奇跡だ。ヘビは無脊椎動物――骨のない生物――だが、このような芸当ができる。この芸当は、ヘビの内側の生命エネルギーの助けを得て、初めて可能だ。直立するための物理的な手段は、他にない。ヘビは自分の意志力の強さによって、立ち上がる。ヘビには、頼りとなる物質的な強さはまったくない。クンダリーニが目覚める時もまた同様で、物質的な補助は一切ない。クンダリーニは非物質的なエネルギーだ。

ヘビが象徴として選ばれたのは、こうしたことが理由だ。他にも多くの理由がある。たとえば、ヘビは無垢な生物だ。このためヒンドゥーの神、シヴァ――彼も「無垢なるシヴァ」と呼ばれている――は、ヘビを頭にいだいている。ヘビは決して、自分から誰かを困らせることはないが、妨害されると、とても危険になり得る。同じことが、クンダリーニにもあてはまる。クンダリーニは純粋な力だ。それは、故意にあなたを困らせることはない。しかし、あなたがそれを誤った方法で妨げると、あなたに問題を起こしてしまう。とても危険だということが、後になってわかる。ヘビのシンボルは、誤った方法でクンダリーニを妨げるのは危険だと、私たちに喚起している。こうしたことのすべてを念頭に置いてみると、ヘビのシンボルほどぴったりなものは、他にない。

世界中で、ヘビは知恵の象徴として表されている。イエスは「ヘビのように賢く、知的であれ。ハトのごとく無垢であれ」と語った。ヘビはとても頭のいい生物だ――非常にすきがなく、とても用心深く、鋭敏かつ機敏だ。これらはすべて、ヘビの特質であり、クンダリーニもまた同様だ。クンダリーニを通して、あなたは知恵の究極の頂きに、たどり着ける。それはクンダリーニが非常に素早く、また力強いためだ。

昔、クンダリーニのシンボルとしてヘビが選ばれた時、おそらくヘビより適当なものはなかったのだろう。今でも、それより適したものはない。おそらく将来は、ロケットのような新しいシンボルが現れるかもしれないが——未来の発想は、クンダリーニをロケットのような実存として、促えるかもしれない。その行程は同じだ。それは、ある大空から別の大空へ、ある惑星から別の惑星へと旅をし、そしてその間には、空《くう》がある。ロケットはシンボルになり得る。シンボルを決めるのは時代だ。

ヘビのシンボルは、人間が動物の世界にとても近かった頃に、選ばれたものだ。その頃のシンボルは、どれも動物から採られた。人々の持つ知識は、すべて動物に関するものだったため、その中からシンボルを見出そうとした。こうして、ヘビはクンダリーニを定義する最適なシンボルとなった。

その頃は、クンダリーニを電気のようだとは言えなかった。今日ならば、そのようなことも言える。五千年前は電気の概念がなかったため、クンダリーニは電気だという観点からは語れなかった。しかし、ヘビは電気の特質を持っている。多くの人にはヘビの体験がないため、これは信じ難いことだ。私たちにはクンダリーニの体験がないかもしれないが、ヘビの体験を得ることもめったにない。ヘビは神話的だ。

最近ロンドンで調査が行なわれ、牛を見たことがない子供が七十万人いることが判明した。

さて、牛を見たことのない子供たちには、おそらくヘビなど見当もつかないだろう。子供たちの考え方や描写の仕方、またその象徴の仕方は、ことごとくまるっきり違うだろう。

もうヘビは時代遅れだ。それはもはや、私たちの生活の重要な一部ではない。昔、ヘビは私たちの身近にいた。ヘビは隣人であり、一日二十四時間いっしょだった。人がヘビの機敏さ、知性、動き、ヘビ自身が携えている安らぎに気づいたのはその時だ。またその時、人はヘビがいかに危険な生物になり得るかにも気づいていた。赤ん坊を守るヘビの物語がある。それはとても無垢な話だ……。かと思うと、もっとも凶暴な人に噛みつき、殺してしまう瞬間もあり、危険にもなり得る。だから、ヘビにはふたつの可能性がある。

人はヘビに近かった頃、ヘビを注意深く観察したことがあったに違いない。同じ頃、クンダリーニについてのテーマも生まれた。そして、ヘビもクンダリーニも、似通った性質があることが見出された。しかし、すべてのシンボルには深い意味がある。年月を経て伝えられたものには、それ自体に、適切さや調和がある。しかし今、それはうち破られようとしている。ヘビのシンボルは、長くはもたないだろう。私たちはクンダリーニを、ヘビの力とは呼べなくなるだろう。というのも、かわいそうなヘビは今どこにいるのだろう？　ヘビはもはや隣人ではなく、私たちとの繋がりは、まったくなくなってしまっている。道でも見かけることがない。ともあれ、この質問がされたのは、ヘビとの関係がとぎれてしまったためだろう。ヘビが唯一のシンボルだった頃には、尋ねられなかったことだ。

クンダリーニが目覚めると、それは肉を喰み、血を飲むと言われています。これはどういう意味ですか？

それには意味がある。この表現は、ほぼ文字通りであり、真実だ。事実クンダリーニが上昇すると、体内で様々な変容が起こる。体内で新しいエネルギーが起こると、古い構造は完全な変化を遂げる。それは必ず変わる。私たちは意識していないが、体は様々な知られざる方法で機能している。たとえば、ケチな人間を例にとろう。欲深さはマインドの特質だが、その人の体も欲張りになる。その人の体は、将来必要となるであろう物質を、集め始める。不快になり、悩むようになる地点まで、体は何の理由もなく蓄積し続ける。

では、別の人間について考えてみよう。彼は臆病者だ。彼の体は、恐れを引き起こすあらゆる要素を集める。想像してごらん、体は恐怖で震えたいと望むが、それに必要なものが揃っていない——すると体はどうするだろう？　あなたは恐れを体に要求するが、体には、それに必要となる分泌腺やホルモンがない。体はどうするだろう？　体はあなたの要求を知っているから、蓄えを備える。恐れている人の体は恐れに関わる腺を増大し、恐れへの耽溺を助長する。恐れると汗をかく人は、非常に強靭な発汗腺を持っている。彼には、たっぷり汗をかくだけの容量がある。この計らいは絶対に必要だ。なぜなら彼は、一日のうちに何度も恐れたいと欲するからだ。だから体はマインドの要求に応じて、いやそれ以上に物質を蓄える。

マインドが変わると、体も変わる。クンダリーニが上昇すると、体は完全に変わる。その変容の中であなたの肉は減り、血も減少する。しかしその減少は、きっかりあなたが必要とするところまでだ。体は完全に変容し、体が必要とするだけの肉と血が残り、その他は焼き尽くされてしまう。そして初めて、あなたは軽さを感じる。そうして初めて、内なる空へとはばたいていける。これが違いだ。

言われていることは正しい。瞑想者には、特別な食事と特別な生活様式が必要だ。さもなければ、困難に陥る。クンダリーニが上昇すると、内側に大量の熱がつくりだされる。これは、クンダリーニが電気の力であるためだ。それは起高電圧のエネルギーだ。ヘビがクンダリーニのシンボルだと言ったが、ある地域では、火もまたクンダリーニのシンボルであり、これもまた非常にふさわしい。

クンダリーニはあなたの内側で火のように燃え、その炎は高く立ち昇る。様々なものがこの中で燃え尽きる。クンダリーニが目覚めると、ある種の乾きが結果として生じる。このため必然的に人格は調和をつくり、みずみずしさを持った経路が、発達してくるはずだ。たとえば怒った人を例にとろう。クンダリーニが目覚めると、彼は居心地が悪くなる。彼は無味乾燥な、粗野な人間だ。だから火が彼の内側で燃えると、やっかいなことになる。愛の人には、深い化学的な調和がある。彼の内側は何も滞ることなく、化学的に調和している。彼はクンダリーニの目覚めの逆効果を受けはしない。

その言葉はすべて、こうしたあらゆる細かなことについて語られたことだ。物事はどちらかというと、大まかに述べられた。昔は表現技術があまり発達しておらず、取り組み方も未熟だったからだ。だから、語られたことはまさに正しい。肉は燃え、血や骨髄も燃える。あなたは完全に変わる。あなたはまったく新しい人間になっていく。あなたのあらゆるパターンと構造は、変化を経ねばならない。瞑想者はこのことを心にとめ、それに応じて用意しておく必要がある。

OCCULT DEPTHS
OF KUNDALINI
AND SPIRITUALITY

第九章

クンダリーニと霊性の深淵なる神秘

ナルゴールの瞑想キャンプで、ヨーガの修行法――アーサナ、プラーナヤマ、ムドラー、そしてバンダーは、瞑想状態の中で発見されたとおっしゃいました。様々な瞑想状態において、体はいろいろな姿勢をとり、それは瞑想者の瞑想の深さを物語ります。逆に言えば、必要な姿勢をとると、それに応じて内なる状態が生じるのでしょうか？　その場合、様々なアーサナ、プラーナヤマ、ムドラー、バンダーによって、瞑想を達成できるのでしょうか？　それらの用途と意義は何でしょうか？

最初に瞑想を体験し、その体験から、体が様々な姿勢をとることが発見された。実際に、マインドがある特定の状態の時には、体はそれに対応したふさわしい姿勢を必ずとる。たとえば愛に満ち溢れていれば、そういった顔や表情になり、怒ればまったく違う表情になる。歯をくいしばり、拳を握りしめ、体は挑み飛びかからんばかりになる。寛容な気分になれば、目はやさしげで、掌はゆるんでいる。寛容さに溢れていれば、拳を握ることはしない。拳を握りしめるのが戦いの準備であるように、拳をゆるめ掌から力が抜けるのは、戦闘体勢からの解放を示す。拳を握りしめるのは、他人を威嚇するためだ。

体は本来、マインドの状態に従って作用するという性質を持っている。体はマインドに従う

――いつも後につき従う。だから人は、怒るとどうなるか、愛するとどうなるか、また、信頼に満ちた状態では何をするか、私たちはごく普通に知っている。しかし、マインドがより深い状態になると、どう反応するのかは知らない。

マインドの内側が深みに至った状態になると、体にも多くのことが起こる。内側の変化を物語る、様々なムドラーやジェスチャー、また、いろいろなアーサナや姿勢が生まれる。事実アーサナは、内側がある種の状態になる前の準備段階において形づくられる。ムドラーは後に形づくられ、その人の内なる状態の様相を伝える。

内側に変化が生じると、体には内的変化に相応する、適切な形を見つける必要がでてくる。内側でクンダリーニが目覚めると、エネルギーの通り道を作るために、体は通常にはない、様々な姿勢をとらねばならない。背骨はエネルギーを上昇させるためいろいろな形に曲がる。クンダリーニが目覚める時は、頭も様々な位置をとる。体は、今までしたこともないような姿勢をとる。それはちょうど、目覚めると体を起こし、眠る時には横たえなければならないようなものだ――立ったり、座ったままでは眠れない。

さて、生まれた時から眠ることを知らず、決して横たわったことのない人がいるとする。だが三十年後に、眠気が襲ってきたとしたら、その人は生まれて初めて、身を横たえるだろう。このことでマインドの状況も初めて変わり、彼は眠りにつく。しかし、新しい姿勢をとったせいで、彼はとても困惑するだろう。というのも、それまでまったくしたこともない姿勢だったからだ。今まで座ったり、立ったり、歩いたりしたことはあったものの、横たわったことは一度もなかった。今、眠りに必要な状態を内側に整えるために、彼は身を横たえねばならない。体が横たわると、マインドはある状態に陥りやすくなる。しかし、人によって横たわり方は様々だ。マインドの状態が、人によって異なるからだ。

たとえば、部族社会の人間は枕を使わないが、文明化された人間は枕なしでは眠れない。部族社会の人間は、あまり考えることをしないので、頭へ流れる血液が少ない。睡眠のためには、頭へ向かう血液の流れを、できるだけ少なくする必要がある。もしあまりに多すぎると、眠れなくなる。脳の神経がくつろがなければ、リラックスするのは難しい。血液は脳に流れ続け、あなたは枕をひとつ、またひとつと増やす。人は教育され、文明化され、教養を身につけるほど、ますますたくさんの枕が必要となる。頭へ血液が流れるのを防ぐため、首をほとんど垂直にしなければならない。

体の姿勢はマインドの状態と対応する。内側のエネルギーの目覚めと、その様々な動きにそって、アーサナが形づくられる。またチャクラの種類によって、体は異なるアーサナへと導かれる。こうしていろいろな姿勢がとられる。内側である種の状態が生じ始めると、手や顔や目の表情が変わる。こうしたことは瞑想中に起こる。こうして、人は逆のことにも関心を持つようになった。つまりこうしたアーサナを行なえば、瞑想に入っていけるのだろうか？　ということについてだ。これは理解すべきことだ。

こうした作用は瞑想中に起こるが、必然的なことではない。別な言い方をすれば、すべての瞑想者が、同じ体の作用過程を通るわけではない。マインドにある状態が生じなければならない。とは言っても、瞑想者の体やマインドの状態は、人によってそれぞれ異なる。だから、全員が同じアーサナを体験するわけではない。たとえば、ある瞑想者の血液は、頭の方へあまり流れておらず、クンダリーニを目覚めさせるには、さらに多くの血液の流れが必要だとする。そうすると、その人自身も知らないうちに、すぐにシルシアーサナ、頭で倒立する姿勢へと入っていく。すべての瞑想者が、このアーサナに入っていくわけではない。なぜなら、血行の量の割合は、人それぞれ違うからだ。必要性は人によって異なる。アーサナは、瞑想者ひとりひとりの必要性に応じて形作られる。

自分でアーサナを選んで訓練する時、どのアーサナが役立ち、また必要なのか、自分ではわからない。アーサナは、助けになると同時に害にもなる。ある瞑想者にとって不要なら、それは害になり、必要なら助けになる。この不確実性が、難しい点のひとつとなっている。もうひとつの難しい点は、何かが内側で起こると同時に、外側でも何かが起こり始めると、エネルギーは外側へと動いていくということだ。外側から行為を起こすと、ずっと単なる身体活動にすぎぬままで終わってしまう。

さて、さっきも話したことだが、怒ると自動的に拳は握りしめられる。しかし必ずしも、拳を握りしめれば、怒りを湧き起こらせるとはかぎらない。内側にはまったく怒りがないのに、怒りの仕草をすることもできる。それでも、内なる怒りを引き起こしたいのなら、拳を握りしめるのは助けになる。しかし結果として、確実に怒りがもたらされるとは言えない。もし、拳を握りしめるか否かを選ばねばならないとしたら、怒りを生じさせる可能性は、確かに拳を握りしめている方が大きい。これは、ちょっとした助けになり得る。

静寂の内に在る人の手は、必要なムドラーの形をとる。しかしある人が、この手のムドラーの格好を練習しても、マインドが穏やかになるとは必ずしも言えない。それでも特定の体の状態は、マインドが穏やかになる助けとなる。体に協力体制が整うと、その徴候が表れ、マインドが必要とすることに身をまかせる。しかし、体の格好を変えればマインドが変わるという訳ではない。なぜならマインドの状態は、体の状態に先行するからだ。だからマインドが変わると体は後に従うが、最初に体を変化させても、せいぜいマインドの変化の可能性が生み出されるだけだ。確実性はない。

だから、錯覚する危険性は常にある。アーサナやムドラーをやり続けると、自分がすべてをやり遂げたかのように、思うかもしれないからだ。そのような例は見受けられる。何千年もの間、人々はヨーガの修行をしているつもりで、アーサナやムドラーをやり続けてきた。そして次第に、瞑想の概念はヨーガから失われてしまった。ヨーガの修行という言葉から連想されるのは、アーサナやプラーナヤマなどだ。誰かにヨーガとは何かと尋ねたら、彼はアーサナやプラーナヤマなどだと思うだろう。だから私はいつも言うのだが、瞑想者にとって必要となるものを的確に理解しているなら、ある種の姿勢は助けとなる。しかし結果は定かではない。私が常に外側からではなく、内側からの働きかけを支持するのはこのためだ。

内側から何かが始まれば、その意味は理解できる。瞑想者が座って瞑想をし、内側では泣き出したいと思いながらも、それを抑えていると私が感じたとする。私には、十分間泣けばその人は変わり始め、浄化《カタルシス》が起こることがわかる。しかし彼は泣き出すのを恐れ、自制している。そして、もし抑えずに泣きなさいと言ったとしても、最初は泣くふりをするだろう。しかし二、三分もすれば本物になる。泣きたいという衝動が内側からこみ上げてきて、炸裂することだろう。泣くという過程が障壁を壊し、流れ出ようとしていたものが、溢れ出てくる。

また別の瞑想者は、踊りだしたいのを抑えている。踊りなさいと言われたとしても、始めのうちはただ演技するだけだろう。というのも、踊りはまだ、内側からやって来ていないからだ。いったん踊り始めれば、踊りが弾け出てくる機会となる。こうしたことはすぐにも始まり、内なる踊りが、外側の踊りに溶け去っていく。しかし、内側に踊る理由がないのに踊るように言われれば、踊り続けても何も起こらない。

だから、考慮すべきことは数多くある。話したように、すべての人にありとあらゆる状態がある。こうしたことを心にとめておけば、理解するだろう。こうしたすべてに悩まされたくなければ、内側から始め、物事をおのずと生じさせるのが一番だ。外側での出来事を押しとどめたり、それと闘ったりしないことだ。すると、物事はひとりでに起こるだろう。

あなたが今指導しておられる瞑想の試みの中で、座ることや立つことは、どんな肉体的、心理的な違いをもたらすのですか?

それは大きな違いをつくりだす。前に話したように、体のあらゆる状態は、内側の奥深い所で、それに対応する特定のマインドの状態と関係している。横たわっている人に、目覚めているようにと言っても難しい。しかし、立っている時に油断しないようにと言えば、それは簡単だ。立っている人に眠りなさいと言っても難しいが、横たわっている人に眠りなさいと言えば簡単だ。

瞑想者が眠ったり、まどろんだりするおそれのある過程がふたつある。もし瞑想者が立っていれば、この懸念を払い除く助けとなるだろう。立っていれば、まどろむ可能性は少なくなる。試みの第二の部分は、観照する姿勢——覚醒だ。最初のうちは、横たわっている時に覚醒を維持するのは難しい。が、次第にたやすくなってくる。立っていればいつでも、観照を維持するのは簡単だ。催眠はその最初の作用として、人を忘我の境地へと連れていくものだが、立っていればその作用はずいぶん薄れる。

そのほかにも二、三点ある。立っていれば体の動きは自由だが、横たわっていると、さほど自由ではない。座っていると、体の半分はまったく動かせない。脚が踊りだしたがっても、座っていれば、踊れない。脚が必要としていることを、理解すらできないだろう。なにしろ足には、自分自身を表現する術がないのだから。かすかな徴候があっても、私たちは掴み損ねる。立っていれば足はひとりでに上がり始め、足が踊りたがっていることがわかる。しかし座っていれば、この徴候は伝わらないだろう。

実のところ、瞑想の際に座るという伝統は厳密に言うと、結果として生じる体の動きの抑制を意図する。シッダアーサナ、パドマアーサナ、シクアーサナは、体の動きを止められるようにするため、瞑想を習う前に何度も訓練すべきものだ。そうすると、内側でエネルギーが上昇していく可能性が、最初からある。その結果、ありとあらゆることが起こる。あなたは踊り、歌い、ジャンプし、走りたくなる。こうした感情的な行動は、いつも狂気と結びついている。狂人は泣き、笑い、踊り、跳びはねるものだが、瞑想者も同じことをするので、気がふれたように見える。

社会の中で狂人に見られないよう、体を完全にコントロールするため、シッダアーサナ、パドマアーサナなどの座る姿勢が、熱心に訓練されてきた。こうして瞑想者は、世間でも狂人に見られないようになった。パドマアーサナ、シクアーサナ、シッダアーサナの座る姿勢は、脚をこわばらせてしまうものだ。重量は地面に近づくにつれ重たくなり、地面から離れるに従って軽くなる。体の底面は、寺院やピラミッドのように重くなる。つまり底面は広がり、頂点はすぼまっている。すると動きの可能性はごく最小になり、ほとんど無に等しくなる。

最大限の動きが可能なのは、立っている時――あなたを固定するものが何もない時だ。脚を交差させて座る時、あなたは不動の基礎を形作る。体の大半は、重力によりしっかりとらえられ、固定される。そして動きの可能性が最小限になるように手を置き、背骨もまっすぐに保たれたままにする。瞑想へと進むことが許される前にまず、このようなタイプのアーサナを、長きに渡って訓練しなければならなかった。

私のとり組み方は、ちょうどその逆になる。私の観点からすれば、私たちと狂人には、それほど根本的な違いはない。私たちはみな抑圧された狂人であり、その狂気は抑圧されている。私たちは正常に狂っている、もしくは「正常な狂人」だと言ってもよい。私たちと狂人には、たくさんの共通点がある……。ちょっとばかり狂気が行き過ぎると、厄介なことになる。しかし、私たちすべての中には狂気が存在し、独自のはけ口を見つけようとしている。

怒ると、人は一時的に気違いになる。そういう時は、意識している時には夢にも思わないようなことをする。悪態をつき、石を投げ、家具を壊したりする。屋根から飛び降りさえする。何だってやりかねない。もし、狂人がこうしたことをするのなら理解できるが、「正常な」人がすると、ただこの人は怒っているのだと言われる。さて、これは同じ「正常な」人間のやったことなのだが、それが内側になければ表には出てくるはずがない。こうしたことは、すべて私たちの内側にあるが、人はすべてを抑制している。瞑想に入っていく前に、それらはみな内側から投げ出されなければならない。この狂気を再現すればするほど、あなたのマインドは軽くなるだろう。

シッダアーサナという古い手法が、結果をもたらすのに何年もかかるのに対し、この新しい手法は、同じ成果を二、三か月であげられる。古い手法は成就するまでに何生もかかるが、この方法は数カ月しかかからない。内なる狂気は、解き放たれるべきだ。しかし古い手法では、肉体ではなくエーテル体の中で、浄化《カタルシス》が行なわれた。さて、こうなるとまったく違ってくる。なぜなら笑い、泣き、踊るといった様々なことは、すべてあなたの中にあり、それが表出されるのは必要不可欠なことだからだ。

もし集中的に肉体を訓練し、最終的に何時間も完全に身じろぎひとつせずいられる状態になれば、エーテル体によるカタルシスが行なえる。それは他人には見えないが、あなただけに見えるものとなる。もはやあなたは、社会から守られている。内側で踊ったり、歌ったりしているとは、誰にもわからないからだ。この踊りや歌は、まるで夢の中の出来事のようになる。あなたは内側で踊り、内側で泣くが、内側で何が起こっていようと、肉体には何の徴候も表れない。肉体は内なる出来事の形跡を少しもにおわせることなく、静かに座っていることだろう。

そんな小さな物事を、たいそう悩むには及ばないというのが、私の意見だ。瞑想に入る前に、探求者に何年も肉体的な修練をさせても、意味がない。それに、別の可能性もある。体のコントロールに熟達し、肉体の完全な抑制に成功したとしても、エーテル体にどんな波動も湧き起こらなくなり、エーテル体が完全に鈍重になってしまうこともある。そのような状況では、内側深くでの一連の作用がまったく起こらぬまま、ただ彫像のように、うまく座っているだけになることもあり得る。内側のあらゆる作用が抑圧されるような状況では、人は発狂する恐れがある。

過去には、気が狂っていく瞑想者たちが見受けられた。しかし私が提唱した手法は、たとえ狂人でも一、二ヶ月訓練すれば、狂気の中から連れ出されるだろう。この手法を訓練しても、正常な人が狂う懸念はない。私の手法では、内なる狂気を抑圧せず、表出させるからだ。古い瞑想の手法は、多くの人々を狂人にした。そしてこの事実は、美辞麗句で包み隠されてしまった。そのような人のことを、「彼は恍惚と狂っている。神に陶酔している。彼は聖人になった」と言ったものだ。しかし、彼が完全に狂ってしまったという事実は、変えようがない。内側のものをあまりにも抑圧したため、それは完全に彼のコントロールを越えてしまった。

この手法ではふたつのことを行なう。はじめの作業は、内側のあらゆるゴミを、カタルシスによって放り出すことだ。あなたはまず、軽くならなくてはならない——あまりの軽さに、狂気の片鱗すら内側に残らないほどにだ。するとあなたは、内側へと旅立つ。だから、表面的には狂っているように見えようとも、この手法は本質的に、あらゆる狂気からあなたを解放する手法だ。私は、あなたの内側にあるものと共に、重荷や、緊張や、憂いが出ていってしまうことを望んでいる。

もっとも興味深いのは、狂気が訪れると、あなたにはそれをコントロールできないということだ。しかしあなたは、自分自身で引き起こした狂気の主人《マスター》だ。いったんこの事実に気づいてしまえば、狂気があなたをのっとることはない。

自分の自由な意志の向かうままに、踊ったり、歌ったり、笑ったり、叫んだりしている人がいるとしよう。彼は狂人がしそうな、ありとあらゆることをやっている。違いはただ、狂人にとって物事はひとりでに起こっているが、瞑想者は、それを起こしているという点だけだ。瞑想者の全面的な協力なしには、この狂気は一瞬たりとも続かない。彼が止めたいと思えば、その瞬間に止められる。だから、この人は決して狂うことがない。それは彼が狂気を生き、狂気を見て、狂気に慣れ親しんでいるからにほかならない。もはや彼にとって、狂気は自発的な出来事となってしまっている。狂気はもはや、コントロールできる範囲にある。

文化によって、狂気はコントロールできないと教え込まれてきたために、狂気は自発的なものではなくなってしまった。だから狂気が起こると、人々は手の施しようがなくなる。

この手法は未来の人類にとって、たいへん価値があると私は見ている。なぜなら、文明社会全体が、日々完全なる狂気へと向かっているからだ。あらゆる人が、狂気を取り除くためにこのテクニックを必要とするようになり、他に手の打ちようがなくなるだろう。

一時間の瞑想の間に、こういったやり方で狂気を投げ出せば、少しずつこの瞑想の方式に慣れていくだろう。人々も、この人は瞑想をしているのだと理解するようになる。しかし同じ行為を道ばたで行なえば、鉄格子の中に入れられるだろう。人々の中で怒りを解き放てば、あらゆる関係性が醜悪になり、壊れてしまう。

この狂気は、何らかの方法で引き出されなければならない。さもなければ、厄介なことになる。もしそれを、自発的に解き放してあげなければ、この狂気は噴出するための、何百もの方法を見つけるだろう。時には狂気が表に出てくるよう、完全に泥酔してしまうこともあるし、気違いじみたダンスの怒涛の中で、狂気を表現することもある。しかしなぜ、こうした狂騒を通り抜けねばならないのだろう。今日、ツイストなどの新しいダンスの形態があるのは、偶然の現象ではない。内側では体が動きたがっているのに、私たちは動く余地を残さなかった。そこで体は自ら工夫し、それが許容される範囲内で、できるかぎりくねくねと曲がりくねる。

瞑想はこうした代用品なしに、狂気を投げ出す。瞑想では、内側にあり、投げ出すべきものだと自覚しているものを、投げ出すにすぎない。このカタルシスの手法を、教育の一貫として子供たちに教えたら、狂人の数は断然減るだろう。狂気を永久に、とり除くことができる。しかし、むしろ狂気は日増しに増えている。社会がさらに発展するにつれ、それはもっともっと、はびこるようになるだろう。


文化は人々に抑圧することを教える。礼儀作法は、大声で泣いたり、笑ったりを許さない。喜びのままに踊り、声を上げることを許さない。文化はあらゆる方向から重圧を加え、その結果、内側で生じるべきあらゆるものが抑圧される。そしてある日、蓄積されたこれらの感情の重圧が爆発し、コントロールの範囲を越えるほどの状況に、至ってしまう。浄化《カタルシス》は、私たちの瞑想法の第一段階だ。それを通して私たちは、閉じこめられた内なる感情をすべて解き放つ。

だから私は、この実験の間は立っていることを奨める。そうすれば、内側の微かな動きにも気づき、自由に動ける。瞑想者は、閉じられた部屋にいる方がいい。立っているだけでなく、完全一枚の布さえ邪魔にならないよう、完全に裸になるといい。あらゆる動きを起こすため、完全に自由でなくてはならない。その人のいかなる部分にも、動きを妨げる障害を、わずかでも残してはならない。そうすれば、目覚ましい進歩を遂げる。ハタ・ヨーガやその他のヨーガでは何年も、または何生もかかることが、この手法ではものの数日で起こるだろう。

ヨーガの修練は、長いこと引き継がれてはきたが、世界に貢献することはないだろう。今、人々は数日間、いや数時間でさえ費やす暇がない。私たちには、すぐに成果が得られる手法が必要だ。もし七日間しっかり参加すれば、終わる頃には自分に何かが起こったと思い始めるはずだ。七日間で、別の人間になるはずだ。もしある実験が、七生かかってやっと成果が得られるようなものだとしたら、誰もそんな実験に手を出そうとはしないだろう。古い手法は、何生もの後に成果を求めた。「この生で修行しなさい。そうすれば、別の生で成果は現れる」と言ったものだ。人々は非常に忍耐強く、保守的だった。たとえその成果が何生も後に約束されようとも、彼らは瞑想し続けた。今では、このような人などひとりも見つからないだろう。成果がまさにこの日に得られないのなら、たとえ明日までであろうとも、待てる人はいない。

それに明日など、誰があてにできようか？　広島と長崎に原子爆弾が落とされて以来、私たちの明日は消え去った。アメリカの何千もの少年少女が、大学に行くのを拒んでいる。「卒業するまで、世界は無傷で残っているだろうか？　明日に起こることなんて、誰にもわかりはしない」と彼らは言う。教育は時間の無駄だと、彼らは思う。彼らは、学校や大学から逃避している。彼らは両親と口論して言う。「六年大学で過ごしても、世界はまだ存在しているかしら？　保証してくれるの？　自分の人生の貴重な六年間を、なぜ有意義に使ってはいけないの？」

明日が不確実になってしまった世界で、「何生も」という言葉で語ったところで、意味がない。誰も聞く用意もなければ、聞く耳も持たない。だから私は今日修行して、すぐに成果を感じなさいと言う。もしこの実験のために、一時間を喜んで差し出そうという人がいたら、まさにそれが終わった時に、きっと成果を感じとるだろう。そうでなければ、その人は明日はもう自分の時間を私に差し出さないだろうし、明日、それを行なうかどうかもわからないだろう。この時代に要求されるものは変わった。牛車の世界では、すべてがゆっくり動いていた。だから瞑想も、とてもゆっくりと進行した。今はジェット機時代だ。もう瞑想も、ゆっくりしてはいられない。すばやさを取り入れなければならない。

聖なる人に敬意を表して地面にひれふすこと、その人の足に頭や手で触れること、聖地で礼拝すること、探求者の頭や背中に聖者が触れて、祝福を与えること、グルドゥワラやモスクに入る際に、頭をシクやモハメダンで覆うこと、こうした点について、クンダリーニ・エネルギーの観点から、その意義と意味をご説明ください。

こうした事柄には、様々な理由がある。前に話したように、怒りでいっぱいの時は、誰かを殴り、足で頭を踏みつけたいと思う。しかしながら、これははなはだ現実的ではないので、私たちがするのは、せいぜい靴を投げつけるぐらいのことだ。五フィート六インチの人を踏みつけるのは至難の技だ。だから、内なる怒りの衝動の象徴として、靴を頭に投げつける。しかし、靴を投げることの背後の理由については、誰も尋ねない。そしてこれは、ある集団や国に特有の行為ではなく、普遍的なことだ。誰かに対して怒る時は必ず、相手の頭を足で踏みつけたいという、強烈な欲望があることは事実だ。

人がまだ未開人であった頃は、おそらく敵の頭の上に足を置いて、やっと気を晴らしていたに違いない。なにしろ、人類がまだ靴をはいていなかったからだ。さて、人は怒っている時は誰かの頭を足で踏みつけたいと思うが、逆もまた真なりだ。信頼と敬意に溢れている時は、誰かの足許に額ずきたいと思う。前者の状況と同じく、これにも様々な理由がある。

ひれふしたいと思う瞬間がある。それはまさに、生エネルギーが誰かからあなたへと、流れている瞬間だ。事実、何らかの流れを受け取りたいと思う時は、必ず頭を垂れなければならない。川から壺に水を汲み取りたければ、身をかがめなければならない。いかなる流れであれ、それを受け取るためには、身を伏せる必要がある。すべての流れは、下向きに流れるからだ。誰かから何かが流れていると感じた時には、頭を低く垂れれば垂れるほど、より受け入れやすくなる。

第二に、エネルギーはその人のとがった先の部分から流れる。たとえば指先やつま先といった部分だ。エネルギーは、あらゆるところから流れ出るわけではない。生体エネルギー、またはシャクティパットのエネルギーや、体から流れでるようなエネルギーはどれも、指先やつま先といった先端より流れていく。体全体からではなく、先のとがった末端から流れる。だから、エネルギーを受け取る者は師の足許に額ずき、エネルギーを与えようとする者は、受け取ろうとする者の頭に手を置くのだ。

これらは非常に神秘的で、実に科学的な事柄だ。多くの人がその行為の真似をするのは、ごく自然な成り行きだ。何千もの人々が、何の目的もないまま人の足許に額ずき、また何の意味もなく、人々の頭の上に手を置く者も何千といる。こうして、非常に深遠なる原理が、次第に単なる形式となってしまった。形式的な行為が繰り返されると、人々はそれに対して反感を持つようになる。人々はこう言うだろう。「何というばかげたことだ？　人の足許に額ずいて何になる？　ただ頭に触れるだけで、何が起こるというのだ？」。そのうちの九十九パーセントは、ただのばかげた行為にすぎないにしても、一パーセントは意味がある。

その百パーセントが、意味を持つ時代もあった。それは、自然発生的なものだった。そうすべきだという思いから、誰かの足に触れる必要はなかった。時に、誰かの足許にひれふさねばと感じる時は、抑えることはない。ひれふしなさい！　そして、その相手も受け手の頭に手を置かねばならないということはない。時に手がとても重たくなり、何かがそこから流れ出んばかりになる時がある。相手にも受け取る用意があれば、その時初めて、手は頭の上に置かれる。しかし、長い時の流れの中で、すべてが無意味な、単なる儀式になってしまった。そして意味がなくなると、それは批判される。すると、こうした批判は強く人に訴える力を持つ。なぜなら、伝統の背後にある科学が、失われているからだ。これは非常に意味深い行為なのだが、これが意味を持つのは、生きた師と受容性のある弟子がいる場合だけだ。

仏陀やマハヴィーラのような人の足許にひれふす人は、類稀な歓喜を体験する。彼は、自分に恩寵が溢れんばかりに注がれているのを感じる。これは完全に内なる出来事であるため、外側からは誰も見てとることはできない。すでに体験した人にだけ、それは真実となる。誰かがその証しを要求しようとも、彼が示せるものは何もない。事実、これはあらゆる秘教的な現象についてまわる難点だ。個人的に体験していても、他人に示せるどんな証拠もない。そうなると、その人は盲信する者のように思われてしまう。彼は、「それは説明できない。でも、ある事が起こったのだ」と言う。体験しなかった者は、何も感じたことがないため、決して信じようとはしない。彼らは、この哀れな男は幻の中にいるのだとしか思わない。

そういう人は、キリストの足下にひれふそうとも何事も起こらないだろうし、すべては馬鹿げたことだと、声高に非難するだろう。キリストの足許に額ずこうとも、何も起こらなかったのだから。それはちょうど、口の開いた水差しが水の中へ頭を逆さまに入っていくようなものだ。戻ってきた時に「私は頭を垂れ、満たされた」と言い、次に口の開いていない別の水差しが、自分もやってみようと試みる。川の深みまで行ったかもしれないのに、空っぽで戻ってくる。するとそれは、すべては嘘っぱちで、川の中にちょっと潜ったからといって、誰も満たされやしないと主張するだろう。「私は頭を垂れたし、身を沈めもした。でも空っぽで戻ってきた」と不平を言うだろう。

これは双方向の現象だ。ある人からエネルギーが流れ出るだけでは不充分であり、あなたの側が空っぽで開いていることが、同じくらい重要だ。ほとんどの場合、他者からのエネルギーの流れは、あなたの側の用意、つまりそれを受け取るために、開かれた状態であることほど重要ではない。あなたが充分に開いていれば、目前にいる人のエネルギーがなくても、その人の上にある高次のエネルギーの源が、あなたに向かって流れ始め、あなたへと達する。だから、もっとも驚くべきことは、自分自身を全霊を傾けて解き放つなら、たとえ目前の人が何も与えるものを持っていなくても、その人からエネルギーを受け取るということだ。しかし、エネルギーはその人から来るのではない。彼は単なる媒体《ミディアム》であり、起こった出来事にまったく気づいてもいない。

さて、あなたの質問のふたつめは、グルドゥワラやモスクに入る際に、頭を覆うということについてだ。ファキールの多くは、頭を覆って瞑想の修行をするのを好む。それにはそれなりの使い道がある。エネルギーが目覚めると、頭が重くなる可能性がある。もし頭を布で覆っていれば、エネルギーは流れ出ようとはしなくなる。エネルギーは内側で回路《サーキット》を作り、瞑想をさらに強烈なものにする。だから、頭部に布を巻くことは、非常に有益だということがわかっている。頭を覆って瞑想すれば、すぐに違いを感じるだろう。すると、十五日かかったことが五日で達成できる。

エネルギーは頭に至ると拡散し、分散する可能性がある。もし頭に布が巻かれ、回路が作られたなら、あなたの体験はずっと深まるだろう。しかし今現在、モスクやグルドゥワラで頭を覆うことは、単なる形式にすぎない。もはやそれには意味がない。しかしこの習慣の背後には、多くの意味があるという事実に変わりはない。

さて、誰かの足に触れたり、祝福のうちに挙げられたその人の手を通して、何らかのエネルギーを受け取れる、というのは理解できる。しかし、墓所や寺院の彫像の前に頭を垂れている人は、いったい何を得られているのだろうか？　これにもまた、理解すべきことがたくさんある。ある種の彫像や偶像の背後には、非常に科学的な計らいがほどこされている。

私が死のうとしており、私のまわりには私を愛し、私の中に何かを見てとり、探求して私の中に何かを見出した人たちがいるとしよう。この人々は、私のことをどうやって記憶にとどめたらよいのかと、尋ねることだろう。そして死ぬ前に、私たちの間で象徴となるものが決められる。それは何でもよい――偶像、石、木、たとえ演壇や墓所、廟《サマーディ》であっても、または私の服の切れ端や履き物であっても、何でも構わない。しかし、これは私たちの間で、あらかじめ決められねばならない。それは、仲間内の合意だ。一部だけで決められてはならない。私は証人であるべきであり、象徴に関しては、私の容認と承認が必要だ。そして初めて私は、もし彼らが象徴の前に行って私のことを想うなら、肉体なき状態で私は臨在すると言うことができる。私は、この約束を結ばなければならない。そしてすべてのワークは、この約束に基づいて進んでいく。これは、紛れもない真実だ。

だから、生きている寺院と、死んだ寺院がある。死んだ寺院は、片方の側だけによって造られたものだ。もう一方の側からの言質はない。仏陀の寺院を造ろうとするのは、私たちの欲望だ――しかし、これは死んだ寺院になるだろう。仏陀はそれについて、何の約束もしなかったからだ。もう一方の側からの保証のある、生きた寺院も存在している。その建立には、ある聖者の宣言が関わっている。

チベットには、仏陀の言質が、二千五百年前から果たされている場所がある。この場所はしかしながら、今では困難な状況に陥っている。そこにはグループが、五百人のラマ僧からなる委員会があるが、五百人のひとりでも死ぬと、その後任を見つけるのはとても難しい。この五百という数は、常に変わらない。多くても少なくてもだめだ。そのうちのひとりが死ぬと、四百九十九人の承諾があって初めて、ひとりが選ばれる。もし、四百九十九人の中のひとりでも受け入れを拒めば、その人は選ばれない。この五百人のラマ僧のグループは、仏陀の満月の夜——仏陀の誕生を祝う、五月（インドの暦による）の満月の夜——ある山上に集う。すると、約束された正確な時刻に、仏陀の声が聞こえる。この出来事は、他の場所や他の人々と共にでは、起こらない。それは約束された取り決めに従った時に、確実に起こる。

それはちょうど、夜寝る前に、翌朝五時に起きようと決心するようなものだ。そうすれば、あなたを起こす目覚まし時計は必要ない。あなたは五時きっかりに、突然目を覚ます。これは不思議なことだ——時計で確かめるといい。時計が間違うことはあっても、あなたが間違うことはない。決意が堅ければ、必ず五時に目が覚める。

もし、ある年のある日に死ぬという堅い決心をすれば、地上のいかなる力も、あなたをひき止められないだろう。あなたは、決めたその瞬間に死ぬ。決意が非常に深くて強固なものなら、たとえ死後であろうと約束は果たせる。たとえばキリストの復活、それは果たされた約束だ。これはキリスト教徒に、多くの悶着を引き起こした。というのも、彼らは後に何が起き、またキリストが復活したかどうかがわからなかったからだ。しかし、これはキリストがある弟子たちに約束したことであり、死後にそれは果たされた。

事実、何千年にもわたって、何らかの生きた約束が、いまだに果たされ続けている場所は、次第にティルス――巡礼の聖地――となっていった。そして約束は、やがて忘れ去られていった。ただひとつ、人々の記憶に残ったことは、出かけて行って、その地を訪れねばならないということ――それだけだった。

モハメッドが結んだ約束があり、シャンカラが結んだ約束がある。同じように、仏陀やマハヴィーラやクリシュナが結んだ約束もあり、それらは特定の場所、特定の瞬間、特定の時刻に結びついたものだ。しかし私たちは、今でもそれらと関係を結ぶことができる。そのためには、再びその地に頭を垂れ、自分を完全に明け渡さねばならない。そして初めて、この繋がりを結ぶことができる。

聖地、寺院、廟《サマーディ》には、みなそれぞれに役割がある。しかし、ほかのものと同じように、この有益な場所も最終的には伝統となり、やがて死んで役立たずになってしまう。そうとなっては、新しい巡礼地、新しい偶像、新しい寺院をつくるような、新しい約束がなされるために、それらは破棄されねばならない。古い物は死んでしまったのだから、壊されるべきだ。それらを通して働いていた作用は、私たちにはわからない。

南インドのあるヨーギのところに、ひとりのイギリス人旅行者が会いに来た。出発の際に、彼はヨーギに言った。「もうここを発ちますが、二度とインドに戻ることはないでしょう。でも、あなたに会いたくなったら、どうしたらよいでしょうか？」

ヨーギは自分の写真を一枚取り、彼に手渡して言った。「部屋にこもって、五分間まばたきせずにこの写真に集中するなら、必ず私はそこにいる」

さて、この気の毒な男は、旅行が終わるまで我慢できなかった。できるだけ早く、この実験をやってみたいと、心を奪われていた。彼は、そんなことが起こるとは信じていなかった――しかし、それは起こった。約束は、アストラルの次元で果たされた。それはちっとも難しいことではない。目覚めた人であれば、たとえ死んでいようとも、約束を果たせる。だから写真には意義があり、彫像もしかりだ。それらに意義があるのは、それらを通して約束事が果たされるからだ。彫像や偶像を創り出す背後には、まぎれもない科学があったのだ。

偶像は、やみくもにつくられるわけではない。その背後には、完成された手法がある。今、ジャイナ教の二十四人のティルタンカーラの彫像を子細に見分けようとしても、すべてが似通っているために困ってしまうだろう。異なるのは象徴だけだ。マハヴィーラには、ある印《サイン》があり、パルシュワナスには別の、ネミナスにはまた別の……といったようにだ。もしこの印が取り除かれたなら、ティルタンカーラを見分けるのは不可能だ。しかし、すべてが似通っているはずはない。ということは、後に続くティルタンカーラは、最初のティルタンカーラの彫像を雛形として使った可能性がある。そうすれば、違う彫像をつくる必要はなくなる。つまり、すべてに使われたティルタンカーラの典型が、ひとつあった訳だ。

しかしこれでは、それぞれのティルタンカーラに帰依する者たちは満足しなかった。そこで彼らにとって特別なティルタンカーラに対して、少なくとも印や、他と区別するための記章が懇請された。こうして彫像は同じものだったが、ティルタンカーラごとに、異なる象徴がつくられた。あるものはライオンを、ほかはまた、別なものをといった具合にだ。象徴には、そのような違いがある――これもまた、約束されたことの一部だ。その象徴に結びついている特定のティルタンカーラだけに、繫がることができる。

これらが象徴についての合意であり、それらは機能している。たとえば、十字架というイエスのサインは機能している。さてモハメッドは、自分の偶像をつくらせることを拒んだ。事実、あまりにも多くの彫像がモハメッドの時代につくられたため、彼はまったく違った種類の象徴を、追従者に与えたいと望んだ。彼は言った。「私の像をつくってはならない。私は像がなくとも、あなたがたとの繫がりを確立しよう。私の像をつくってはならない。私の絵を描いてはならない。私は像や絵画なしでも、あなたがたと繫がるだろう」。これは非常に奥深い、勇気あるやり方だ。しかし普通の人々には、モハメッドと繫がりを持つことはたいへん難しかった。

だからモハメッドの後、イスラム教徒は何千もの聖者のために、モスクや霊廟を建てた。彼らは、直接モハメッドと繋がりを持つ術を知らなかったため、イスラム教の聖者たちの霊廟を造ることで繋がりを持とうとした。イスラム教徒の霊廟や墓ほど、熱心に礼拝されるものは、世界のどこにもない。その理由はひとえに、モハメッドと直接コンタクトを持つ拠り所を、何も持たなかったからだ。彫像をつくれなかったため、他のイメージを創り、それを通して繋がりをつくり始めるしかなかった。

これらはすべて、まったく科学的な作用だ。このことが科学的に理解されれば、その結果は奇跡的なものになり得る。しかし盲従するなら、自滅的だ。

プラーナ・プラティシュタ、つまり偶像の入魂の際に行なわれる過程には、どんな秘教的な意義があるのですか?

それには大きな意義がある。プラーナ・プラティシュタという、まさにその言葉——偶像への入魂の秘術——は、いにしえの約束に基づき、新しい彫像をつくるという意味だ。私たちは徴《しるし》によって、昔の約束が正しく果たされているかどうかを、見出さねばならない。私たちの側に必要なのは、昔の取り決めに忠実に従うこと、偶像を単なる偶像としてではなく、生ける存在と見なすことだ。偶像に対しては、生きている人に対するほどの、あらゆる配慮がなされなくてはならない。すると私たちは、偶像の入魂の秘術が完了したことを知らせる暗示やサインを、手にし始めることだろう。しかしこの第二の側面は、私たちの知識からすっかり消えてしまっている。この印《サイン》が存在しなければ、偶像の入魂をしても成功ではない。成功した偶像の入魂には必ず証しがあるはずだ。このための、ある特別な秘密の徴《しるし》は定められている。もしこの印が見つかれば、偶像の入魂は秘儀的力によって完了し、それは今なお、生き生きと息づいていることがわかる。

さて、家に新しいラジオを据えたとしよう……。まず第一に、ラジオそのものが整備されており、部品もすべて適切な位置にあることが必要だ。次に、それを電源につないでみるが、どの局にもつながらない。つまり壊れているのだ。それは動かない機械であり、修理か交換が必要だ。偶像もまた一種の受信地——今は亡き光明を得た人々が、それを通して人々と交わした約束を果たすためのものだ。しかし像を所有していても、入魂を確かめる徴《しるし》を知らなければ、その像が生きているのか死んでいるのかまったく知る由もない。

偶像の入魂のプロセスには、ふたつの段階がある。第一段階は、僧侶によって遂行される。彼はマントラを唱える回数、糸を結ぶ回数、礼拝に必要な条件、執り行なう礼拝の様式などについては理解している。これが、なすべきことの前半だ。この儀式の第二段階は、第五の次元にいる人によってのみ、執り行なわれる。彼が、この像は生きていると宣言して初めて、像は生気を持つ。現代では、こうしたことはほとんど不可能になってしまった。だから私たちの寺院は生きた寺院ではなく、死んだ場所だ。今日の新しい寺院は、まったく死に絶えた場所となってしまっている。

生きた寺院を破壊するのは、不可能だ。というのもそれは、ありふれた出来事ではないからだ。もし破壊されたとしたら、それは単に、生きていると思っていたのは、ただの思い込みだったということを意味する——たとえば、ソマナス寺院のように。この破壊の物語は、とても奇妙であると共に、あらゆる寺院の科学を暗示している。そこには、五百人のプジャリ——僧侶——が仕えていた。彼らは安置されている像は生きたものだと確信していたので、決して破壊されないと思っていた。僧侶たちは彼らの勤めを行なっていたが、それは片手落ちだった。像が生きているのか死んでいるのかをはっきりと認められる者は、ひとりもいなかったのだ。

ある日隣接の王や王子たちが、イスラム教徒の侵略者ガジャナヴィがやってくると警告するため、寺院に知らせを送り、防御をしようと申し出た。しかし僧侶たちは、あらゆるものを守ってくださる偶像はあなたがたに勝ると言って、彼らの援助をしりぞけた。王子たちは詫びを請い、去っていった——しかしこれは誤りだった。その像は、死んだ像だったのだ。僧侶たちは、その像の背後には大いなる力があるという幻想を抱いていた。像は生きているのだから、それを守ることさえ、誤りだと思っていた。ガジャナヴィはやってくると、一刀のもとに像を四つの断片にしてしまった。その時でさえ、僧侶たちには、その像が死んだものだという考えは起こらなかった。だがこうしたことは、生きた像には起こり得ない。像の内側に魂があれば、一片のかけらたりとも、剥がれ落ちはしない。生きている寺院であれば、触れることでさえ不可能だ。

しかし往々にして、寺院は生きていない。その生気を保つのは、非常に難しい。寺院が生を得るのは、大いなる奇跡にほかならない。それは、非常に深遠なる科学の一部だ。しかし今日では、この科学を知る者、それに必要な様々な物事を行なえる者は、ひとりも生存していない。今日では、寺院をまるで店であるかのように運営する階級の人々が、あまりにも多くなってしまった。たとえこの科学を知る人がいても、寺院の境内に入ることさえ許されないほどだ。寺院は今や、商業ベースで運営され、僧侶の関心も寺院を死んだままにしておくことに向かっている。生きた寺院は、プローヒト（儀式を司るバラモン僧）、僧侶にとって儲けにならない。彼は寺院の中に鍵をかけてしまっておけるような、死んだ神を望んでいる。そしてその鍵を自分の手の内に握っておきたがっている。もし、寺院が高次の力と繋がっていれば、僧侶などいられなくなるだろう。だから、死んだ寺院が生まれるよう助長しているのは、まさに僧侶たちであり、彼らは大儲けをしているのだ。生きている寺院はとても少ない、というのが現実だ。

寺院の生気を保とうと、並々ならぬ努力がなされてきた。しかし、あらゆる宗教や寺院に属す僧侶やパンディットたちの数はあまりにも多く、成し遂げることは難しかった。最終的には、必ずこのようなことになる。寺院がたくさんあるのはこのためだ。さもなければ、これほどまでに多くの寺院など必要なかっただろう。ウパニシャッドの時代につくられた巡礼のための寺院や聖地が、マハヴィーラの時代にも存続していれば、マハヴィーラが新しい寺院を建てる必要はなかったはずだ。しかしもうその頃までには、寺院や聖地はすっかり死に絶え、一方、崩れることのない、それらを取り巻く僧侶の組織ができてしまっていた。こうした寺院には入ることもできなかったため、新しい寺院をつくるしかなかった。今日では、マハヴィーラの寺院でさえ死に絶え、同じような僧侶の組織がそれらを取り囲んでいる。

もし、宗教の生きた原理が保たれていたら、世界にこれほど多くの宗教は、出現しなかっただろう。しかし、それらは保たれなかった。なぜなら、あらゆる方面から様々な妨害を受け、最終的に、あらゆる可能性が失われるように仕組まれたからだ。一方が条件付けからはずれると、相手側の約束も破れる。それは、ふたりの当事者が行き着いた合意だ。私たちは自分の側の約束は守らねばならない。そうしてこそ、相手も応答してくれるというものだ。さもなければ約束は遂行されず、事はおしまいになる。

たとえば、私が肉体を去ろうとしている時に「私を覚えておきなさい。私はそこに居るだろう」とあなたに言うとする――しかし、あなたが私のことをこれっぽっちも想わなかったり、私の写真をごみ箱に捨てて、すっかり忘れてしまったとしたら、私たちの約束はどれだけ続くと思うかね？　約束があなたの側で破られるなら、私が守る必要はない。そのような約束事は、決まって破られるものだ。

偶像に入魂する秘術の一連の過程には、意味がある。しかしその意義は、偶像への入魂が成功したか否かを決める、様々な基準や徴《しるし》に基づいている。

像に水が滴り落ちているような寺院もあります。これは、生きた寺院であることの証なのですか？

違う。生きた寺院の妥当性は、それとは何の関係もない。像が下にあろうがなかろうが、水は滴り落ちるものだ。偽の証拠があるため、私たちは寺院が生きていると思ってしまう。一滴も水の落ちない所であろうと生きた寺院はあるし、存在し得る。

霊《スピリチュアル》的な探求において、ディークシャ、すなわちイニシエーション（得度）は、とても重要な位置を占めています。その特別な儀式は、特別な状況のもとでとり行なわれます。仏陀やマハヴィーラはイニシエーションを授けてきましたが、どんなイニシエーションがあったのでしょうか？　それらの意義や効用は、何だったのですか？　なぜ必要だったのでしょう？

イニシエーションについて少し話しておくのも、役立つだろう。まずディークシャ、すなわちイニシエーションは、決して与えられないものだ。イニシエーションは起こる。それはひとつの出来事だ。たとえば、ある人はマハヴィーラと共にいても、イニシエーションが起こるまでに何年もかかる。マハヴィーラは彼に、留まって彼と共に在り、共に歩き、このように立ち、このように座り、このように瞑想するのだと教える。すると、その人に用意が充分に整う時が訪れる。その時マハヴィーラは、ただの媒体《ミディアム》だ。おそらく、彼がミディアムだと言うことさえ、適当ではないかもしれない——むしろ非常に深い意味では、彼の目前でイニシエーションは起こっており、彼はただの立会人にすぎない。

イニシエーションは、常に神聖なるものからだ。しかしそれは、マハヴィーラの臨在のもとで起こり得る。イニシエーションが起こった時点では、その人は、目前にマハヴィーラを見ようとも、神を見ることはできない。それはマハヴィーラの許で起こったので、彼は自然にマハヴィーラに感謝するようになる——それもまた、もっともだ。しかし、マハヴィーラが彼の感謝を受け取ることはない。マハヴィーラが彼の感謝を受け入れられるのは、イニシエートしたのは自分だと、自認している場合だけだ。

だからイニシエーションには、ふたつのタイプがある。ひとつは起こるもの。私はこれを「真正なる」イニシエーションと呼ぶ。なぜならそれによって、神との関係が結ばれるからだ。するとと生涯にわたって、あなたの旅は新しい局面を迎えるようになる。今やあなたは別人であり、もはやあなたは、かつてのあなたではない。内側のすべてが変容を遂げ、あなたは新しい何かを見る。新しいことが、起こったのだ。一条の光が射し込まれ、今や内側のすべてが変わっている。

真のイニシエーションでは、導師《グル》は立会人のように傍らに立ち、イニシエーションが起こったのを確認する。彼にはその全過程を見てとれるが、あなたには半分しか理解できない。あなたには自分に起こっていることしかわからないが、彼はどこからイニシエーションが起こったのかがわかる。だから、あなたはその出来事の完全な立会人ではない。あなたに言えるのは、大いなる変容が起こったということだけだ。しかし、イニシエーションが起こったかどうか、あなたが受け入れられたかどうかについては、あなたは確証できない。イニシエートされた後でさえ、あなたはまだ訝しむだろう。「私は受け入れられたのだろうか？　選ばれたのだろうか？　神に受け入れられたのだろうか？　私はもはや、神のものだと言えるだろうか？　自分としては明け渡しをしたつもりだが、神は私を受け取ってくれたのだろうか？」――すぐには、これを知ることはできない。いつの日かあなたにもわかるだろう。しかしそれまでに長い年月が過ぎることもある。だが第二の人物、すなわちグルと呼ばれる人にはこれがわかる。なぜなら彼は、この出来事を両側から見ているからだ。

正しいイニシエーションは、授けることも、受け取ることもできない。それは神からやって来る。あなたはただの器でしかない。

ところが、別のタイプのイニシエーションは、偽りのイニシエーションと呼んでもいいが、授けることも、受け取ることもできるものだ。そこには神聖さなど一切ない。そこにはただ、グルと弟子しかいない。グルが授け、弟子が受け取る。しかし三番目の、真の要素が欠けている。

ふたつの存在――グルと弟子――しかいないところでの、イニシエーションは偽りとなる。三つの存在――グルと弟子、そしてイニシエーションを引き起こす「神」――がいるところでは、すべてが変化する。このイニシエーションの伝授は不適切であるだけでなく、危険で致命的でもある。この幻のイニシエーションの中では、正しいイニシエーションは起こり得ないからだ。あなたはただ、イニシエーションが起こったという幻想の中で生きるだけだ。

ある人物にイニシエーションを受けた探求者が、私のもとにやって来た。「私は、これこれこのようなグルのところでイニシエーションを受け、あなたのもとに瞑想を学びにやって来ました」と彼は言った。

私は彼に尋ねた。「では、なぜイニシエーションを受けたのかね？　瞑想に至りもしていないのに、そのイニシエーションで何を得たのかね？　あなたが受け取ったのは、衣服と名前だけだ。いまだに瞑想を探し求めているのなら、あなたのイニシエーションの意味は、何だったのかね？」

イニシエーションは、瞑想の後で初めて起こり得る。これが真実だ。イニシエーション後の瞑想には意味がない。それは、自分は健康だと吹聴している人が、薬を求めて医者のドアをノックしているようなものだ。イニシエーションは、瞑想の後に手に入れられる受諾のことだ。それは、あなたが受け入れられたということに対して与えられる認可――承諾だ。神は、ずっとあなたの声を聞いてきた。そしてあなたに、その世界への入門が起こったのだ。イニシエーションとは単に、この事実の承認にすぎない。

そのようなイニシエーションは、今では失われている。が、私はそれはもう一度、復活させるべきだと思っている。つまり、グルが与えるのでも弟子が受け取るのでもなく、与えるのは神であるようなイニシエーションが。それは可能であり、そうあるべきだ。誰かのイニシエーションの際、私が立会人であれば、私は彼のグルにはならない。そうなれば彼のグルは神だ。もし彼が感謝するのであれば、それはそれでかまわない。しかし、感謝の要求はくだらないことであり、受け入れるのも無意味だ。

グルの世界、いわゆるグルと呼ばれる者が人をからめとる罠は、イニシエーションに新しい形を与えることによってつくられた。耳元で言葉がささやかれ、マントラが与えられる。するとどんな人でも、あらゆる人をイニシエートできる。そのグル自身がイニシエートされているのか、また神がその人を受け入れたかどうかもわかったものではない。おそらく彼も、同じ方法でイニシエートされたのだろう。誰かが彼の耳元でささやき、彼は他の人の耳元でささやき、今度はその人がまた、別の人の耳元でささやく。

人は様々な事柄について、嘘や幻想を捏造する――そして欺瞞は、現象が神秘的になればなるほど、証拠として示せる実体は何もないがゆえに多くなるだろう。

私もまた、この手法を行なおうと思う。およそ十人から二十人の人々には、その用意があるだろう。彼らは神からイニシエーションを受け取る。その場に居る人々は立会人となり、その役目は、イニシエーションが神に受け入れられたかどうかを、確かめること――それだけだ。あなたは体験するだろうが、何が起こったのか、すぐには認識できない。あまりにも馴染みのないことゆえ、事が起こったことを、どうやって認識できるだろう？　確認は、光明を得た人の臨在によってなされ得る。それが唯一の評価の礎だ。

至高のグルとは、パラマアートマン、すなわち神だけだ。中間のグルが身をひけば、イニシエーションはよりたやすくなるのだが、仲介役のグルは動こうとしない。彼のエゴは自らを神格化し、自分を見せびらかすことに大いなる喜びを感じる。様々なイニシエーションが、エゴの周りでとり行なわれている。だが、それらに価値はない。それに精神性の見地からすれば、犯罪行為だ。いつの日か精神的な犯罪を罰するようになれば、こうした行為は有罪を免れないだろう。

疑いを知らぬ探求者は、自分は当然イニシエートされたと思っている。そしてグルのイニシエーションを受け、マントラを受け、起こるべきことはすべて起こったと、自負を持ってふれ回る。そうして正しい出来事への探求も、すべて終わってしまう。

仏陀は、自分のもとに人が近づいてきても、すぐにはイニシエートをしなかった。時にそれは、何年もかかった。仏陀はその人に、この修行をしなさい、あの修行をしなさいと言いながら、引き延ばし続けたものだ。そして潮時が来ると、イニシエーションを受けなさいと言ったものだった。

仏陀のイニシエーションには、三つの段階があった。やって来た人は、三種類の明け渡しを行なった。始めに彼は言う——「我、ブッダに明け渡さん——ブッダム・シャラナム・ガッチャミ」。ここで仏陀が意味したことは、ゴータマ・ブッダのことではない。自らを覚者《ブッダ》に明け渡すという意味だ。

かつてひとりの探求者が、仏陀のもとにやって来て言った。「我ブッダに明け渡さん」。仏陀はそれを聞き、沈黙した。

すると、ある人が彼に尋ねた。「この人は『我、ブッダに明け渡さん』と言ったのに、あなたはただ聞き流しているだけなのですか？」

仏陀は答えて言った。「彼は私に明け渡しているのではない。彼は覚者《ブッダ》に明け渡している。私はただの身代わりだ。私より以前には多くの覚者がいた。私の後にもたくさんいることだろう。私はただの身代わり、ただの口実にすぎない。彼は覚者に明け渡している。としたら、彼を止めようとする私は何者かね？　私に明け渡すのなら、きっと私は彼を止めるだろう。しかし彼は、覚者に明け渡すと、三度言っている」。

さて、第二の明け渡しがある。それはもっとすばらしい。その中で人は言う。「我、覚者の集いに明け渡さん——サンガム・シャラナム・ガッチャミ」。さて、この集いとは何を意味するのだろう？　一般に仏陀の追従者たちは、仏陀のもとに集まって来た人々、と解釈しているが、これはそのような意味ではない。これは、ありとあらゆる覚者が一堂に会した集いだ。目覚めたのは、仏陀ただひとりではない。以前にも多くの覚者が存在してきたし、その後も目覚める覚者は大勢いるだろう。彼らはみな、ひとつの共同体《コミュニティ》、集団に属している。今日、仏教徒はこの言葉の意味を、仏教徒の集まりととらえているが、それは誤りだ。

まさに最初の祈祷は、すべてを明らかにしている。そこで仏陀は説明しているが、探求者は目覚めた者に明け渡すのであり、人としての仏陀に明け渡すのではない。そして第二の祈祷は、すべてをさらに明らかにしている。その中で人は、目覚めたる者の共同体に自分を差し出す。始めに、まさに目前に存在する目覚めたる人に額ずく。その人物はまさにそこにいるから、近づいて、話すのはたやすい。次に、目覚めたる人々――会ったことはないが、いにしえからの目覚めた人々、そして会うこともないが、将来目覚めるであろう人々――に明け渡す。その人たちのすべてに明け渡し、より捉えにくいものに向かって、さらに先へと進んでいく。

第三の明け渡しは、ダンマ――宗教に対してだ。三番目に、探求者は言う。「我、ダンマに明け渡さん――ダンマム・シャラナム・ガッチャミ」。最初の明け渡しは、目覚めたる者に対して。第二の明け渡しは、目覚めたる人々の集いに対して。そして今、この第三の明け渡しは、目覚めの究極の状態――ダンマに対してだ。つまり、個人も共同体《コミュニティ》もなく、ただダンマ、すなわち法だけが存在する私たちの本質に対してだ。彼は言う。「我、ダンマに明け渡さん」

この三つの明け渡しが完結して初めて、イニシエーションが認められた。仏陀は、ただこの出来事の立会人にすぎなかった。これは、ただの繰り返しではなく、この三つが成し遂げられ、それが仏陀に見てとられた時——初めて、その個人がイニシエートされた。仏陀は、出来事の立会人として在るだけだった。

後年も、仏陀は探求者たちに語ったものだ。「私がただ目覚めた者だからといって、私の言うことを信じてはならない。私が有名で、多くの信徒を持ち、聖典もそれを認めているからといって、私の言うことを信じてはならない。あなたの内なる理解が告げることだけを、信じなさい」

仏陀は、決してグルにならなかった。死に際に最後のメッセージを請われた時にも、仏陀はこう言った。「自分自身の灯となりなさい。他者を追いかけたり、他者に追従してはならない。自分自身の灯となりなさい。これが私の最後のメッセージだ」

仏陀のような人物は、グルにはなり得ない。そのような人は立会人だ。イエスは幾度も言った。「最後の審判の日、私はあなたを見ていよう」。他の言葉で言えば、最後の日に、イエスは証言するということだ。「そうだ。彼は目覚めようと努力してきた人間だ。この者は、神に明け渡しをしたいと思っている」。これは象徴的な言葉だ。キリストの言わんとしていたことは、こうでもある。「私はあなたの立会人であり、グルではない」

グルはいない。だから、誰かがあなたのグルになろうとするようなイニシエーションには、気をつけなさい。あなたが即座に、直接、神と繋がるイニシエーションは稀有だ。覚えておきなさい、このイニシエーションでは、家を捨て去ったり、ヒンドゥ教徒やイスラム教徒やキリスト教徒になったり、誰かに束縛される必要はない。あなたは自分の場所に居て、完全に自由だ。変化はただ、内側から生じる。偽のイニシエーションでは、あなたは宗教に束縛される――ヒンドゥ教徒やイスラム教徒や、キリスト教徒になることだろう。あなたは組織の一部となる。信心、教義、教条《ドグマ》、人、そしてグルがあなたをつかまえ、あなたの自由を殺すだろう。自由をもたらさないイニシエーションは、イニシエーションではない。絶対的な自由をもたらすイニシエーションこそが、正しいイニシエーションだ。

仏陀は、マハパリニルヴァーナを成就したとのことですが、仏陀は再び人間の姿になり、マイトレーヤとして知られるだろうとも、おっしゃいました。涅槃《ニルヴァーナ》に到達した後、人間の姿をとることは可能なのでしょうか？　どうぞご説明ください。

これは、少し難しいことだ。だから、昨日はその話をしなかった。それには事細かな説明が必要だが、今は簡単に説明しておこう。

第七の次元に到達すると、帰って来ることは不可能となる。第七身体の後に再誕生はない。そこは回帰なき地点だ。そこから帰って来ることはできない。しかし仏陀がマイトレーヤの姿となって再び戻って来ると言ったことも、また真実だ。となると、双方とも矛盾しているように思える。私は第七身体の後は戻って来れないと言い、仏陀は再び戻って来ると約束した。仏陀は第七身体に至り、涅槃へと消え去っていった——としたら、どうして可能なのだろうか？それには、別の方法がある。これから二、三の事を知り、理解してもらわねばならない。


死ぬ時は肉体だけが落ち、残りの六つの身体は、自分と共にとどまる。第五の次元に到達すると、始めの四つの身体は落ち、三つだけが残る——つまり第五、第六、第七だ。第五身体にいる人は、自分の第二、第三、そして第四身体を保つ決意ができる。その決意が非常に強固で深いものであれば、それは起こり得る。仏陀のような人にとっては、それはたやすいことだった。彼は、第二、第三、第四身体を、永久に後にすることができた。仏陀の身体は、エネルギーの集合体のように宇宙を流れ続けている。

無数にのぼる生の中で仏陀が得たあらゆる感覚は、第二身体すなわちエーテル体の財産だ。仏陀の過去生のすべての業《カルマ》の痕跡は、第三身体、すなわちアストラル体に蓄積されている。第四身体は、仏陀のマインドが達したもののすべてを携えている。マインドを越えて彼が成就したすべては、あらゆる表現がマインドを通して行なわれるがゆえに、マインドを通して表現された。自己の第五身体や第七身体が成就したことを知らしめたい場合は、必ず第四身体を使わねばならない。なぜなら、表現の手段となるものは、第四身体だからだ。仏陀に誰よりも耳を傾けた者、または物は、第四身体にほかならない。仏陀が考え、生き、そして知り得たことはどんなことであれ、すべて第四身体に集められる。

最初の三つの身体は、いとも簡単に崩壊する。第五身体に到達すると、この三つの身体は滅びる。第七身体に入ると、それまでの六つの身体はすべて滅びる。しかし、第五身体にいる人が強く望めば、三つの身体のすべての波動を宇宙にとどめておくことができる。ちょうど今、私たちが作っている宇宙ステーションのようにだ。この仏陀の第二、第三、第四身体の集合体は、マイトレーヤという名で、ある個人の中に顕現するまで、宇宙を動き続ける。

マイトレーヤの条件を満たす人物が生まれれば、仏陀の三つの身体は彼の中に入っていく。その時まで、それらはその人の誕生を待っている。この三つの身体がその人物の中に入っていくと、彼は仏陀の度量を得る。なぜなら、それらは仏陀のあらゆる経験、すべての感情、欲望、行為の集まりに、ほかならないからだ。

さて、たとえば私がここで肉体を離れ、その肉体が、首尾よく保存されているとする……。

三、四年前、アメリカでひとりの男が死んだ。彼は何百万ドルもの信託財産を残し、科学が屍を甦らせる秘密を発見するまで、この金を使って自分の体を保存するようにと、遺言した。体が腐敗しないように保存するため、何百万ドルもの金が費やされた。その肉体は科学的な処理によって保存されている。今世紀末までに死人を甦らせることが可能となれば、この体は生き返るだろう。しかし魂は異なる。それは同じではありえない。

体、つまり目や皮膚の色、容貌、歩き方、体のすべての習慣は同じだろう。ある意味では、死んだ男は体として現れる。もしその男が他の身体について知らず、肉体のあたりに中心を定めていたら――彼はそうだったにちがいない。さもなければ、体を保存したいという熱望は持たなかっただろう――別の魂が、彼の代わりを務める可能性がある。体は、死んだ男とまったく同じように行動する。だから科学者たちは、同じ男が生き返ったと言うだろう。脳の中にしまわれている彼の記憶や思い出は、すべて再び目覚める。彼は、遥か昔に死んでしまった自分の母や息子の写真を見て、それと理解できる。生まれた町もわかれば、自分の死んだ場所を指し示すこともできる。また、死んだ時にいた人々の名前を挙げることもできる。しかし、脳の中身は同じでも、魂は異なっている。

今や科学者たちは、まもなく記憶を移植できるだろうと公言している。これは可能だ。もし私が死ねば、思い出や記憶はすべて私と共に失われる。しかし今では、死に際の記憶の全メカニズムを、ちょうど移植のために眼を保存するように、保存できる。明日には、誰かが私の眼で物を見られるようになるだろう。そして、私のハートで愛を感じるのは私だけではなく、明日はまた、誰か他の人が私のハートで愛を感じるようになるだろう。もはや、「私のハートは永遠に君のものだ」という約束はできなくなってしまった。というのも、まさにこのハートが、しばらくすれば違う人に、同じ誓いを立てることもできるからだ。

同じように、記憶も移植できる。記憶は非常に繊細で微妙なものであるため、これには時間がかかるだろう。しかし将来、アイバンクに眼を寄付するように、記憶《メモリー》バンクができるだろう。そうなれば、私の記憶が小さな子供に移植されると、その子は私が学んだすべてを知るようになる。私の記憶は彼の大脳の構成の一部となるので、彼はすでに多大な知識を知った上で、成長していくだろう。私の思考、私の記憶は彼のものとなり、そして私の頭脳を持っているがために、ある事柄については、私と同じように考えるだろう。

さて、仏陀は違った方向性から実験を行なった——科学的にではなく、秘教的な方向性からだ。いくつかの手法によって、彼の第二、第三、第四身体を保存する努力がなされた。仏陀はもはや存在せず、内側に息づいていた魂も、第七の次元で失われてしまった。しかし、魂が第七の次元に消え去る前に、この三つの身体——第二、第三、第四——が滅びないように見守るための操作がなされた。その中には仏陀の決意と、約束への力が込められた。それはちょうど、私が五十マイルぐらいは飛ぶような力で石を投げた直後に、死ぬようなものだ。しかし、私の死が石の動きを妨げることはない。石には、五十マイル飛ぶだけの力が私によって込められており、私がいるいないに関わらず、飛んでいく。私の投入した力が、石を飛ばし続けるだろう。

仏陀はこの三つの身体に、進み続ける力を与えた。それらは生きるだろう。仏陀はそれらがどれだけ存続するかについても語っている。今や、マイトレーヤの誕生する期は熟した。仏陀の三つの身体を得るため、J・クリシュナムルティの兄であるニティヤナンダに行なわれたが、彼はその過最初この実験は、クリシュナムルティに対して、まさにこの実験が行なわれた。程で死んでしまった。これはごく稀に見る過程であり、通り抜けるのは難しい。

ニティヤナンダの第二、第三、第四身体を切り離し、マイトレーヤのそれと置き換える努力がなされたが、ニティヤナンダは死んだ。次に、クリシュナムルティに対して同じ実験が行なわれたが、これもまた成功しなかった。その後もそれは、数人に試みられた——ジョージ・アルンダルも、この秘密を知る者によって、実験台とされた人々のうちのひとりだ。この秘密を知る者たちのうち、マダム・ブラヴァツスキーは、神秘学の知識について、今世紀でもっとも造詣の深い女性だった。アニー・ベザントもしかり。リードビーターもまた、神秘的《オカルト》な事柄について、様々な理解があった。こうした理解を持つ人は、非常に少ない。

ごく少数の人々は、今や仏陀の三つの身体の背後にある力が、弱まろうとしているのを知っていた。マイトレーヤが誕生しなければ、この三つの身体を、これ以上保つことはできない——それらは消散する。もう、それらの勢いは終わりに近い。誰かがこの三つの身体を吸収する用意をしなくてはならない。これらを吸収した者は、ある意味で仏陀の再誕生をもたらす。仏陀の魂は戻らないが、ある個人の魂が仏陀の身体を引き受け、それに従って活動していくだろう。その人物は、すぐさま自ら仏陀の使命に巻き込まれていくだろう。

すべての人が、この状態にあるわけではない。誰であれ、少なくとも仏陀と同じくらいの意識のレベルに、達していなければならない。そのような者だけが、仏陀の三つの身体を吸収できる。そうでなければ、その人は死ぬだろう。その過程には多くの困難があったため、実験は成功しなかった。努力はまだ続いている。今日でも、仏陀の三つの身体を降臨させようとしている、小さな秘《エソテリック》教グループがある。しかし、それには危険性があるため、もはやその大規模な広報がなされることはない。

この三つの身体が、クリシュナムルティに降臨する可能性はあった。彼はそれにふさわしい人物であり、またそのことが、広くふれまわられた。この広報は、誠意をもってなされた。それは仏陀の降臨が起こったなら、彼は即座に認知されるべきだという理由からだった。それはまた、現在生きており、かつ仏陀の時代にも存在したことのある人々の、過去生の記憶を呼び戻し、彼らがクリシュナムルティに降臨した仏陀を、同一人物だと認められるようにするためでもあった。しかしこの広報が、その過程を阻止することになってしまった。それは内気で、遠慮深く、繊細な性格を持つクリシュナムルティのマインドの中に、反作用をもたらしてしまった。彼は群衆の中にいることが苦手だった。もし実験が人里離れた所で静かに行なわれ、事が起こるまで誰も知る人がいなければ、事は起こっていただろう。

しかし、それは起こらなかった。クリシュナムルティは、自分の第二、第三、第四身体を手放し、仏陀の三つの身体に代えることを拒否した。これは私たちの時代の神秘学にとって、大きな打撃だった。かくも遠大な広がりをもつ複雑な実験は、チベットを除く世界のどこにおいても、行なわれたことがなかった。この一連の過程は、チベットで長いこと行なわれており、他の体を媒体《ミディアム》として、多くの魂がはたらいている。

あなたがたが、私の言ったことを理解してくれることを願っている。時に矛盾があると思うかもしれないが、これにはどんな矛盾もない。私が違う角度から話をしたために、何か矛盾を感じたかもしれないが、そのようなことはない。

奇跡の探求 Ⅱ

一九九八年三月一日　初　版　第一刷発行
二〇十六年五月八日　改装版　第一刷発行

講　話■ＯＳＨＯ
翻　訳■ＯＳＨＯサクシン瞑想センター
照　校■マ・ジヴァン・アナンディ
装　幀■スワミ・アドヴァイト・タブダール
発行者■マ・ギャン・パトラ
発行所■市民出版社
〒一六八―〇〇七一
東京都杉並区高井戸西二―十二―二〇
電　話〇三―三三三三―九三八四
ＦＡＸ〇三―三三三四―七二八九
郵便振替口座：〇〇一七〇―四―七六三一〇五
e-mail：info@shimin.com
http://www.shimin.com
印刷所■シナノ印刷株式会社
Printed in Japan
ISBN978-4-88178-256-9 C0010 ¥2450E

●著者（OSHO）について

OSHOの説くことは、個人レベルの探求から、今日の社会が直面している社会的あるいは政治的な最も緊急な問題の全般に及び、分類の域を越えています。彼の本は著述されたものではなく、さまざまな国から訪れた聴き手に向けて、即興でなされた講話のオーディオやビデオの記録から書き起こされたものです。

OSHOは、「私はあなたがただけに向けて話しているのではない、将来の世代に向けても話しているのだ」と語ります。

OSHOはロンドンの「サンデー・タイムス」によって『二十世紀をつくった千人』の一人として、また米国の作家トム・ロビンスによって『イエス・キリスト以来、最も危険な人物』として評されています。

また、インドのサンデーミッドデイ誌はガンジー、ネルー、ブッダと共に、インドの運命を変えた十人の人物に選んでいます。

OSHOは自らのワークについて、自分の役割は新しい人類が誕生するための状況をつくることだと語っています。彼はしばしば、この新しい人類を「ゾルバ・ザ・ブッダ」――ギリシャ人ゾルバの世俗的な享楽と、ゴータマ・ブッダの沈黙の静穏さの両方を享受できる存在として描き出します。

OSHOのワークのあらゆる側面を糸のように貫いて流れるものは、東洋の時を越えた英知と、西洋の科学技術の最高の可能性を包含する展望です。

OSHOはまた、内なる変容の科学への革命的な寄与――加速する現代生活を踏まえた瞑想へのアプローチによっても知られています。その独特な「活動的瞑想法《アクティブメディテーション》」は、まず心身に溜まった緊張を解放することによって、思考から自由でリラックスした瞑想の境地を、より容易に体験できるよう構成されています。

●より詳しい情報については　http:// **www.osho.com**　をご覧下さい。

多国語による総合的なウェブ・サイトで、ＯＳＨＯの書籍、雑誌、オーディオやビデオによるＯＳＨＯの講話、英語とヒンディー語のＯＳＨＯライブラリーのテキストアーカイブやＯＳＨＯ瞑想の広範囲な情報を含んでいます。

ＯＳＨＯマルチバーシティのプログラムスケジュールと、ＯＳＨＯインターナショナル・メディテーションリゾートについての情報が見つかります。

●ウェブサイト

http://.osho.com/resort
http://.osho.com/AllAboutOSHO
http://.osho.com/shop
http://www.youtube.com/OSHO
http://www.oshobytes.blogspot.com
http://www.Twitter.com/OSHOtimes
http://www.facebook.com/pages/OSHO.International
http://www.flickr.com/photos/oshointernational

◆問い合わせ　Osho International Foundation ; www.osho.com/oshointernational,
oshointernational@oshointernational.com

●ＯＳＨＯインターナショナル・メディテーション・リゾート

場所：インドのムンバイから百マイル（約百六十キロ）東南に位置する、発展する近代都市プネーにあるＯＳＨＯインターナショナル・メディテーション・リゾートは、通常とはちょっと異なる保養地です。すばらしい並木のある住宅区域の中にあり、四十エーカーを超える壮大な庭園が広がっています。

特徴：メディテーション・リゾートは、毎年百を超える国々からの数千人もの人々を迎え入れています。特徴ある敷地内では、新しい生き方（より気づきを、くつろぎを、お祝いを、創造性をもたらすこと）を直接、個人的に体験するための機会を提供しています。一日中、そして年間を通じて多種多様なプログラムが利用できます。何もせず、ただくつろいでいることもその選択肢の一つです！

　すべてのプログラムは、ＯＳＨＯのヴィジョン「ゾルバ・ザ・ブッダ」――日々の生活に創造的に参加することと、沈黙と瞑想にくつろいでいられる両方の質を持った新しい種類の人間――に基づいています。

瞑想：あらゆるタイプの人々を対象としたスケジュールが一日中組まれています。それには、活動的であったり、そうでなかったり、伝統的であったり、画期的であったりする技法、そして特にＯＳＨＯの活動的《アクティブ》な瞑想が含まれています。瞑想は、世界最大の瞑想ホールにちがいない、ＯＳＨＯオーディトリアムで行なわれます。

マルチバーシティー：個人セッション、各種のコース、ワークショップがあり、それらは創造的芸術からホリスティック健康管理、個人的な変容、人間関係や人生の移り変わり、瞑想としての仕事、秘教的科学、そしてスポーツやレクリエーションに対する禅的アプローチなど、あらゆるものが網羅されています。マルチバーシティーの成功の秘密は、すべてのプログラムが瞑想と結びついているという事実にあります。そして、人間として私達が、部分部分の総和よりもはるかに大きな存在であるということの理解を促します。

バショウ（芭蕉）・スパ：快適なバショウ・スパは、木々と熱帯植物に囲まれた、ゆったりできる屋外水泳プールを提供しています。独特のスタイルを持った、ゆったりしたジャグジー、サウナ、ジム、テニスコート……そのとても魅力的で美しい環境が、すべてをより快適なものにしています。

料理：多様で異なった食事の場所では、おいしい西洋やアジアの、そしてインドの菜食料理を提供しています。それらのほとんどは、特別に瞑想リゾートのために有機栽培されたものです。パンとケーキは、リゾート内のベーカリーで焼かれています。

ナイトライフ：夜のイベントはたくさんあり、その一番人気はダンスです。その他には、夜の星々の下での満月の日の瞑想、バラエティーショー、音楽演奏、そして毎日の瞑想が含まれています。

あるいは、プラザ・カフェでただ人々と会って楽しむこともできるし、このおとぎ話のような環境にある庭園の、夜の静けさの中で散歩もできます。

設備：基本的な必需品のすべてと洗面用具類は、「ガレリア」で買うことができます。「マルチメディア・ギャラリー」では、ＯＳＨＯのあらゆるメディア関係の品物が売られています。また銀行、旅行代理店、そしてインターネットカフェもあります。ショッピング好きな方には、プネーはあらゆる選択肢を与えてくれます。伝統的で民族的なインド製品から、すべての世界的ブランドのお店まであります。

宿泊：ＯＳＨＯゲストハウスの上品な部屋に宿泊する選択もできますし、より長期の滞在には、住み込みで働くプログラム・パッケージの一つを選べます。さらに、多種多様な近隣のホテルや便利なアパートもあります。

www.osho.com/meditationresort

日本各地の主なOSHO瞑想センター

OSHOに関する情報をさらに知りたい方、実際に瞑想を体験してみたい方は、お近くのOSHO瞑想センターにお問い合わせ下さい。

参考までに、各地の主なOSHO瞑想センターを記載しました。尚、活動内容は各センターによって異なりますので、詳しいことは直接お確かめ下さい。

◆東京◆

・**OSHOサクシン瞑想センター**　Tel & Fax 03-5382-4734
マ・ギャン・パトラ　〒167-0042　東京都杉並区西荻北1-7-19
e-mail osho@sakshin.com　http://www.sakshin.com

・**OSHOジャパン瞑想センター**
マ・デヴァ・アヌパ　Tel 03-3703-6693
〒158-0081　東京都世田谷区深沢5-15-17

◆大阪、兵庫◆

・**OSHOナンディゴーシャインフォメーションセンター**
スワミ・アナンド・ビルー　Tel & Fax 0669-74-6663
〒537-0013　大阪府大阪市東成区大今里南1-2-15 J&Kマンション302

・**OSHOインスティテュート・フォー・トランスフォーメーション**
マ・ジーヴァン・シャンティ、スワミ・サティヤム・アートマラーマ
〒655-0014　兵庫県神戸市垂水区大町2-6-B-143
e-mail j-shanti@titan.ocn.ne.jp　Tel & Fax 078-705-2807

・**OSHOマイトリー瞑想センター**　Tel & Fax　078-412-4883
スワミ・デヴァ・ヴィジェイ
〒658-0000　兵庫県神戸市東灘区北町4-4-12 A-17
e-mail mysticunion@mbn.nifty.com　http://mystic.main.jp

・**OSHOターラ瞑想センター**　Tel 090-1226-2461
マ・アトモ・アティモダ
〒662-0018　兵庫県西宮市甲陽園山王町2-46　パインウッド

・**OSHOインスティテュート・フォー・セイクリッド・ムーヴメンツ・ジャパン**
スワミ・アナンド・プラヴァン
〒662-0018　兵庫県西宮市甲陽園山王町2-46　パインウッド
Tel & Fax 0798-73-1143　http://homepage3.nifty.com/MRG/

・**OSHOオーシャニック・インスティテュート** Tel 0797-71-7630
スワミ・アナンド・ラーマ　〒665-0051　兵庫県宝塚市高司1-8-37-301
e-mail oceanic@pop01.odn.ne.jp

◆愛知◆

・**OSHO 庵瞑想センター** Tel & Fax 0565-63-2758
スワミ・サット・プレム 〒 444-2326 愛知県豊田市国谷町柳ヶ入２番
e-mail satprem@docomo.ne.jp

・**OSHO EVENTS センター** Tel & Fax 052-702-4128
マ・サンボーディ・ハリマ
〒 465-0058 愛知県名古屋市名東区貴船 2-501 メルローズ 1 号館 301
e-mail: dancingbuddha@magic.odn.ne.jp

◆その他◆

・**OSHO チャンパインフォメーションセンター** Tel & Fax 011-614-7398
マ・プレム・ウシャ 〒 064-0951 北海道札幌市中央区宮の森一条 7-1-10-703
e-mail ushausha@lapis.plala.or.jp
http:www11.plala.or.jp/premusha/champa/index.html

・**OSHO インフォメーションセンター** Tel & Fax 0263-46-1403
マ・プレム・ソナ 〒 390-0317 長野県松本市洞 665-1
e-mail sona@mub.biglobe.ne.jp

・**OSHO インフォメーションセンター** Tel & Fax 0761-43-1523
スワミ・デヴァ・スッコ 〒 923-0000 石川県小松市佐美町申 227

・**OSHO インフォメーションセンター広島** Tel 082-842-5829
スワミ・ナロパ、マ・ブーティ 〒 739-1733 広島県広島市安佐北区口田南 9-7-31
e-mail prembhuti@blue.ocn.ne.jp http://now.ohah.net/goldenflower

・**OSHO フレグランス瞑想センター** Tel & Fax 0846-22-3522
スワミ・ディークシャント、マ・デヴァ・ヨーコ
〒 725-0023 広島県竹原市田ノ浦 3 丁目 5-6
e-mail: info@osho-fragrance.com http://www.osho-fragrance.com

・**OSHO ウツサヴァ・インフォメーションセンター** Tel 0974-62-3814
マ・ニルグーノ 〒 878-0005 大分県竹田市大字挟田 2025
e-mail: light@jp.bigplanet.com http://homepage1.nifty.com/UTSAVA

・**OSHO インフォメーションセンター沖縄** Tel & Fax 098-862-9878
マ・アトモ・ビブーティ、スワミ・アナンド・バグワット
〒 900-0013 沖縄県那覇市牧志 1-3-34 シティパル K302
e-mail: vibhuti1210@gmail.com http://www.osho- okinawa.jimdo.com

＜OSHO 講話 DVD 日本語字幕スーパー付＞

■価格は全て税別です。※送料／DVD 1 本¥260　2～3 本¥320　4～5 本¥360　6～10 本¥460

■ 道元 6 —あなたはすでにブッダだ—

偉大なる禅師・道元の『正法眼蔵』を題材に、すべての人の内にある仏性に向けて語られる目醒めの一打。『「今」が正しい時だ。昨日でもなく明日でもない。今日だ。まさにこの瞬間、あなたはブッダになることができる。』芭蕉や一茶の俳句など、様々な逸話を取り上げながら説かれる、覚者・OSHO の好評・道元シリーズ第 6 弾！（瞑想リード付）

●本編 2 枚組 131 分　●￥4,380（税別）● 1988 年プネーでの講話

■ 道元 5 —水に月のやどるがごとし—

日本の禅に多大な影響を与えた禅僧・道元の『正法眼蔵』を、現代人に向けて生き生きと解き明かす。 道元曰く「人が悟りを得るのは、ちょうど水に月が反射するようなものである……」それほどに「悟り」が自然なものならば、なぜあなたは悟っていないのか？　鋭く力強い OSHO の説法は、ブッダの境地へと誘う瞑想で締めくくられる。好評・道元シリーズ第 5 弾！

●本編 98 分●￥3,800（税別）● 1988 年プネーでの講話（瞑想リード付）

■ 禅宣言 3 —待つ、何もなくただ待つ—

禅を全く新しい視点で捉えた OSHO 最後の講話シリーズ。「それこそが禅の真髄だ—待つ、何もなくただ待つ。禅が唯一知っていることは、一切の矛盾を深い調和のうちに包含する広大な生だけだ。夜は昼と、生は死と、大地は空と、存在は不在と調和する。この途方もない調和、この和合こそが禅宣言の本質だ（本編より）」（瞑想リード付）

●本編 2 枚組 133 分●￥4,380（税別）● 1989 年プネーでの講話（瞑想リード付）

■ 禅宣言 2 —沈みゆく幻想の船—

深い知性と大いなる成熟へ向けての禅の真髄を語る、OSHO 最後の講話シリーズ。あらゆる宗教の見せかけの豊かさと虚構をあばき、全ての隷属を捨て去った真の自立を説く。「禅がふさわしいのは成熟して大人になった人々だ。大胆であること、隷属を捨てることだ——OSHO」

●本編 2 枚組 194 分●￥4,380（税別）● 1989 年プネーでの講話

■ 過去生とマインド— 意識と無心、光明—

過去生からの条件付けによるマインドの実体とは何か。どうしたらそれに気づけるのか、そして意識と無心、光明を得ることの真実を、インドの覚者 OSHO が深く掘り下げていく。ワールドツアー中の緊迫した状況で語られた、内容の濃さでも定評のあるウルグアイでの講話。「マインドの終わりが光明だ。マインドの層を完全に意識して通り抜けた時、初めて自分の意識の中心に行き着く」

●本編 85 分　●￥3,800（税別）● 1986 年ウルグアイでの講話

＜OSHO 既刊書籍＞ ■価格は全て税別です。

探求

奇跡の探求Ⅰ，Ⅱ―内的探求とチャクラの神秘

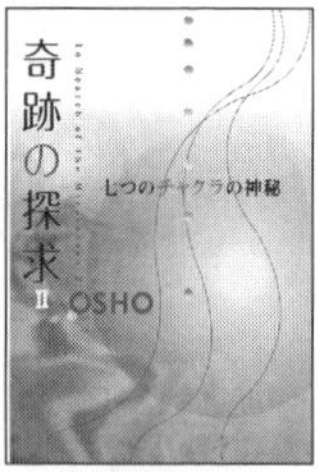

内的探求と変容のプロセスを秘教的領域にまで奥深く踏み込み、説き明かしていく。Ⅱは七つのチャクラと七身体の神秘を語る驚くべき書。男女のエネルギーの性質、クンダリーニ、タントラ等について、洞察に次ぐ洞察が全編を貫く。

＜内容＞ ●道行く瞑想者の成熟 ●シャクティパット・生体電気の神秘
●クンダリーニ・超越の法則 ●タントラの秘法的側面 他

第Ⅰ巻■四六判上製 488頁 ¥2,800（税別） 送料¥390

改装版第Ⅱ巻■四六判並製 488頁 ¥2,450（税別） 送料¥390

死ぬこと 生きること―死の怖れを超える真実

OSHO自身の幽体離脱の体験や、過去生への理解と対応、死におけるエネルギーの実際の変化など、「死」の実体に具体的にせまり、死と生の神秘を濃密に次々と解き明かしていく。 若きOSHOの 力強さ溢れる初期講話録。「私たちは生の方向に探求したことがない。それに向けて一歩を踏み出すことさえない。私たちが生をよく知らないままでいるので、死を怖がっているのが現状だ。

＜内容＞●生を知らずは死なり ●秘教の科学 ●真如の修行 ●究極の自由 他

■四六判並製 448頁 ¥2,350（税別） 送料¥390

探求の詩 (うた)―インドの四大マスターの一人、ゴラクの瞑想の礎

神秘家詩人ゴラクの探求の道。忘れられたダイヤの原石が、OSHOによって蘇り、ゆっくりと、途方もない美と多彩な輝きを放ち始める――。小さく窮屈な生が壊れ、あなたは初めて大海と出会う。ゴラクの語ったすべてが、ゆっくりゆっくりと、途方もない美と多彩な輝きを帯びていく。

＜内容＞●自然に生きなさい ●欲望を理解しなさい ●愛―炎の試練
●内なる革命 ●孤独の放浪者 他

■四六判並製 608頁 ¥2,500（税別） 送料¥390

インナージャーニー ―内なる旅・自己探求のガイド

マインド（思考）、ハート、そして生エネルギーの中枢である臍という身体の三つのセンターへの働きかけを、心理・肉体の両面から説き明かしていく自己探求のガイド。頭だけで生きて根なし草になってしまった現代人に誘う、根源への気づきと愛の開花への旅。

＜内容＞●身体――最初のステップ ●臍――意志の在り処 ●マインドを知る
●信も不信もなく ●ハートを調える ●真の知識 他

■四六判並製 304頁 ¥2,200（税別） 送料¥390

究極の錬金術Ⅰ，Ⅱ―自己礼拝 ウパニシャッドを語る

苦悩し続ける人間存在の核に迫り、意識の覚醒を常に促し導く炎のような若きOSHO。探求者との質疑応答の中でも、単なる解説ではない時を超えた真実の深みと秘儀が、まさに現前に立ち顕われる壮大な講話録。「自分というものを知らないかぎり、あなたは何のために存在し生きているのかを知ることはできないし、自分の天命が何かを感じることはできない。――OSHO」

第Ⅰ巻■四六判並製 592頁 ¥2,880（税別） 送料¥390

第Ⅱ巻■四六判並製 544頁 ¥2,800（税別） 送料¥390

＜OSHO 既刊書籍＞ ■価格は全て税別です。

質疑応答

炎の伝承Ⅰ，Ⅱ — ウルグアイでの珠玉の質疑応答録

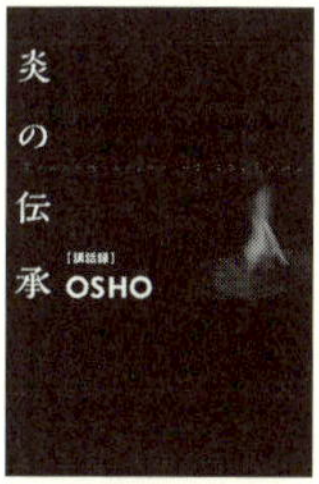

内容の濃さで定評のあるウルグアイでの講話。ひとりの目覚めた人は、全世界を目覚めさせることができる。あたかも炎の灯された１本のロウソクが、その光を失うことなく数多くのロウソクに火を灯せるように……緊迫した状況での質問に答えながら聴衆を内なる深淵へと導き、言葉を超えた真実の問いかけを開示する。

＜内容＞●純粋な意識は決して狂わない　●それが熟した時ハートは開く
●仏陀の鍋の中のスパイス　●変化は生の法則だ　他

■各四六判並製　各 496 頁　各 2,450 円（税別）　各送料 390 円

神秘家の道 — 覚者が明かす秘教的真理

少人数の探求者のもとで親密に語られた、珠玉の質疑応答録。次々に明かされる秘教的真理、光明と、その前後の自らの具体的な体験、催眠の意義と過去生についての洞察、また、常に真実を追求していた子供時代のエピソードなども合わせ、広大で多岐に渡る内容を、縦横無尽に語り尽くす。

＜内容＞●ハートから旅を始めなさい　●妥協した瞬間、真理は死ぬ
●私はあなたのハートを変容するために話している　他

■四六判並製　896 頁　¥3,580（税別）　送料 ¥390

神秘家

愛の道 — 神秘家カビールを語る

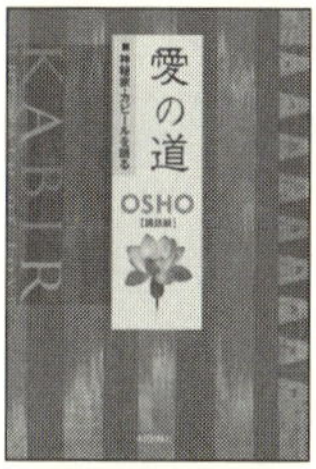

儀式や偶像に捉われず、ハートで生きた神秘家詩人カビールが、現代の覚者・OSHO と溶け合い、響き合う。機織りの仕事を生涯愛し、存在への深い感謝と明け渡しから自然な生を謳ったカビールの講話、初邦訳。

「愛が秘密の鍵だ。愛は神の扉を開ける。笑い、愛し、生き生きとしていなさい。踊り、歌いなさい。中空の竹となって、神の歌を流れさせなさい——OSHO」

＜内容＞●愛と放棄のハーモニー　●静寂の調べ　●愛はマスター・キー　他

■ A5 判並製　360 頁　¥2,380（税別）　送料 ¥390

アティーシャの知恵の書（上）（下）
— あふれる愛と慈悲・みじめさから至福へ

チベット仏教の中興の祖アティーシャは、受容性と慈悲の錬金術とも言うべき技法を後世にもたらした。「これは慈悲の技法だ。あなたの苦しみを吸収し、あなたの祝福を注ぎなさい。 いったんあなたがそれを知るなら、人生には後悔がない。人生は天の恵み、祝福だ」——（本文より）

上巻 ■ 四六判並製　608 頁　¥2,480（税別）　送料 ¥390
下巻 ■ 四六判並製　450 頁　¥2,380（税別）　送料 ¥390

瞑想

新瞑想法入門 —OSHO の瞑想法集大成

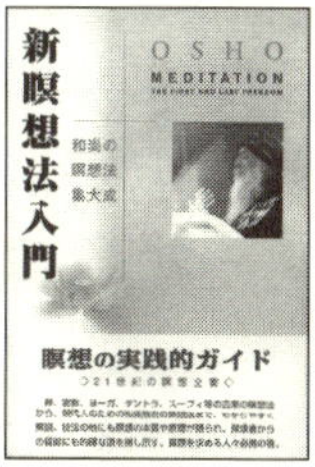

禅、密教、ヨーガ、タントラ、スーフィなどの古来の瞑想法から、現代人のために編み出された OSHO 独自の方法まで、わかりやすく解説。技法の説明の他にも、瞑想の本質や原理が語られ、探求者からの質問にも的確な道を指し示す。真理を求める人々必携の書。

＜内容＞●瞑想とは何か　●初心者への提案　●自由へのガイドライン
●覚醒のための強烈な技法　●師への質問　●覚醒のための強烈な技法　他

■Ａ５判並製　520 頁　¥3,280（税別）　送料 ¥390

＜OSHO 既刊書籍＞ ■価格は全て税別です。

ガイド瞑想CD付OSHO講話録

こころでからだの声を聴く

OSHO が語る実際的身体論。最も身近で未知なる宇宙「身体」についてその神秘と英知を語り尽くす。
(ガイド瞑想 CD "Talking to your Body and Mind" 付)
A5 判変型並製　256 頁　2,400 円（税別）送料 390 円

ヨーガ

魂のヨーガ — パタンジャリのヨーガスートラ

「ヨーガとは百八十度の方向転換だ。パタンジャリはまるで科学者のように人間の絶対的な心の法則、真実を明らかにする方法論を、段階的に導き出した——OSHO」
四六判並製 408 頁　2,400 円（税別）送料 390 円

古代

隠された神秘 — 秘宝の在処

寺院や巡礼の聖地の科学や本来の意味、占星術の真の目的、神聖なるものとの調和など、古代からの秘儀や知識を説き明かし、究極の超意識への理解を喚起する 貴重な書。
四六判上製　304 頁　2,600 円（税別）送料 390 円

秘教

グレート・チャレンジ

知られざるイエスの生涯、変容の技法、輪廻について等、OSHO 自身が前世の死と再誕生について語る。未知なるものへの探求を喚起する珠玉の一冊。
四六判上製　382 頁　2,600 円（税別）送料 390 円

神秘家 **エンライトメント** ●アシュタバクラの講話	インド古代の12才の覚者・アシュタバクラと比類なき弟子・帝王ジャナクとの対話を題材に、技法なき気づきの道についてOSHOが語る。 ■ A5判並製／504頁／2,800円 〒390円
ラスト・モーニング・スター ●女性覚者ダヤに関する講話	過去と未来の幻想を断ち切り、今この瞬間から生きること——。スピリチュアルな旅への愛と勇気、究極なるものとの最終的な融合を語りながら時を超え死をも超える「永遠」への扉を開く。 ■ 四六判並製／568頁／2,800円 〒390円
シャワリング・ウィズアウト・クラウズ ●女性覚者サハジョの詩	光明を得た女性神秘家サハジョの、「愛の詩」について語られた講話。女性が光明を得る道、女性と男性のエゴの違いや、落とし穴に光を当てる。 ■ 四六判並製／496頁／2,600円 〒390円
禅 **禅宣言** ●OSHO最後の講話	「自分がブッダであることを覚えておくように——サマサティ」この言葉を最後に、OSHOはすべての講話の幕を降ろした。禅を全く新しい視点で捉え、人類の未来に向けた新しい地平を拓く。 ■ 四六判上製／496頁／2,880円 〒390円
無水無月 ●ノーウォーター・ノームーン	禅に関する10の講話集。光明を得た尼僧千代能、白隠、一休などをテーマにした、OSHOならではの卓越した禅への理解とユニークな解釈。OSHOの禅スティック、目覚めへの一撃。 ■ 四六判上製／448頁／2,650円 〒390円
そして花々は降りそそぐ ●パラドックスの妙味・11の禅講話	初期OSHOが語る11の禅講話シリーズ。「たとえ死が迫っていても、師を興奮させるのは不可能だ。彼を驚かせることはできない。完全に開かれた瞬間に彼は生きる」——OSHO ■ 四六判並製／456頁／2,500円 〒390円
インド **私の愛するインド** ●輝ける黄金の断章	光明を得た神秘家や音楽のマスターたちや類まれな詩などの宝庫インド。真の人間性を探求する人々に、永遠への扉であるインドの魅惑に満ちたヴィジョンを、多面的に語る。 ■ A4判変型上製／264頁／2,800円 〒390円
タントラ **サラハの歌** ●タントラ・ヴィジョン新装版	タントラの祖師・サラハを語る。聡明な若者サラハは仏教修行僧となった後、世俗の女性覚者に導かれ光明を得た。サラハが国王のために唄った40の詩を題材に語るタントラの神髄！ ■四六判並製／480頁／2,500円〒390円
タントラの変容 ●タントラ・ヴィジョン 2	光明を得た女性と暮らしたタントリカ、サラハの経文を題材に語る瞑想と愛の道。恋人や夫婦の問題等、探求者からの質問の核を掘り下げ、内的成長の鍵を明確に語る。 ■ 四六判並製／480頁／2,500円 〒390円
スーフィ **ユニオ・ミスティカ** ●スーフィ、悟りの道	イスラム神秘主義、スーフィズムの真髄を示すハキーム・サナイの「真理の花園」を題材に、OSHOが語る愛の道。「この本は書かれたものではない。彼方からの、神からの贈り物だ」OSHO ■ 四六判並製／488頁／2,480円 〒390円
ユダヤ **死のアート** ●ユダヤ神秘主義の講話	生を理解した者は、死を受け入れ歓迎する。その人は一瞬一瞬に死に、一瞬一瞬に蘇る。死と生の神秘を解き明かしながら生をいかに強烈に、トータルに生ききるかを余すところなく語る。 ■四六判並製／416頁／2,400円 〒390円
書簡 **知恵の種子** ●ヒンディ語初期書簡集	OSHOが親密な筆調で綴る120通の手紙。列車での旅行中の様子や四季折々の風景、日々の小さな出来事から自己覚醒、愛、至福へと導いていく。講話とはひと味違った感覚で編まれた書簡集。 ■ A5判変型上製／288頁／2,300円 〒320円